AF394260

Muriel Pénicaud

Matrice des mondes / Matrix of Worlds

Muriel Pénicaud

Matrice des mondes / Matrix of Worlds

SKIRA

Instants fugaces

Maria Cristina Madau, Directrice artistique

Dans sa démarche artistique, la photographe Muriel Pénicaud ne choisit pas le sensationnel, mais la poésie des instants de vie sous toutes ses formes.

Ce qui nous touche dans ses images, c'est la manière dont son regard est posé : elle ouvre une brèche dans le réel, crée un espace de suspension dans le temps quotidien.

L'artiste nous propose de percevoir ces instants avec une clarté différente, elle nous invite à regarder l'extraordinaire force de la vie, faite d'instants fugaces, de liberté et de grâce sauvage.

Son regard est comme un rayon de lumière qui éclaire la scène pour en révéler la beauté cachée. Muriel Pénicaud nous convie à faire une pause dans notre quotidien pour nous conduire vers une contemplation de la simplicité.

Les portraits que la photographe nous propose sont d'une grande humanité. Sans jugement ni *a priori*, l'artiste nous offre une palette d'émotions, qui nous permet d'effleurer l'intimité des personnages sans jamais la violer, tout en préservant la dignité de ces instants. Le spectateur est invité à observer la scène et à partager ses émotions. Sans jamais exposer cette scène, l'artiste nous fait participer à un jeu de révélations qui respecte la pudeur et la magie du mystère. Chaque image nous renvoie à une histoire mettant en lumière un moment de la vie du personnage, et interroge notre vision du monde, dans un mouvement cathartique où le spectateur se reconnaît dans la grâce ou dans le quotidien de ces gestes et de ces regards qui éveillent en nous un profond sentiment d'appartenance à l'humanité.

Nous éprouvons également de vives émotions en regardant les images d'oiseaux, tout d'abord parce que nous sommes touchés par la beauté, la force et la majesté qui émanent des moments les plus ordinaires, mais aussi parce que nous sommes fascinés par le spectaculaire de leurs danses aériennes, qui suscitent en nous cet émerveillement et cette admiration pour la grandeur de ce geste tant convoité, mais qui nous est refusé : l'envol. Ces oiseaux nous offrent la joie de la liberté, l'artiste nous invite à nous abandonner et à laisser notre esprit s'envoler avec eux.

La nature est toujours présente dans les scènes de Muriel Pénicaud, elle est faite de toutes les nuances des sensations que suscitent en nous les corps humains, les animaux, les végétaux et les éléments. La matière et la forme s'expriment, des êtres sentients au jeu des nuages dans le ciel, sans oublier les pierres qui marquent la terre ou accompagnent l'homme dans les architectures urbaines. Ainsi, dans les images des arbres forçant le respect, l'artiste nous suggère d'écouter en silence la terre elle-même, qui manifeste toute sa présence tragique mais vitale, sculptée dans ces corps ligneux depuis une époque ancestrale.

Fleeting Moments

Maria Cristina Madau, Art Director

Photographer Muriel Pénicaud's artistic approach is about seeking not the sensational, but rather the poetry of moments of life in all its forms.

What moves us in her images is the way in which she focuses her gaze: she opens a breach in everyday life, creating a suspended space in the flow of time.

The artist invites us to perceive these moments with new clarity; she encourages us to see the extraordinary force of life, made up of fleeting moments, of freedom and of wild grace.

Her gaze is like a ray of sunshine that sheds light on a scene, revealing its hidden beauty. Muriel Pénicaud invites us to take a break from our everyday routine and to contemplate simplicity.

The portraits the photographer offers us reveal a deep sensitivity and empathy. Eschewing judgements and preconceptions, the artist presents a palette of emotions that give us a glimpse into people's private lives without ever intruding on them. The viewer is invited to observe the scene and share its emotions. Without ever exposing the scene, the artist offers us revelations that respect the modesty and magic of mystery. Each image reflects a story, highlighting a moment in the life of the person and questioning our view of the world, in a cathartic flow in which we, the viewers, identify with the grace or ordinariness of these gestures and expressions that awaken in us a profound sense of sharing in this humanity.

We also feel powerful emotions when we contemplate her images of birds; firstly, because we are touched by the beauty, strength and majesty that emerge from the most ordinary moments, but also because we are fascinated by their spectacular aerial dances, which arouse in us wonder and admiration for this ability that we so desire and yet are denied: flight. These birds offer joy and freedom, and the artist invites us to surrender ourselves and allow our spirits to soar with them as they take flight.

Nature, reflected by all the nuances of sensations aroused in us by human bodies, animals, plants and the elements, is always present in Muriel Pénicaud's scenes. Matter and form are expressed in sentient beings, in the play of clouds in the sky, or stones, whether dotting the landscape or used in urban architecture. Meanwhile, in images of trees that command our respect, the artist suggests we listen in silence to the earth as it reveals its very presence – tragic but vital – carved into these ligneous bodies since time immemorial.

Regards

Muriel Pénicaud

La photographie m'est vitale, comme une compagne intime, une poétique existentielle.

Elle est ma manière d'apprivoiser le monde, de partager mon incrédulité, de mettre à distance la violence, de transmuter ma peur en enchantement, de faire flamboyer l'émerveillement.

À 11 ans, j'ai reçu mon premier appareil photo, un polaroïd noir et blanc. J'ai découvert le plaisir et la puissance du cadrage, qui oriente le regard et le sens. À 23 ans, j'ai découvert par la censure le pouvoir des images. J'avais monté un stage de formation national suivi d'une exposition photo pour des responsables municipaux de la communication. Je les ai emmenés photographier le Haut-du-Lièvre près de Nancy, deux immenses barres d'immeuble où s'entassaient 5 000 personnes. La diversité de leurs photos démontrait la force de leurs regards plurivoques. Ma hiérarchie a pris peur : l'exposition a été interdite et retirée dans la nuit.

J'aime passionnément la photographie car elle est accessible à tous, sobre dans son geste, universelle dans son langage, capable de capturer l'essence d'un instant pour le rendre atemporel.

La photographie relie l'œil, le cerveau, la main et le cœur dans une simplicité désarmante. Elle nous apprend à regarder autrement, à percevoir la beauté de ce qui n'est pas montré. L'image peut être tout à la fois émouvante, magique, polysémique et sincère. En dansant avec la lumière, en jouant sur l'illusion d'un réel insaisissable, elle nous apprend à faire vibrer notre imagination, à pénétrer sur la pointe des pieds dans la clairière d'une humanité plus profonde et plus ouverte.

Chaque spectateur se transforme alors en narrateur de sa propre histoire.

Ce que je préfère, c'est la prise de vue : vivre la fusion instinctive de la scène, du moment, de la lumière et du cadrage est un défi permanent, une surprise, une jubilation inégalables. C'est pourquoi j'ai longtemps refusé de retoucher mes photos : ce travail me paraissait long, fastidieux, peu réjouissant. Récemment, j'ai changé d'avis. Le travail en laboratoire ou à l'ordinateur ajoute une couche d'exigence et de créativité à certains clichés qui deviennent une matière première à transformer.

Dans *Matrice des mondes*, je présente la terre, le ciel et les femmes, qui constituent, dans de nombreuses civilisations, l'origine mythologique de l'univers et la matrice primordiale dont notre espèce aura tant besoin pour survivre et se régénérer. À ces trois forces motrices se joignent le rêve des enfants, le travail de l'humanité et le reflet de la matière, qui contribuent à façonner le monde.

Une étape importante a été d'oser montrer mes images, de m'exposer au sens littéral. Quoi de plus intime que de partager son regard ? Ma pudeur, ma prudence héritée d'une vie professionnelle riche mais exposée, m'ont souvent amenée à différer ce moment. Aujourd'hui, partager mes photos n'est plus un choix, mais une évidence, un acte libérateur et joyeux. Le regard des autres enrichit le mien, il me touche profondément.

Merci à vous qui regarderez ces images d'accepter mon invitation au voyage.

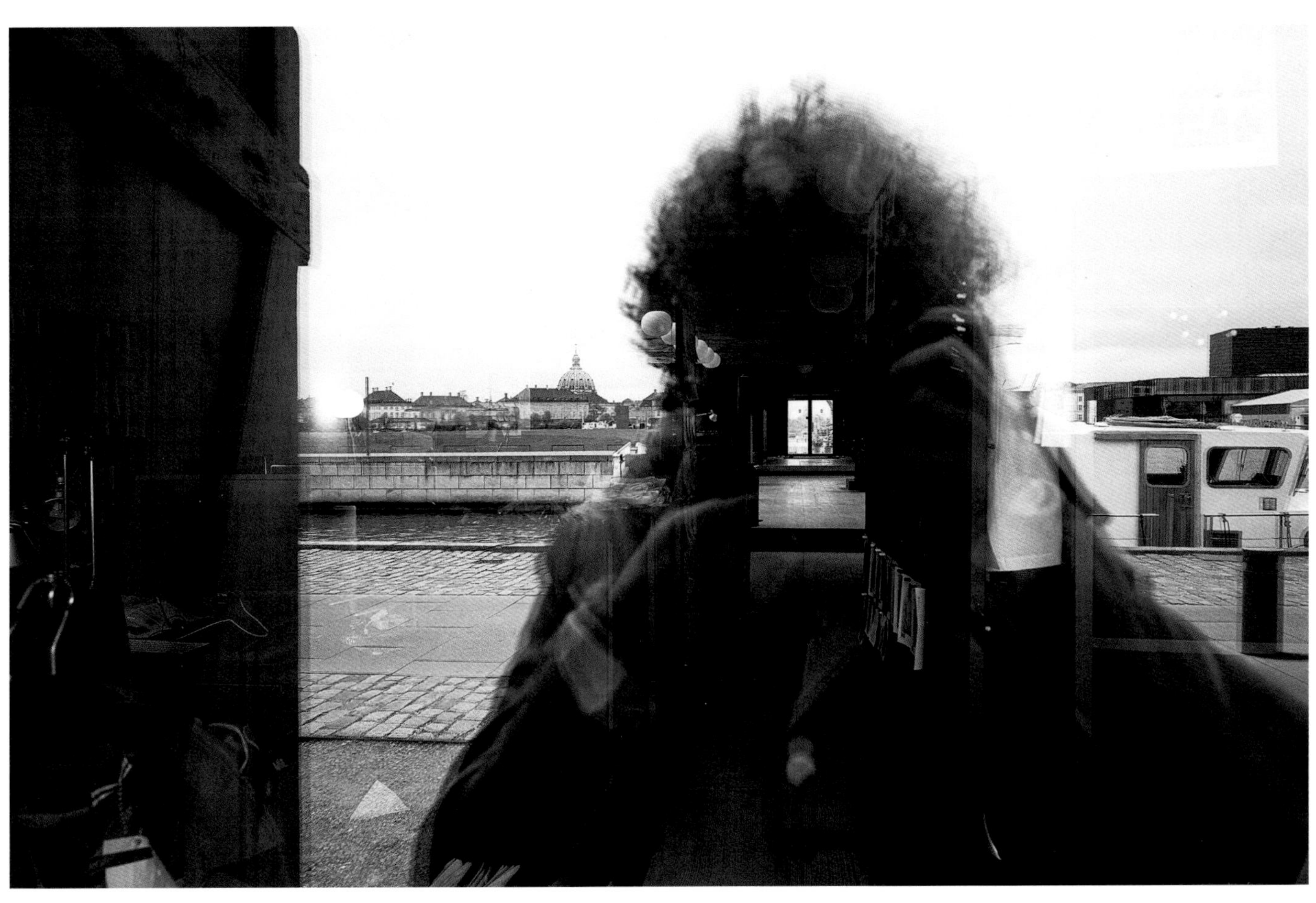

Auto-Portrait [*Self-Portrait*], 2017. Copenhague, Danemark / Copenhagen, Denmark

Gazes

Muriel Pénicaud

Photography is vital to me, like a close friend, an existential artistic language.

It is my way of embracing the world, of sharing my incredulity, of distancing myself from violence, of transforming my fear into enchantment, of igniting a sense of wonder.

I was eleven years old when I received my first camera: a black and white Polaroid. I discovered the pleasure and power of framing, which directs the eye and the meaning imparted. At twenty-three, I discovered the power of images via censorship. I had set up a national training course followed by a photographic exhibition for municipal communications managers. I took them to photograph the Haut-du-Lièvre near Nancy: two huge blocks of flats crammed with 5,000 people. The diversity of their photographs revealed the power of their diverse perspectives. However, my superiors took fright: the exhibition was cancelled and withdrawn overnight.

I love photography because it is accessible to everyone, simple in its technique, universal in its language, and capable of capturing the essence of a moment in time and rendering it timeless.

Photography links the eye, the brain, the hand and the heart with disarming simplicity. It teaches us to see things differently, to perceive the beauty of what is not shown. An image can be at once moving, magical, polysemous and sincere. Dancing with light, playing with the illusion of an elusive reality, photography teaches us to give free rein to our imaginations, to step softly into the clearing of a deeper and more open humanity. Each spectator thus becomes the narrator of their own story.

What I enjoy most is taking the shot: experiencing the instinctive fusion of scene, moment, light and framing is always a challenge, a surprise and a source of intense joy. It is why, for a long time, I refused to retouch my photos: I considered this to be a time-consuming, tedious and cheerless task. Recently, I've changed my mind. Working in the lab or on the computer adds an extra layer of challenge and creativity to certain shots, which become raw material to be transformed.

In *Matrix of Worlds*, I present the earth, the sky and women, which are, in numerous civilisations, the mythological origin of the world and the primordial matrix that our species so desperately needs to survive and regenerate. To these three driving forces are joined the dreams of children, the work of humankind and the reflection of matter, which help shape the world.

Daring to show my pictures – to expose myself, in a literal sense – was a huge step. What could be more intimate than sharing one's vision? My modesty, my prudence – the legacy of a rich but exposed public career – caused me to postpone the moment many times. Today, sharing my photographs is no longer a choice, but an obvious, liberating and joyful act. Other people's perspectives enrich my own and touch me deeply.

Thanks to all of you looking at these images for accepting my invitation on this journey.

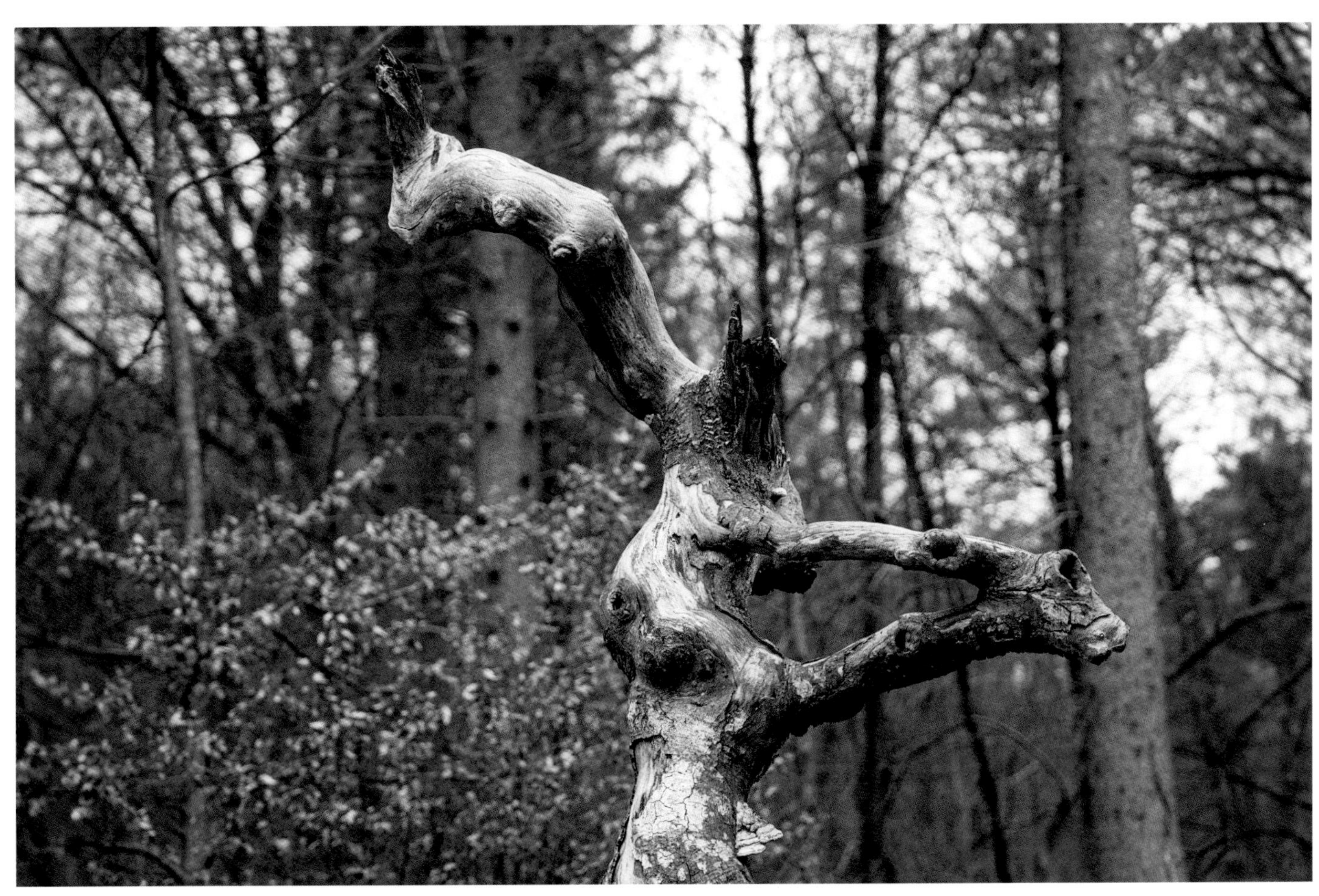

La prière [*Prayer*], 2023. Faux de Verzy, France

La geste photographique, une épopée universelle

REZA et Rachel Deghati

À l'occasion de la publication de *Matrice des mondes*, premier recueil de photographies de Muriel Pénicaud, nous avons fait le choix de penser la geste photographique comme les possibles odyssées d'un langage universel. Nous tenterons de dessiner les contours des récits de l'image, de l'intention à la trace laissée, en explorant le cadre, le hors-champ et la méditation. Depuis que la photographie est venue à Muriel Pénicaud, l'épopée visuelle choisie par elle au fil de ce que nous nommerons ses « vagabondages intimes de l'image » est celle de la poésie. Devenir photographe, c'est laisser des mondes s'immiscer en nous et tenter d'en dessiner les contours. C'est aussi révéler ces univers en traçant des traits de lumière dans l'obscurité.

Des traits de poésie, de vérité paradoxalement absolue, de subjectivité assumée et aussi, d'invisibles, rendus au réel.

Tracer des traits de lumière

Au commencement, l'aventure du regard posé sur le monde est l'histoire d'une rencontre fortuite avec l'outil photographique, cet objet à apprivoiser au service d'une impérieuse nécessité, d'une conversation, intime et silencieuse, entre soi, son âme, ses silences, ses questionnements et le monde qui s'invite dans nos paysages intérieurs.

Viennent à notre mémoire les premiers vers du *Masnavi*, le livre majeur du poète persan Rûmi : « *beshno az ney* », « Écoute la flûte de roseau », et il poursuit : « Écoute sa plainte. Des séparations, elle dit la complainte [...] ». Ce poème ne nous fait-il pas songer au souvenir de cet état de vulnérabilité propice aux errements intérieurs de l'adolescence ?

La fin de l'enfance et sa promesse de lendemains énigmatiques, donc incertains, sont souvent propices aux prémices de l'exploration d'un nouveau langage. À ces vers persans, nous pouvons aussi suivre cette autre proposition : « *Bebin* », « Regarde ». C'est à cette invitation que certains et certaines, au sortir de l'enfance, répondent alors qu'ils se retrouvent en présence d'un appareil photographique. Objet de perceptions et d'écritures nouvelles qui les transforme. Le langage de l'image entre dans la vie de ces jeunes qui quittent l'enfance, comme une nouvelle forme d'expression. Un dialogue silencieux s'instaure insidieusement. Les yeux balaient sans le savoir, sont attirés par tel ou tel fragment de vie, se fixent et l'appareil photographique fige l'instant de poésie, de doute, de questionnement, de vérité aussi.

Quand ces conteurs visuels se révèlent à l'aube de leur existence, leur regard ensuite s'absente rarement du monde. Ils ne peuvent s'empêcher de le « dévisager », comme une seconde nature. Ils poursuivent ensuite, au cours de leur vie, ce long voyage quotidien de narrations visuelles, sortes de carnet de route de l'intime.

Chaque photographie est une tentative renouvelée du récit tangible d'un instant figé pour en contrer le caractère éphémère. C'est au sortir de l'enfance, en une quête personnelle d'abord, que certains commencent à apprivoiser la lumière, par un dialogue visuel avec les univers dont ils ont été tout à la fois les témoins et les conteurs.

Dessiner un cadre

À l'émerveillement de la découverte de la lumière venue sculpter les différentes strates de l'obscurité, pour en révéler les formes et les abysses, les sujets et les lignes, répond un autre tracé, celui d'un cadre qui constitue une première sélection de celui ou celle qui regarde une scène et la fige. Il croit montrer la vérité telle qu'elle lui apparaît, en être le témoin, plus encore, les yeux de celles et

Photography: a Universal Epic

REZA and Rachel Deghati

For the publication of *Matrix of Worlds*, Muriel Pénicaud's first collection of photographs, we have chosen to consider photography in terms of the possible odysseys of a universal language. We will attempt to outline image narratives, from intention to the mark left behind, by exploring the frame, out-of-frame elements and meditation. Ever since Muriel Pénicaud took up photography, the visual epic she has chosen for what we will call her 'intimate photographic meanderings' has embraced a poetic form.

Becoming a photographer is about opening oneself up to different worlds and attempting to capture their essence. It is also about revealing these worlds by tracing lines of light in the darkness – lines of poetry, of paradoxically absolute truth, of intentional subjectivity and also, of invisible elements rendered real.

Tracing lines of light

Initially, the adventure of looking at the world is the story of a chance encounter with a camera, an object to be mastered to meet a compelling need, an intimate and silent conversation between oneself and one's silences, ponderings and the world that invites itself into our inner landscapes.

This brings to mind the first lines of *Masnavi*, the great poem by the Persian poet Rumi: '*beshno az ney*' – 'Harken to the reed flute', which continues: 'Harken to its lament, as it tells of separations [...]' Does this poem not evoke the memory of that adolescent state of vulnerability and inner turmoil?

The end of childhood and its promise of enigmatic, and thus uncertain, days ahead are often the first steps in the exploration of a new language. We could follow these Persian lines of poetry with the invitation: '*Bebin*', 'Look'. It is to

such an invitation that some, as they reach adolescence, reply through a camera, an object that changes them, by offering new perceptions and modes of expression. The language of image enters the lives of these young people leaving childhood as a new form of expression. A silent dialogue is furtively established. Eyes unconsciously sweep, are drawn to and become fixated on various fragments of life, and the camera freezes in time a moment of poetry, doubt, questioning or truth.

When these visual narrators reveal themselves early in life, their gaze tends to remain fixed on the world. They cannot help but scrutinise it – it becomes second nature. Throughout their lives, they continue to pursue this long, daily journey of visual storytelling, like logbooks of their inner life.

Each photograph is a renewed attempt to tell the tangible story of a moment fixed in time, to counter its ephemeral nature. It is when they leave childhood, in what is at first a personal quest, that some begin to embrace the light, via a visual dialogue with the worlds of which they are both witnesses and storytellers.

Drawing a frame

The wonder of the discovery of light that shapes the different strata of darkness, revealing shapes and voids, subjects and lines, is reflected in another outline, that of the frame, which constitutes a first selection of the person viewing and freezing a scene. These photographers aim to show the truth as it appears to them; they seek to be the witnesses of it, perhaps even the eyes of those who are not there. The frame of the viewfinder becomes the ally of an intention. It defines the part selected from the immensity of a landscape, from the multitude of gestures, expressions

ceux qui ne sont pas là. Le cadre du viseur devient le complice d'une intention. Il détermine la part choisie dans l'immensité d'un paysage, dans la multitude de gestes, d'expressions, de mouvements d'un être humain, dans le vol organisé d'oiseaux migrateurs et l'envol solitaire.

L'acte de photographier est d'abord une volonté, celle de traduire au plus près du réel. Il nous vient alors en mémoire la locution italienne « *Traduttore, traditore* » (« traducteur, traître »). Le cadre révèle non pas une trahison, mais l'illusion sincère que le récit par l'image est une démonstration de vérité. Le dessin du cadre dans le réel est un choix, celui d'une interprétation. Ainsi, d'une même scène contemplée par dix photographes, naîtront autant d'images différentes que de regards posés. Photographier, c'est accepter que la subjectivité s'immisce dans l'image et que cette réécriture du réel détermine la direction du regard de celui à qui le photographe donne à voir. Et les mots que les témoins posent sur l'image et qui répondent aux cinq questions « *Où ? Qui ? Quoi ? Quand ? Pourquoi ?* » ne sont là que pour tenter de contenir dans les parois du cadre, un semblant d'informations factuelles.

Les mots impérieux du hors-champ

La photographie pourrait s'arrêter à cette première mission de témoignage en étant au plus près du réel. Le photojournaliste parti en campagne de vérité documente le monde, s'attachant à respecter les critères de déontologie journalistique d'une impartialité revendiquée. Cela reste une illusion. Le cadre se fissure de tous côtés et le hors-champ s'invite dans la photographie documentaire à travers la part congrue du réel choisi par l'auteur dans son viseur mais aussi à travers les mots écrits, les mots dits, qui, *a posteriori*, accompagnent l'image tout comme les mots suggérés et leur cortège de pensées, d'émotions, de mises en lumière partiale et partielle. L'image dans son cadre semble être une vaillante soldate de la vérité, elle n'en est qu'une fragile servante. Une fois saisie, la photographie commence ses multiples vies. Les mots dits et ceux non dits constituent des récits à géométrie variable entre fiction et réalité autour de l'image, ils se bousculent, dansent autour d'elle et la révèlent à chaque fois un peu différente. Ils forgent des dialogues multiples entre l'auteur et sa photographie, entre l'auteur-conteur et ses auditeurs-lecteurs auxquels il adresse des narrations qui sont éminemment historiques et politiques. En dépit de la tentative de sincérité des photographes, les récits s'avèrent légèrement changeants en fonction des jours, des souvenirs qui s'imposent, d'autres qui s'estompent. Autour de l'image, d'autres mots surgissent, les mots de celles et ceux qui ne sont pas auteurs de la photographie mais qui s'en approprient le sens, l'intention, en analysant, décrivant, parfois en détournant les faits du réel et en contorsionnant la vérité. L'image, par la légende erronée, est alors utilisée sciemment ou pas, pour servir une idéologie, un mensonge ou simplement pour faire valoir une posture d'historien de l'image. C'est le hors-champ d'une trahison qui s'invite dans le monde de l'image, le nôtre, voire celui de l'Histoire. En France, berceau de la photographie, au début des années 1990, une association, *Droits de regard*, fut créée à l'initiative de photographes, pour dénoncer l'absence de rigueur ou déontologie, répandue dans les rédactions qui maltraitaient les photographies, les faits, et l'intention des photoreporters.

Du hors-champs à une méditation partagée

Que dire des photographes (et de certains rares photojournalistes qui sont aussi de ceux-là) qui laissent la mission du « journaliste » à d'autres destinées et utilisent l'image non pas comme un acte de narration sociologique, politique ou historique, mais comme un acte de création poétique ? Leur intention et celle de Muriel Pénicaud n'est pas de documenter mais de partager des états de leur rapport au monde. Le cadre, l'instant figé ne sont que les modestes prétextes à une invitation assumée d'un hors-champ foisonnant, le leur, mais pas seulement. Le hors-champ de celles et ceux qui, contemplant l'image, laissent l'émotion, la pensée s'emparer de leur âme, et les inviter sur d'autres chemins de conscience d'une part du monde et d'eux-mêmes.

Point d'information, ni de faits, ni de vérité, ni de date, ni de mots chez ces photographes, mais le désir d'une silencieuse méditation partagée. En cet endroit, à chaque image renouvelée, leurs quêtes poétiques incitent à des contemplations et un dialogue entre soi et soi, entre soi et le photographe, entre soi et le monde donné à embrasser. Au sein de la famille humaine, ces photographies tendent à bâtir d'autres ponts que celui de la reconnaissance d'une Histoire commune. Elles laissent des traces discrètes qui résonnent comme autant d'éventualités d'universalité et d'intemporalité d'une mémoire ineffable, collective des sens.

Cela s'appelle la poésie.

Dans le parcours d'un photographe, la publication d'un premier ouvrage marque un désir légitime de partager ses univers intérieurs avec le reste du monde. *Matrice des mondes* est une invitation à chaque page, à travers chaque image choisie, à reconnaître l'insatiable curiosité qui anime son

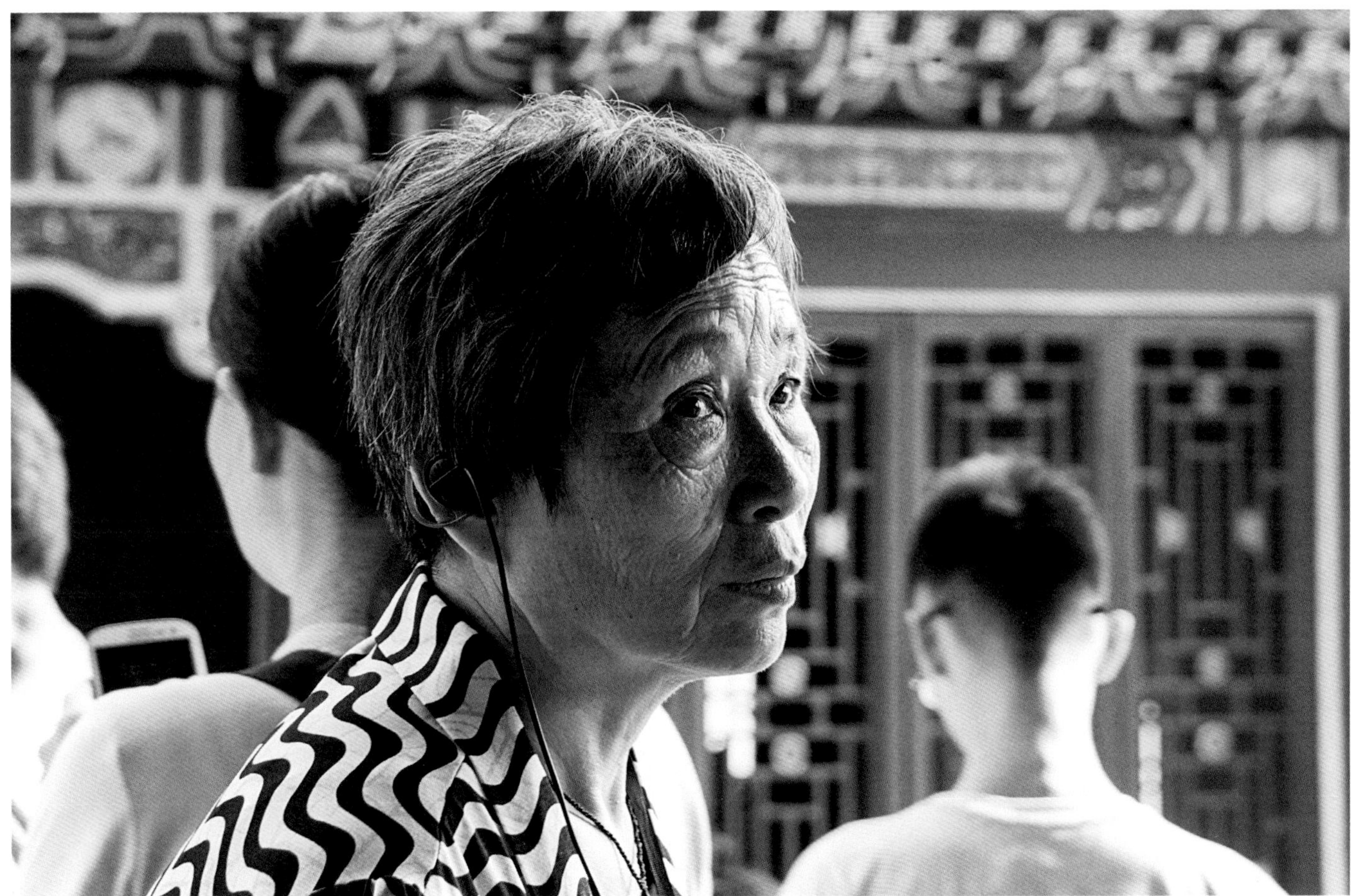

and movements of a human being, from the organised flight of migratory birds or a single one taking wing.

The act of taking a photograph is first and foremost an intention, that of translating reality as closely as possible. The Italian expression '*Traduttore, traditore*' ('translator, traitor') comes to mind. But the frame reveals not a betrayal, but the sincere illusion that the story related by the image is a demonstration of truth. The drawing of the frame in reality is a choice, that of an interpretation. So, the same scene viewed by ten photographers will result in as many different images as there are different viewers. To take a photograph is to accept that there is always an element of subjectivity and that this rewriting of reality will shape the way in which the image is seen by those to whom the photographer shows it. And the words that the witnesses place on the image and that respond to the five questions 'Where? Who? What? When? Why?' exist only in an attempt to contain within the borders of the frame a semblance of factual information.

Compelling words from outside the frame

Photography could stop at this first mission of bearing witness to reality. The photojournalist on a campaign of truth documents the world, endeavouring to respect journalistic moral codes and claiming to be impartial. But this is an illusion. The frame develops cracks on all sides and out-of-frame elements infiltrate the documentary photograph not only via the limited portion of reality selected by the photographer in the viewfinder but also via written and spoken words that, a posteriori, accompany the image, as well as suggested words and their procession of thoughts, emotions and partial (in both senses of the word) exposure. The image in its frame appears to be a valiant soldier of truth but is, in fact, no more than a poor servant. Once captured, the photograph begins its many lives. Spoken and unspoken words, containing varying degrees of fiction and reality, establish narratives surrounding the image, jostling each other, dancing around it and revealing it in a different light each time. They create numerous dialogues between the author and their photograph,

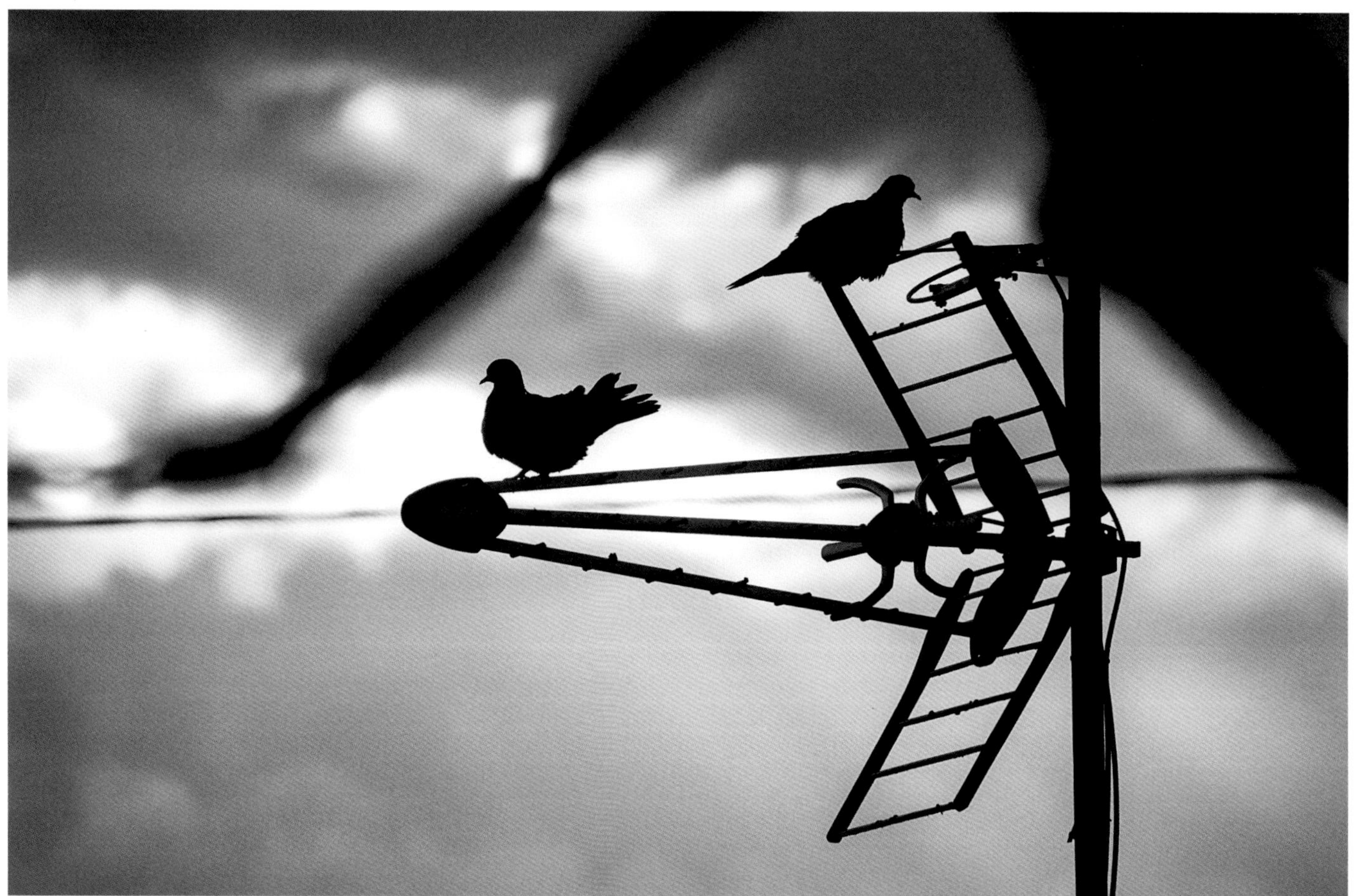

autrice, Muriel Pénicaud, depuis qu'elle s'est appropriée la photographie comme échappatoire intime et comme outil de narration, soit depuis l'adolescence. En France et dans des ailleurs, Muriel Pénicaud observe les mondes. Qu'elle pose son regard sur les ailes repliées avec majesté d'un oiseau, qu'elle caresse des yeux le velouté d'un visage, qu'elle saisisse au vol un baiser fougueux de deux amoureux, qu'elle attrape l'insouciance dans le mouvement de robe et de chevelure d'une fillette heureuse et libre, qu'elle fige en de redoutables compositions différents états de présence du rouge dans une succession de photographies pour mieux partager son regard sur les femmes, qu'elle joue de l'ombre et de la lumière, des lignes et des courbes, qu'elle baisse son regard sur l'humus des forêts et les racines des arbres, Muriel nous invite à deviner et suivre une part méconnue d'elle-même, la candeur sensible et gourmande avec laquelle elle observe le monde depuis des décennies, le laisse entrer en elle et nous le donne à voir avec générosité. Chacune de ses photographies est un acte de création qui nous permet de pénétrer ses multiples univers poétiques intimes dont ses photographies sont des traces, empreintes du monde laissées sur les parois de notre mémoire visuelle et émotionnelle collective.

Et lorsque notre regard s'arrête sur une photographie d'une assemblée d'oiseaux à la surface fragile de l'eau, alors nous viennent en mémoire quelques vers de *La Conférence des oiseaux* du poète persan Farid al-Din Attar :

> « *Si tu ouvrais enfin les yeux de l'invisible*
> *Les atomes de l'univers te diraient leurs secrets*
> *Mais si l'œil que tu ouvres est l'œil de la raison*
> *Tu ne pourras jamais voir l'amour tel qu'il est* [...][1] »

Nous laissant entraîner sur les chemins d'explorations visuelles poétiques de Muriel Pénicaud à travers sa *Matrice des mondes*, des images restent gravées en nous. Elles nous disent que leur autrice sait regarder le monde avec son âme.

[1] Extrait de *Le Cantique des oiseaux*, traduction de Leili Anvar aux éditions Diane de Selliers, 2014.

Signaux [*Signals*], 2017. Baie de Somme, France

between the author–storyteller and their listeners–readers, to whom they address narratives that are eminently historical and political. Despite photographers' attempts at sincerity, the stories tend to change slightly depending on the day, with some memories taking precedence while others fade away. Words spring up around the image: the words of those who, while not the authors of the photograph, claim to understand its meaning and the photographer's intention, analysing, describing and sometimes distorting the facts and twisting the truth. By dint of its erroneous caption, the image is then used, consciously or unknowingly, to serve an ideology, a lie or simply to assert someone's position as image historian. This is the out-of-frame aspect of a betrayal that infiltrates the world of images, our world and even that of history. In the 1990s in France – the birthplace of photography – an association, *Droits de Regard*, was created by photographers to denounce the widespread lack of professional rigour or ethics within editorial boards, where photographs are frequently misused and facts and photojournalists' intentions often misrepresented.

From out of frame to a shared reflection

What about photographers (including some rare photojournalists) who leave the mission of 'journalist' to others and use the image not to tell a sociological, political or historical story, but as a medium for poetic creation? Their intention, and that of Muriel Pénicaud, is not to document but to share aspects of their relationship with the world. The frame and the frozen moment are merely modest pretexts for an intentional invitation to an abundant out-of-frame world – theirs, but not theirs alone. It also belongs to those who, contemplating the image, allow emotions and thoughts to grip their soul and invite them into a new awareness of an aspect of the world and of themselves.

These photographers offer no information, no facts, no truth, no date, no words, but rather, the desire for a shared, silent meditation. In this place, with each new image, their artistic quests invite contemplation: an inner dialogue, a conversation between oneself and the photographer, and oneself and the world offered up to be embraced. Within the human family, these photographs tend to build bridges other than that of the recognition of a common history. They leave subtle traces that resonate as universal and timeless possibilities of an ineffable and collective memory of the senses.

In other words, poetry.

In the career of a photographer, the publication of a first book marks a legitimate desire to share their inner world with the rest of the world. *Matrix of Worlds* is an invitation – on each page, through each image chosen – to recognise the insatiable curiosity that has driven its author, Muriel Pénicaud, ever since she embraced photography in her adolescence as a way to escape to inner worlds and to tell stories. Wherever life takes her, Muriel Pénicaud has always been an observer. Whether she is focusing her attention on the majestically folded wings of a bird, casting her eye over the soft skin of a face, seizing the moment of a passionate kiss between two lovers, capturing the insouciant movement of a happy and carefree little girl's dress and hair, freezing different states of the presence of red in impressive compositions that form a succession of photographs in which she shares her vision of women, playing with shadows and light or lines and curves, or lowering her gaze to the humus of woods and the roots of trees, Muriel invites us to discover and share a little-known aspect of her life: the sensitive and tireless candour with which she has been observing the world for decades, letting it enter her and generously presenting it to our gaze. Each of her photographs is an act of creation that allows us to glimpse her many private and poetic worlds, with the photographs serving as traces – marks of the world left on the walls of our collective visual and emotional memory.

As our gaze lingers over a photograph of a flock of birds on the fragile surface of water, some lines from *The Conference of the Birds* by Persian poet Farid al-Din Attar come to mind:

If you could penetrate their passing show
And see the world's wild atoms, you would know
That reason's eyes will never glimpse one spark
Of shining love to mitigate the dark[1].

As we follow Muriel Pénicaud's poetic visual explorations through her *Matrix of Worlds*, images remain engraved in our minds. They tell us that their author sees the world through her soul.

[1] From the Penguin Classics edition of *The Conference of the Birds*, translated by Afkham Darbandi and Dick Davis, © 1984.

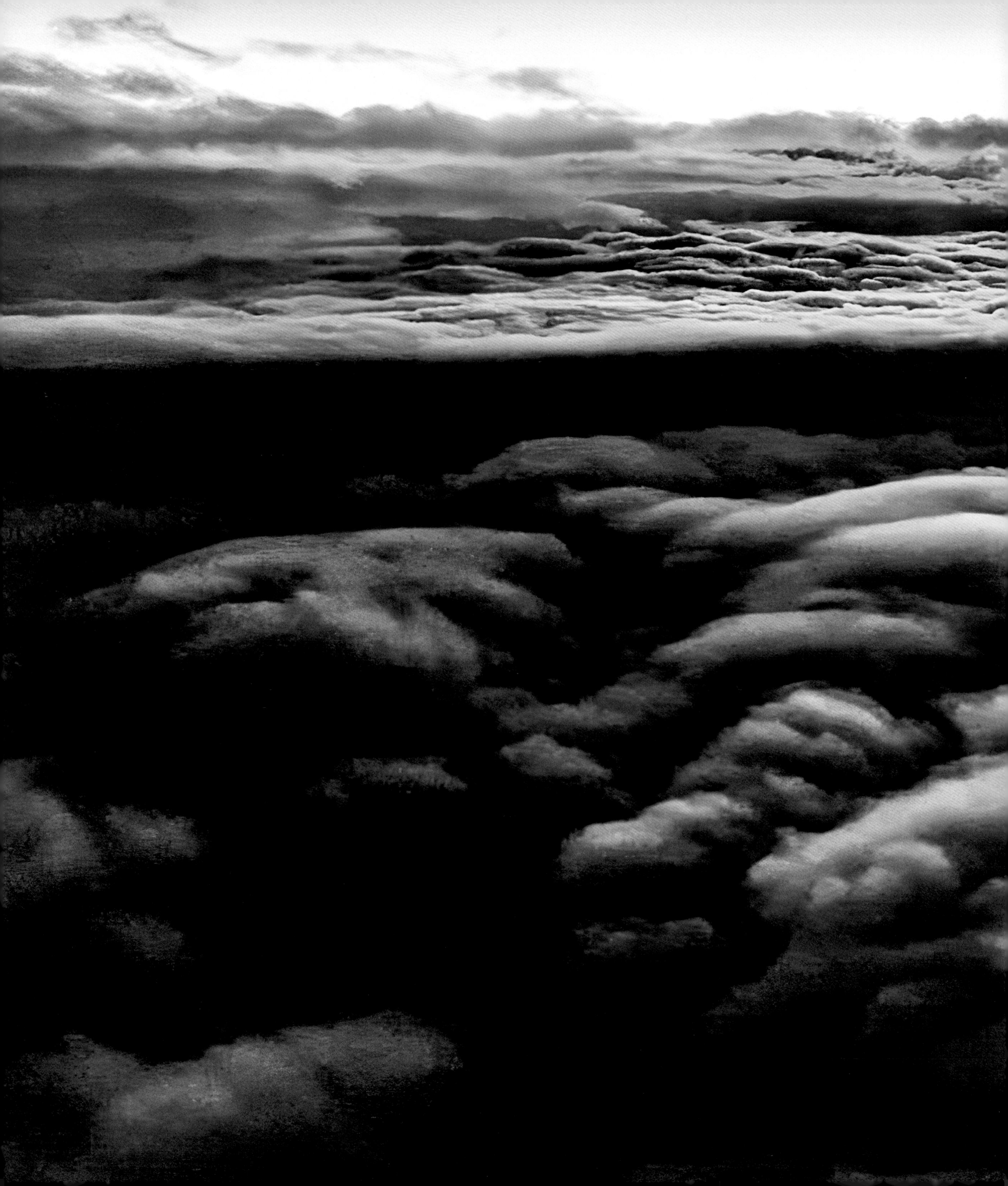

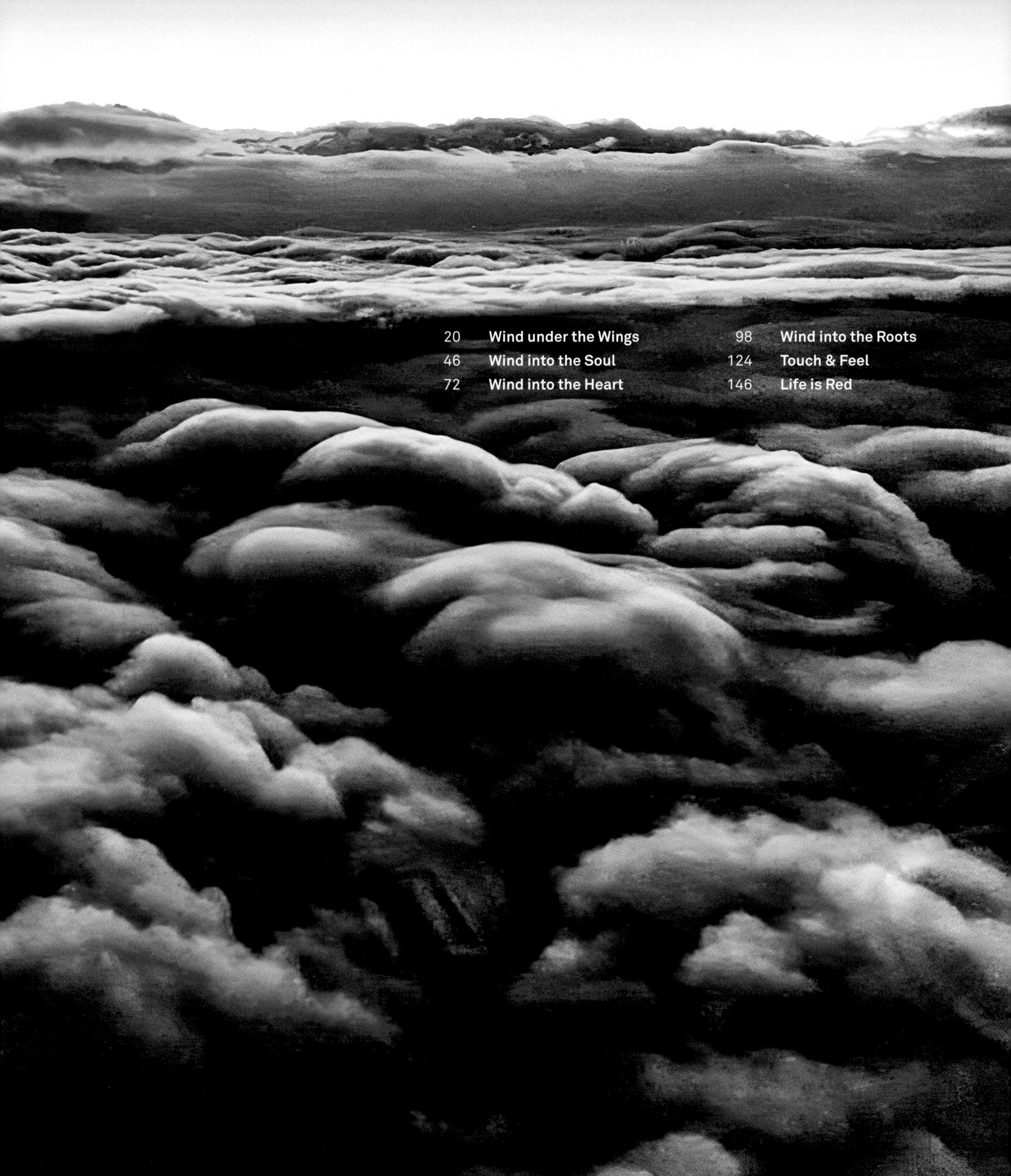

Wind under the Wings

L'envol de l'oiseau est une source inépuisable d'enchantement. En reliant le ciel et la terre, il nous guide vers la liberté et la transcendance. Il incarne nos anges et nos démons, nos désirs et nos peurs, l'écho d'une splendeur ancienne dont nous avons perdu les signes et le chemin. Sans les oiseaux, le ciel tout entier s'éteindrait.

Il nous enseigne un art de la communication insoupçonnable à nos esprits étroits. L'oiseau migrateur nous initie aux langages inconnus qui zèbrent l'air tout autour de la Terre. Enfant, fenêtre grande ouverte, je m'imaginais cheffe d'un orchestre peuplé de chants d'oiseaux. Cet émerveillement est toujours là, intact.

Pour photographier l'envol d'un oiseau, il faut attendre, attendre encore, faire doucement corps avec son plumage, ressentir subtilement quand il va s'envoler, et cueillir la grâce de l'instant. En photographiant l'oiseau, je recueille avec humilité une part de la beauté du monde, et m'envole vers mon voyage intérieur.

Bird flight is an endless source of enchantment. Linking sky and earth, it guides us towards freedom and transcendence. It embodies our angels and our demons, our desires and our fears, the echo of an ancient splendour whose signs and path we have lost. Without birds, the whole sky would be extinguished.

It teaches us a means of communication that our narrow minds could never imagine. The migratory bird introduces us to unknown languages that streak the skies all around the Earth. As a child, with the window wide open, I used to imagine I was a conductor of an orchestra filled with birdsong. That sense of wonder is still there, intact.

To photograph the flight of a bird, you have to wait, and keep waiting, to gently become one with its feathers, to subtly sense when it is about to take flight, and then gather the grace of the moment. In photographing birds, I humbly welcome part of the world's beauty and take off on my own inner journey.

Qui es-tu, toi qui regardes ? [*Who are You, Looking at Me?*], 2015. Singapour / Singapore

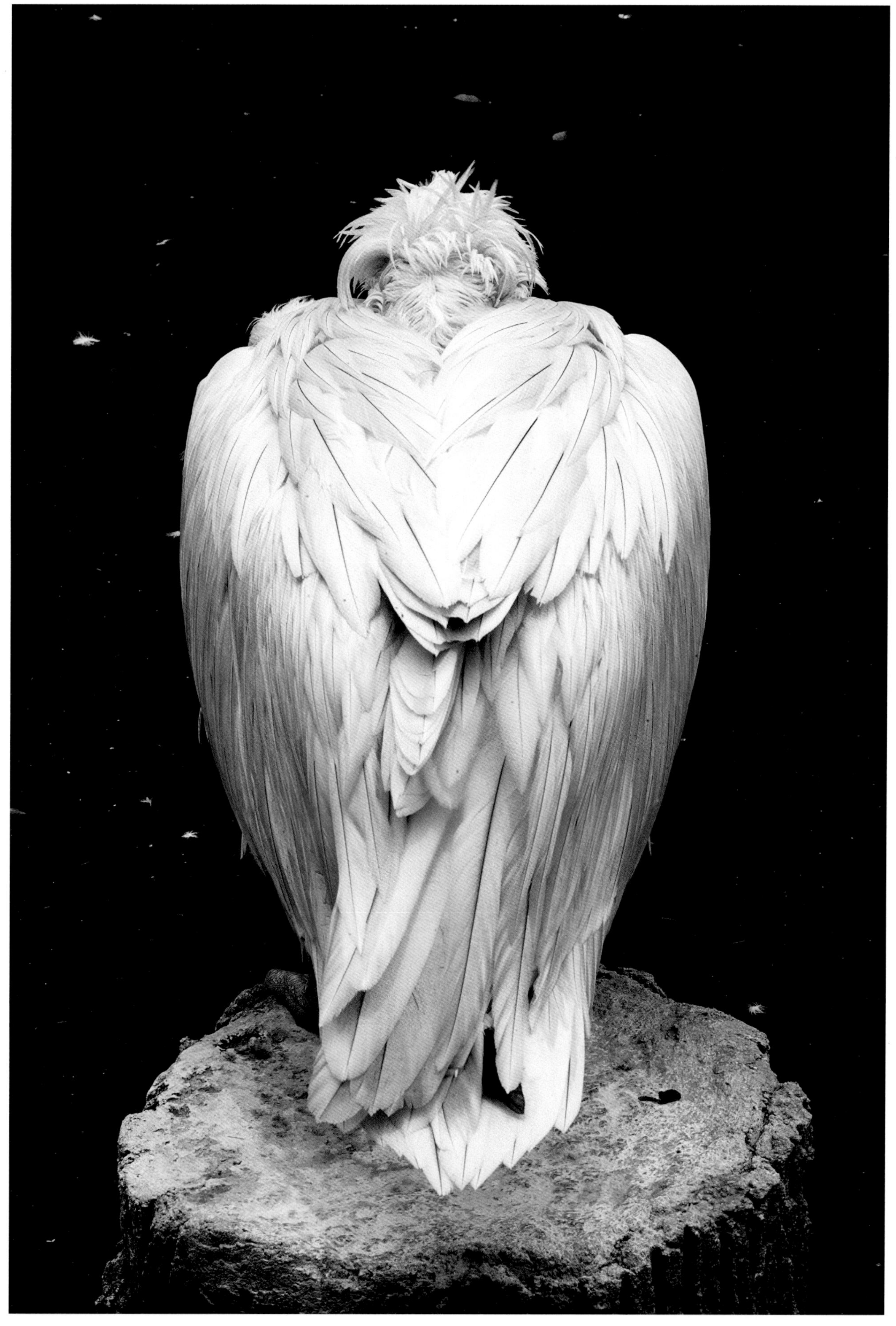

Plume d'air [*Feather Air*], 2022. Baie de Somme, France

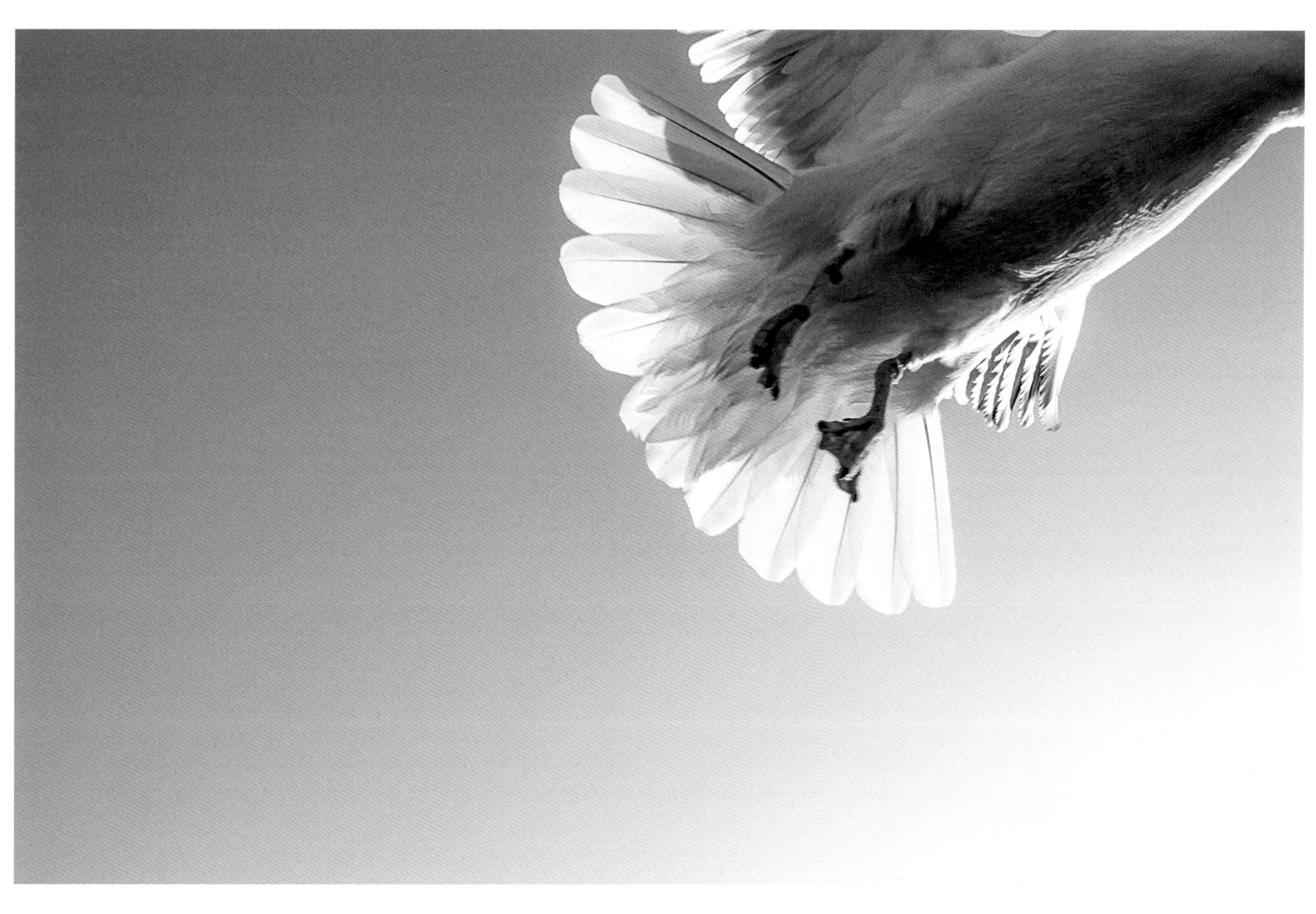

Hors-cadre [*Out of Frame*], 2018. Baie de Somme, France

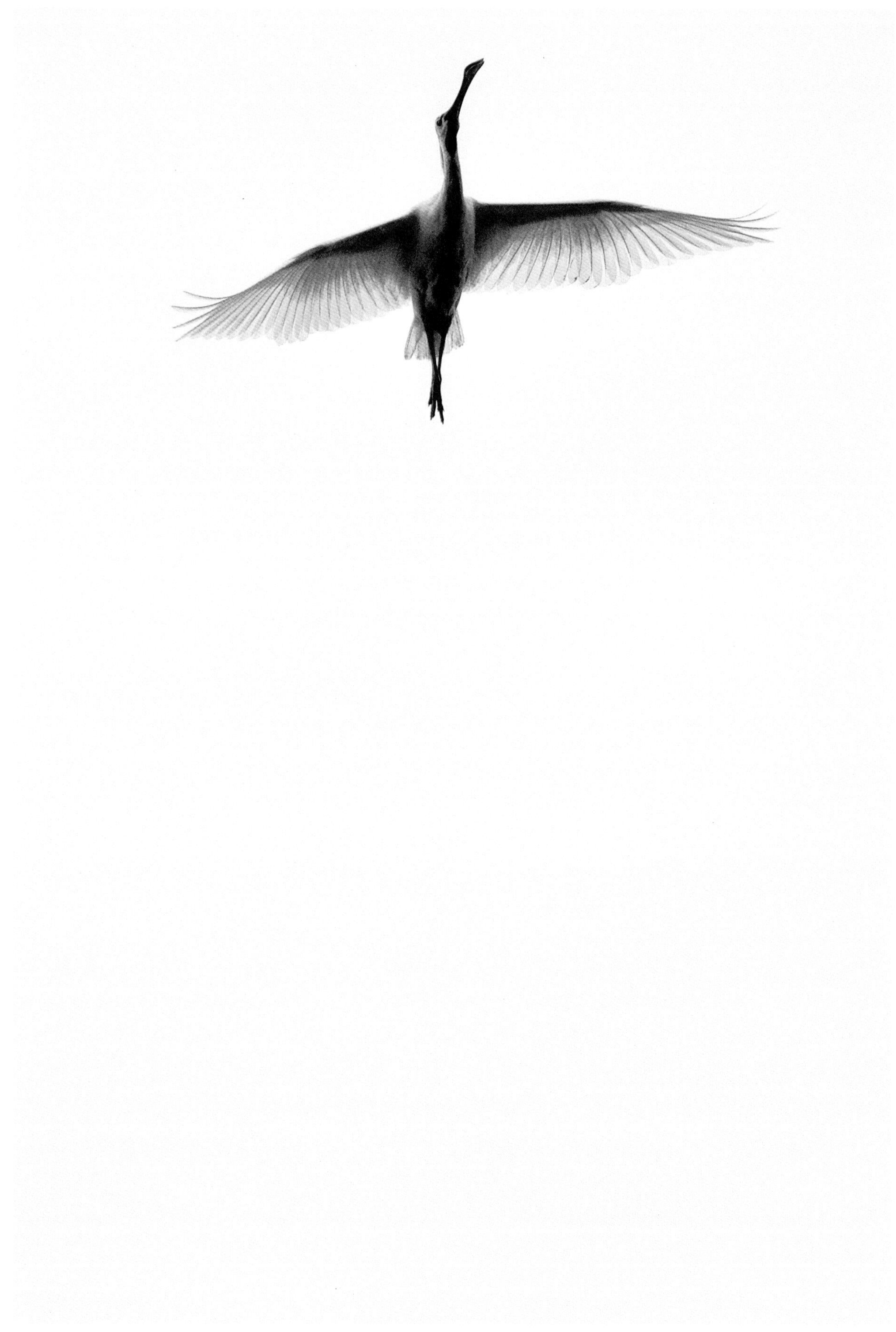

Danseuse étoile [*Star Dancer*], 2012. Baie de Somme, France

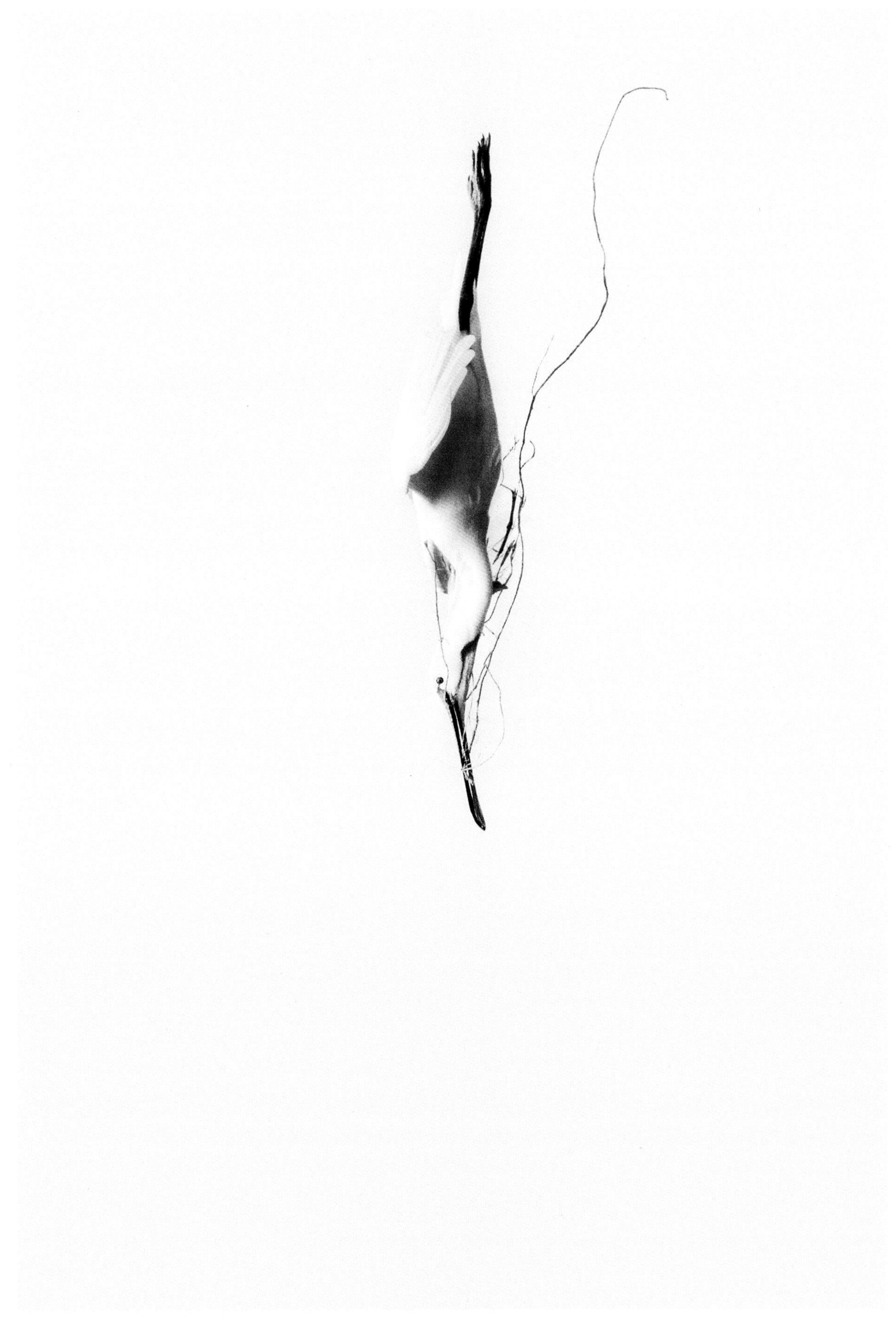

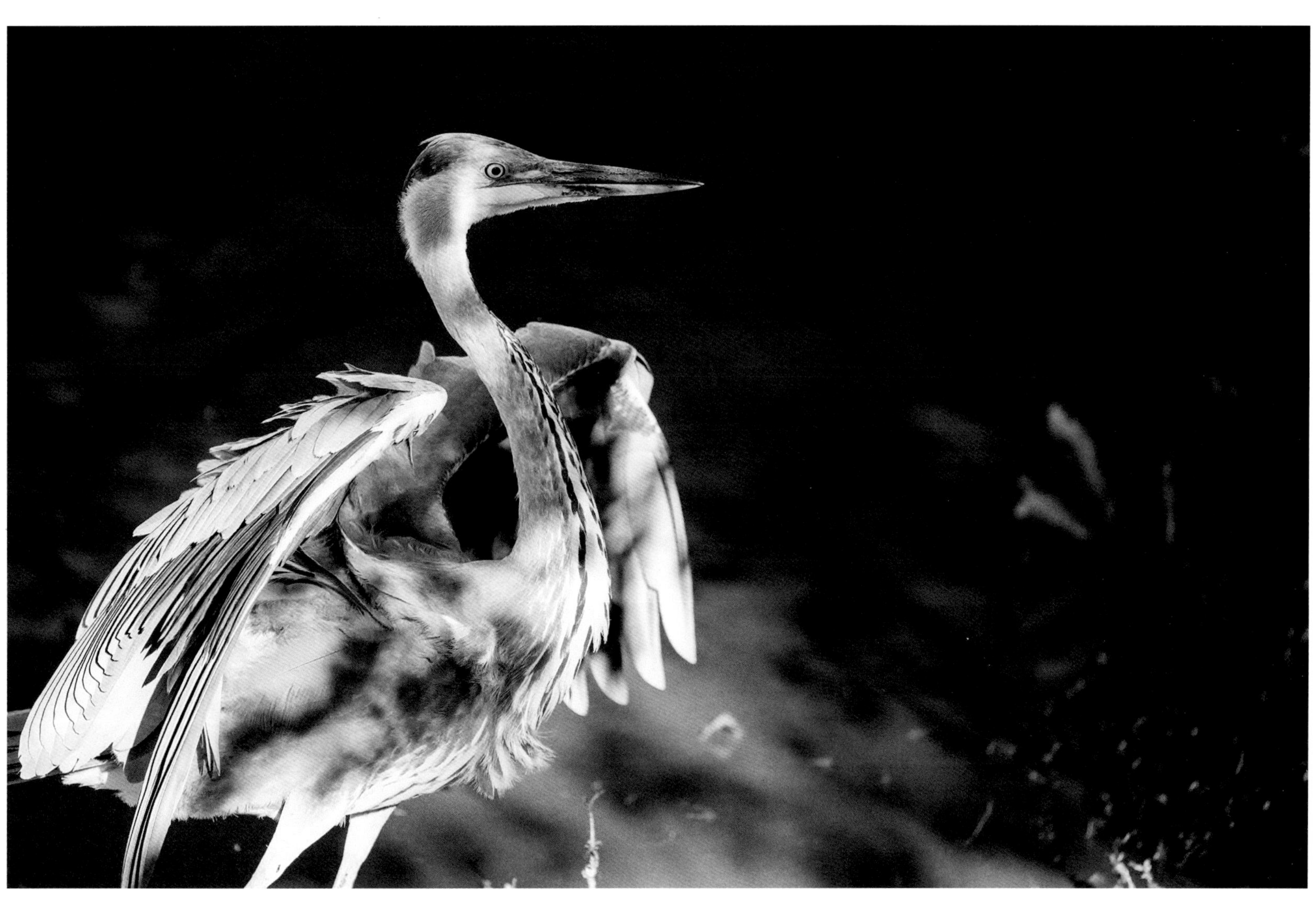

Luminescence [*Luminescence*], 2022. Baie de Somme, France

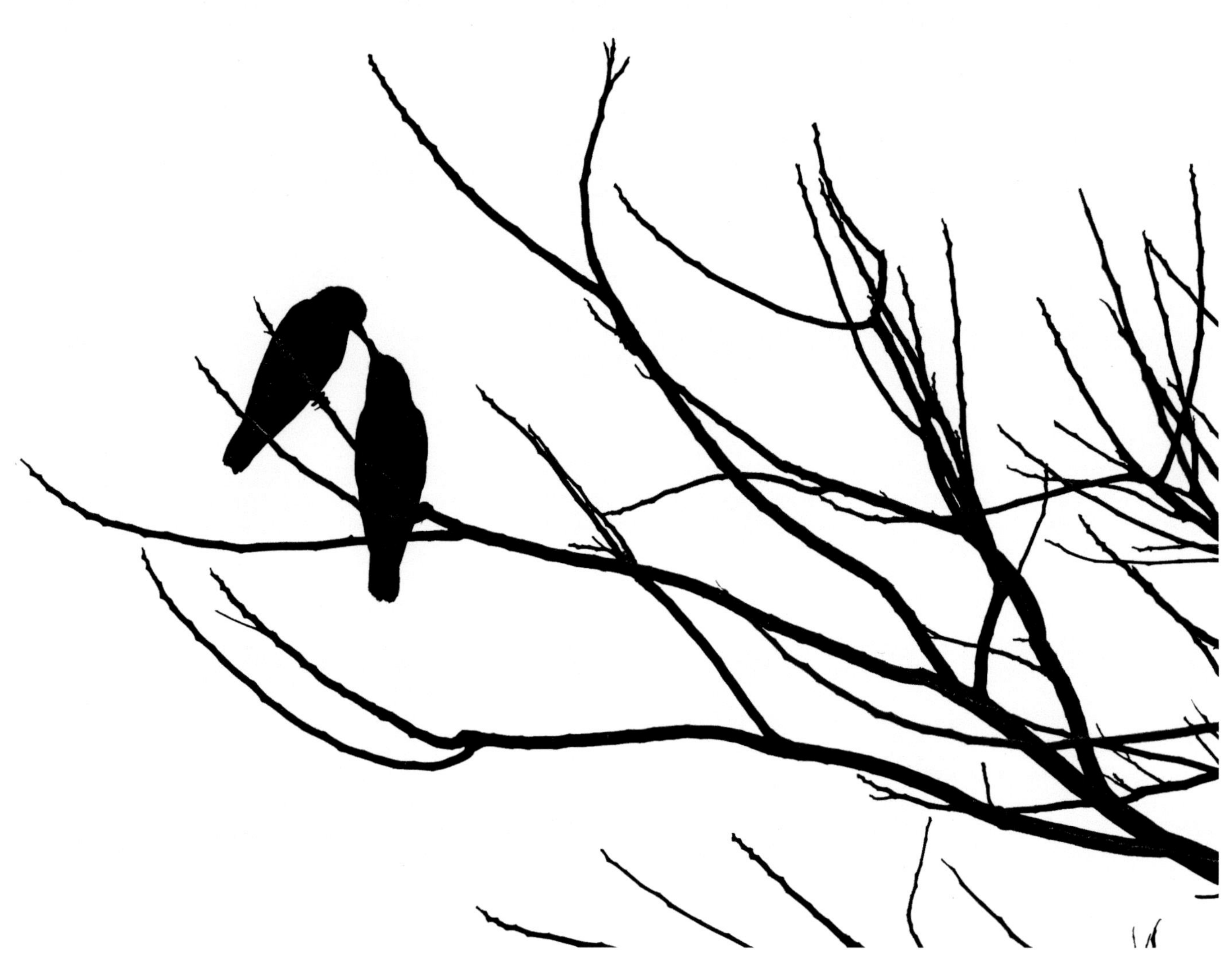

Toi et moi [*You and Me*], 2024. Rajasthan, Inde / India

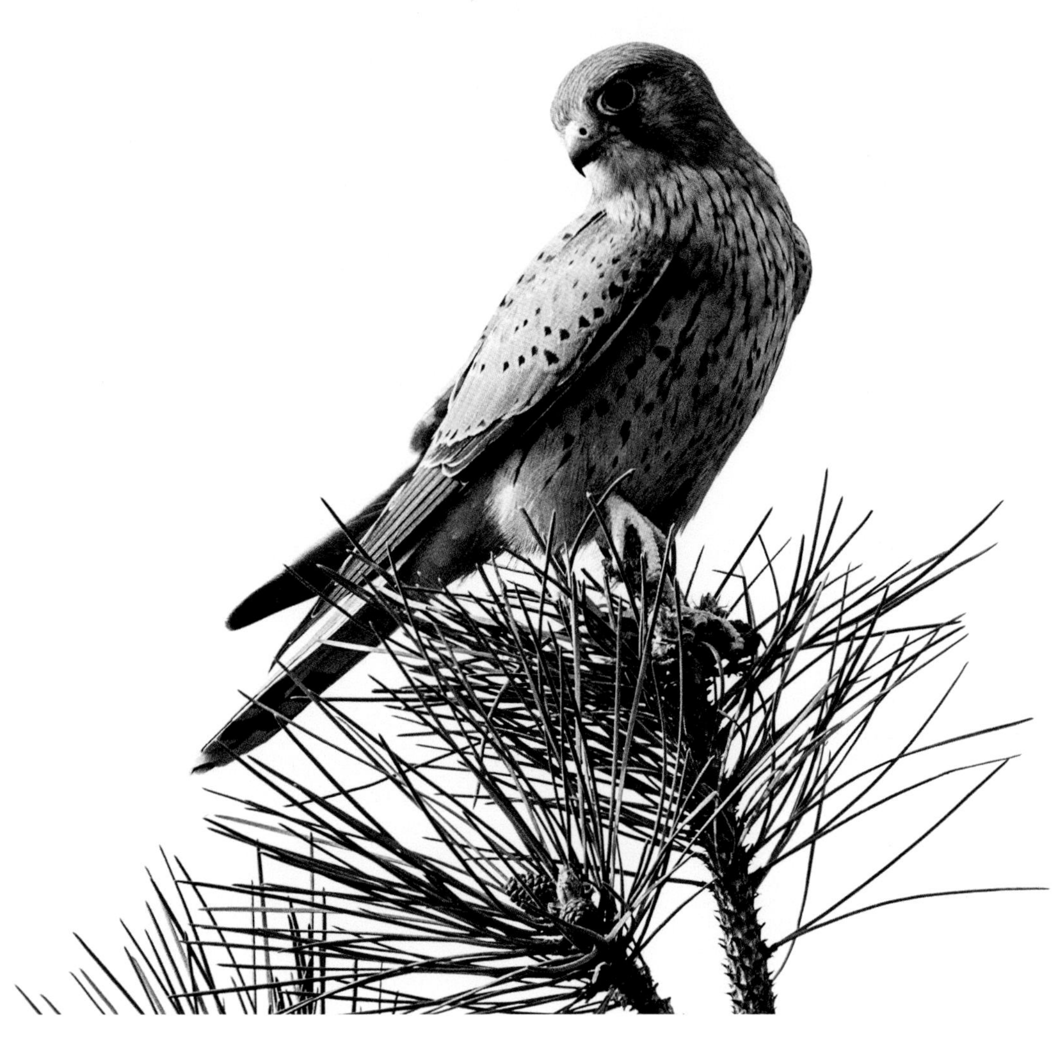

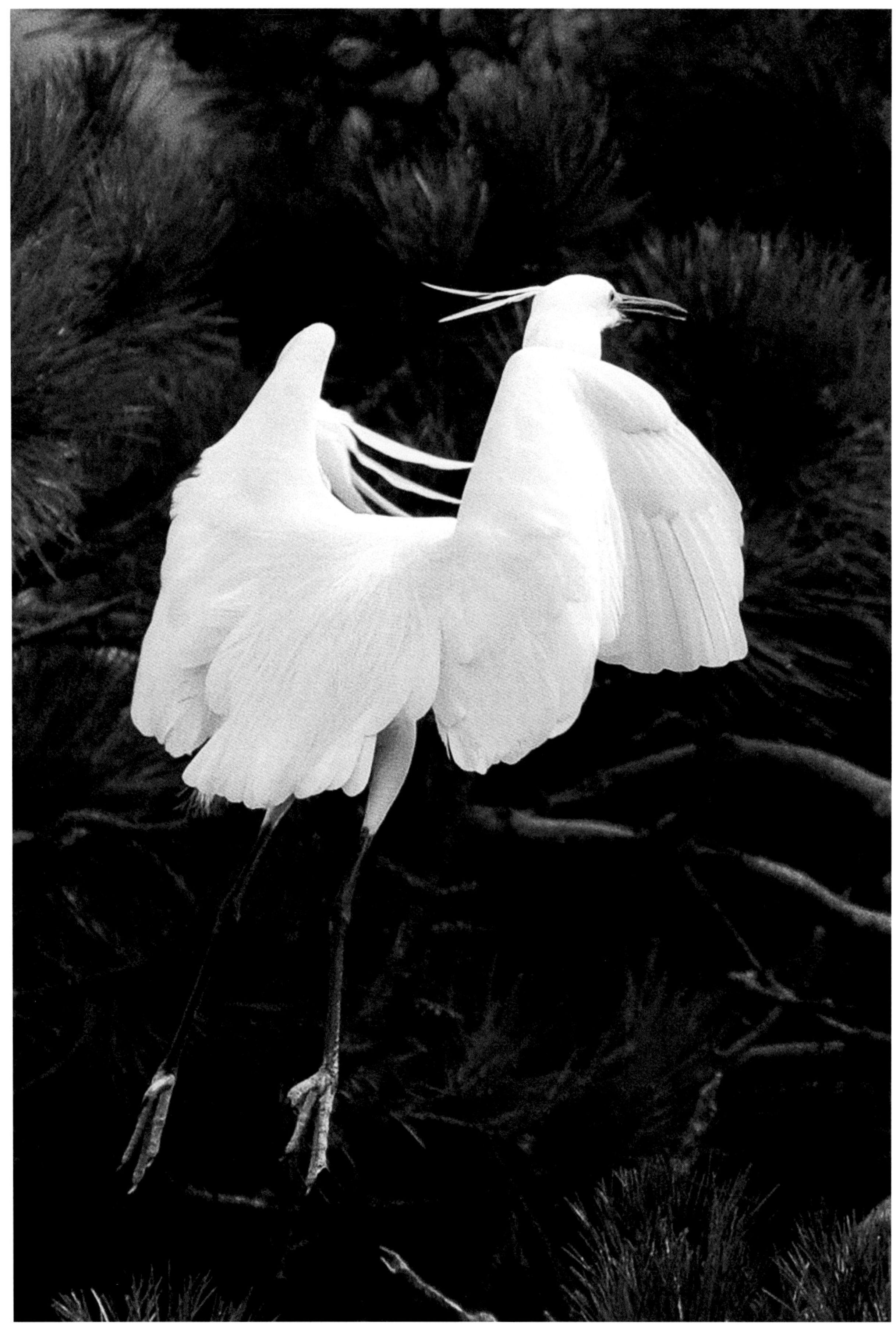

 Temps suspendu [*Suspended Time*], 2015. Baie de Somme, France

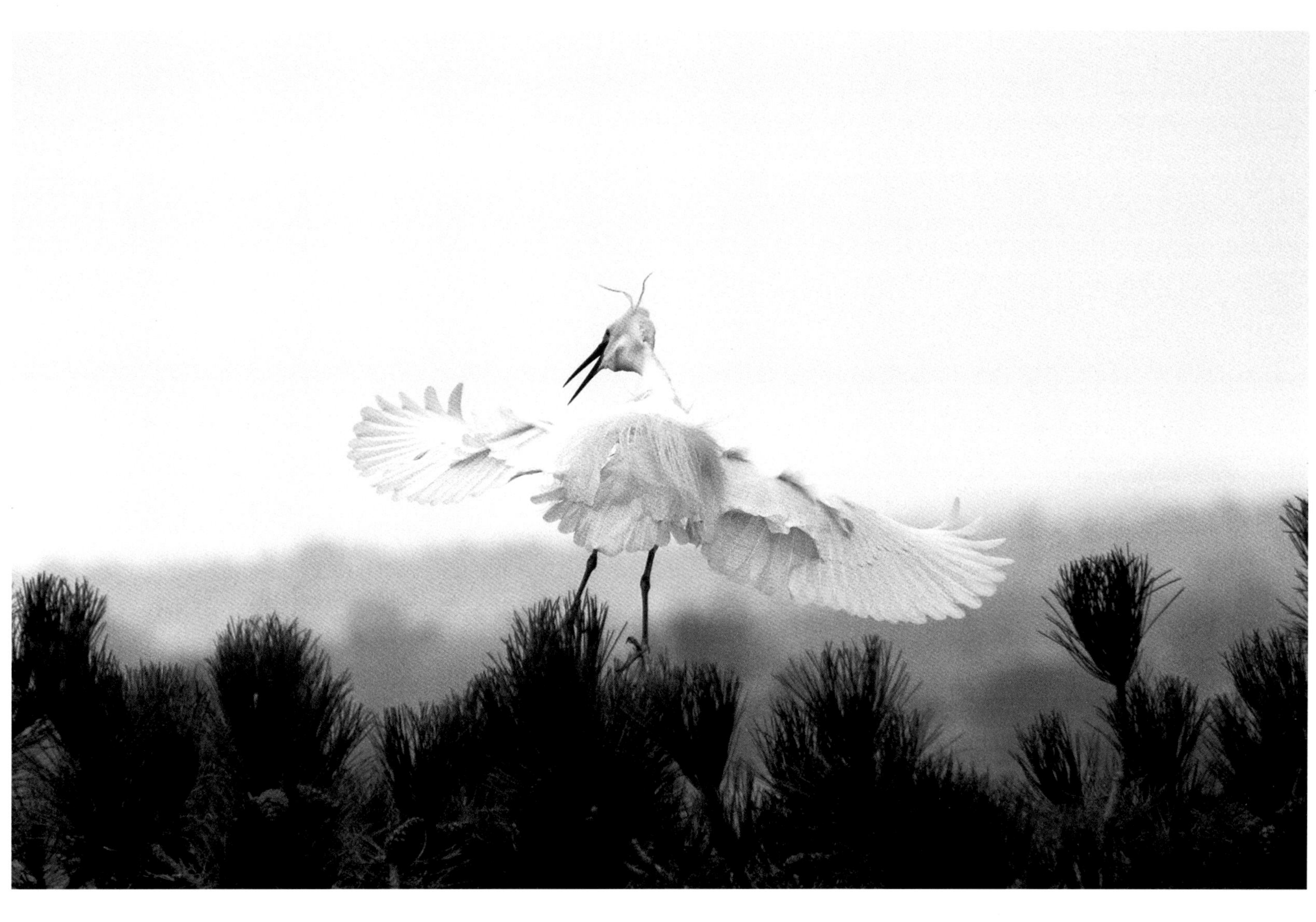

Au-dessus des cimes [*Over the Treetops*], 2016. Baie de Somme, France

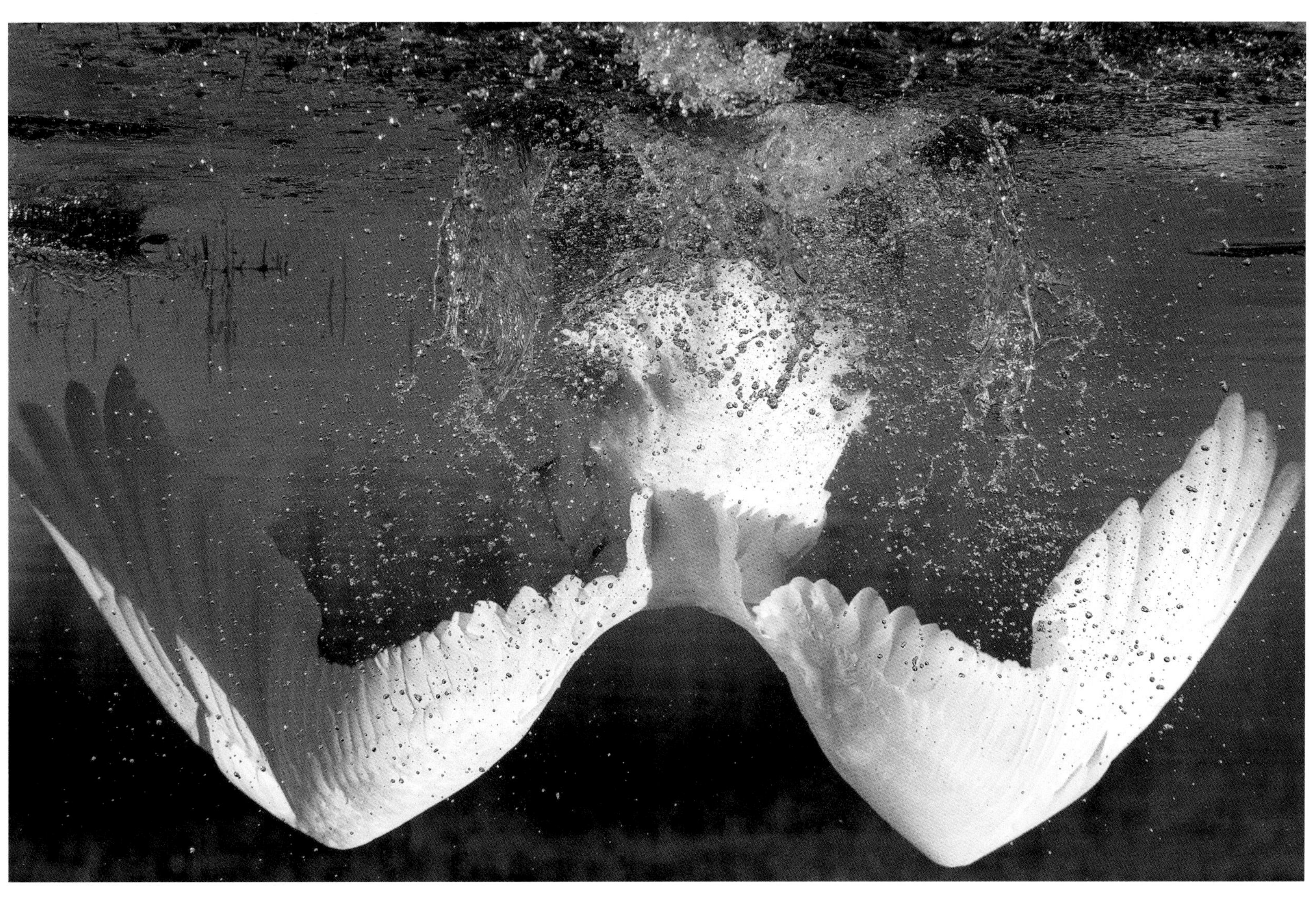

Jaillissement [*Gushing*], 2016. Baie de Somme, France

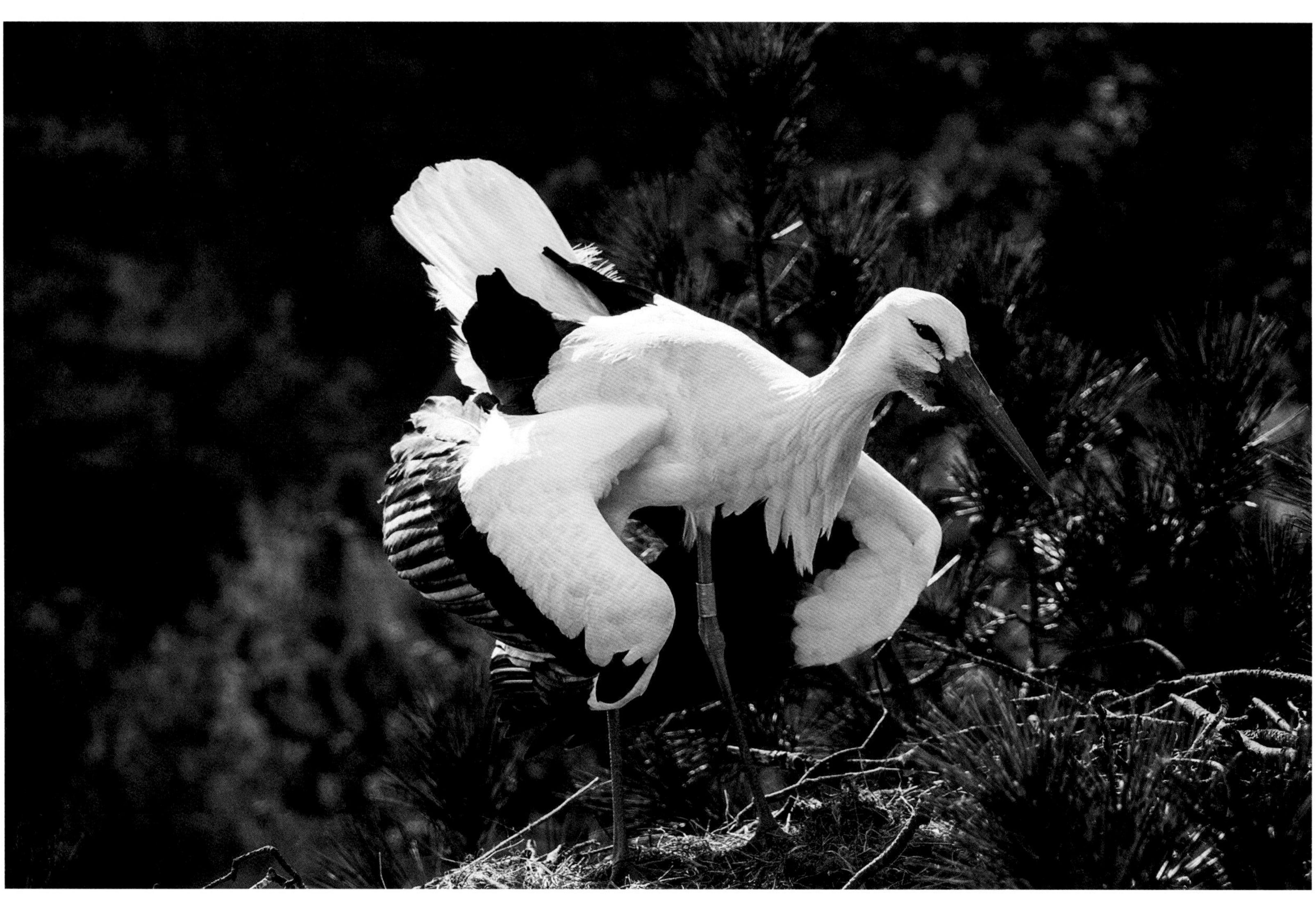

Séduction [*Seduction*], 2019. Baie de Somme, France

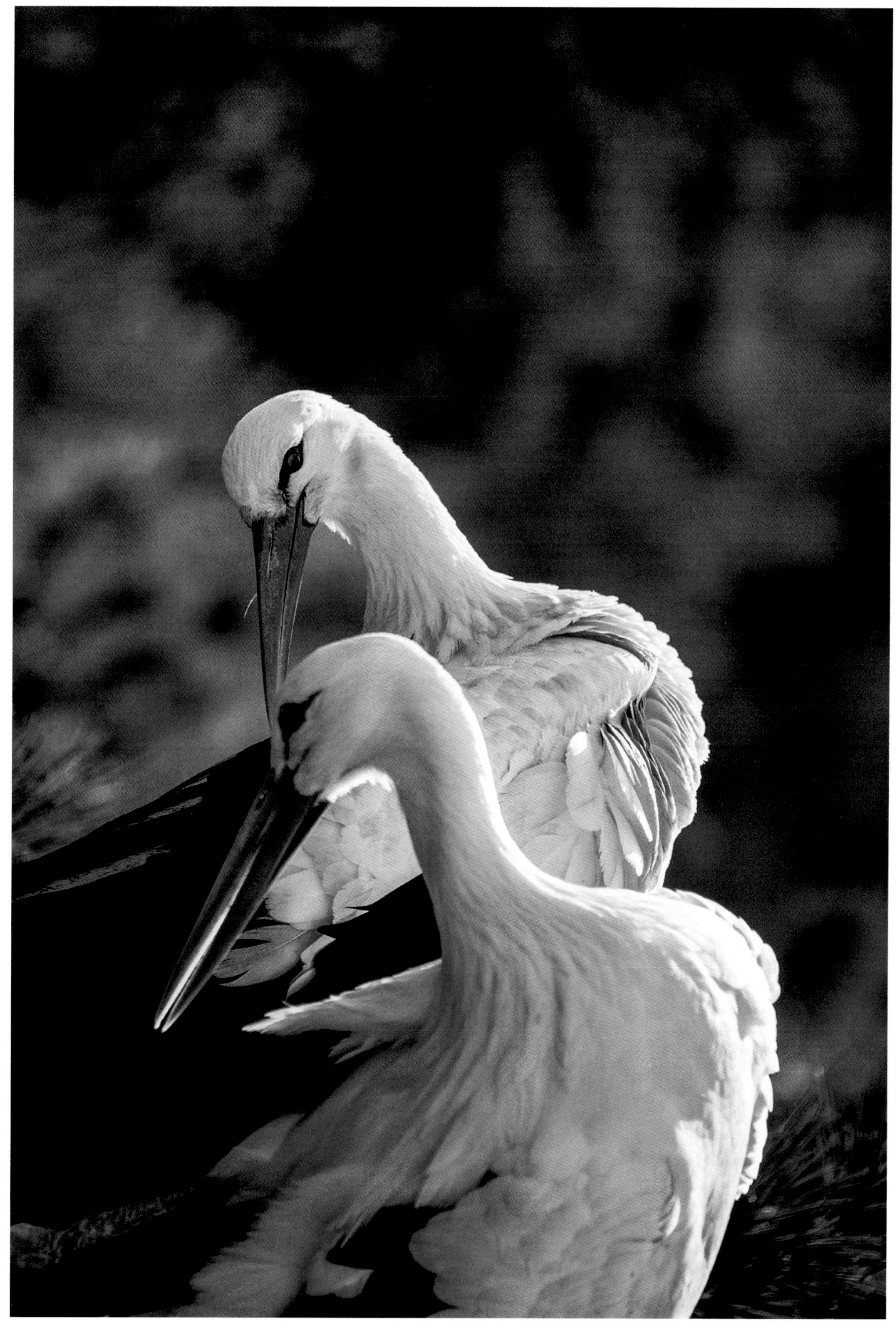

Danse nuptiale [*Nuptial Dance*], 2019. Baie de Somme, France

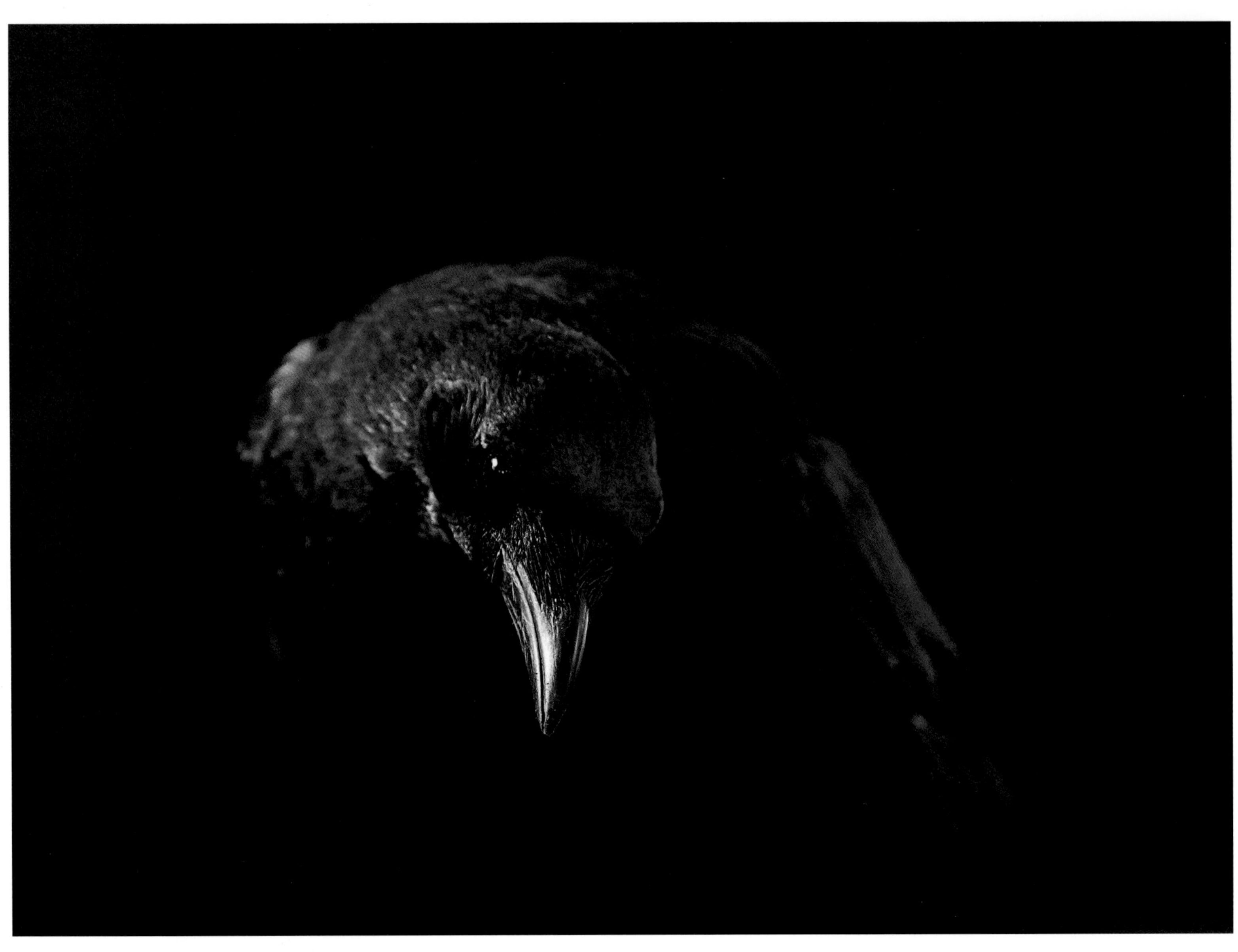

Noir intense [*Intense Black*], 2022. Père-Lachaise, Paris, France

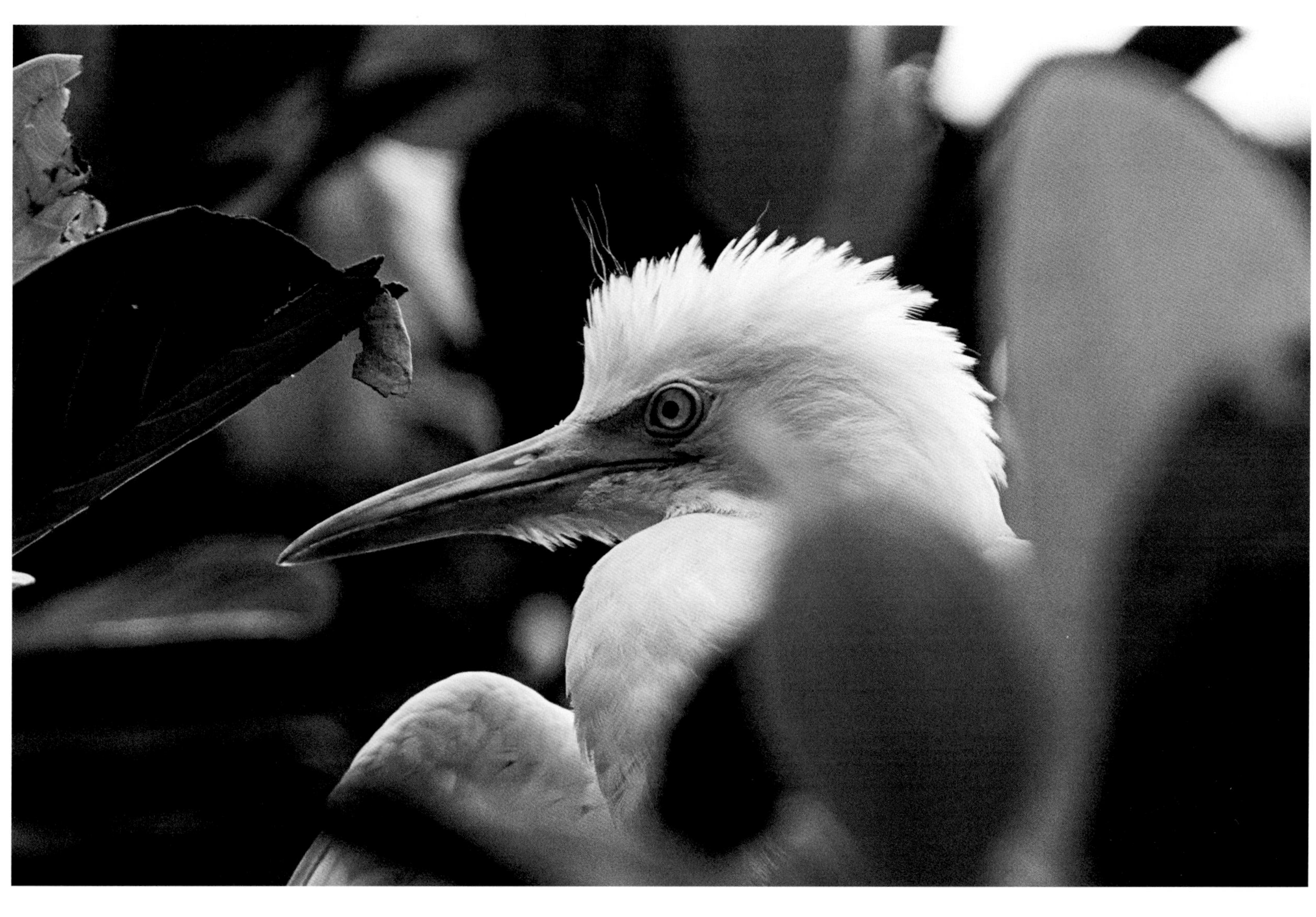

Prêt [*Ready*], 2014. Bali, Indonésie / Indonesia

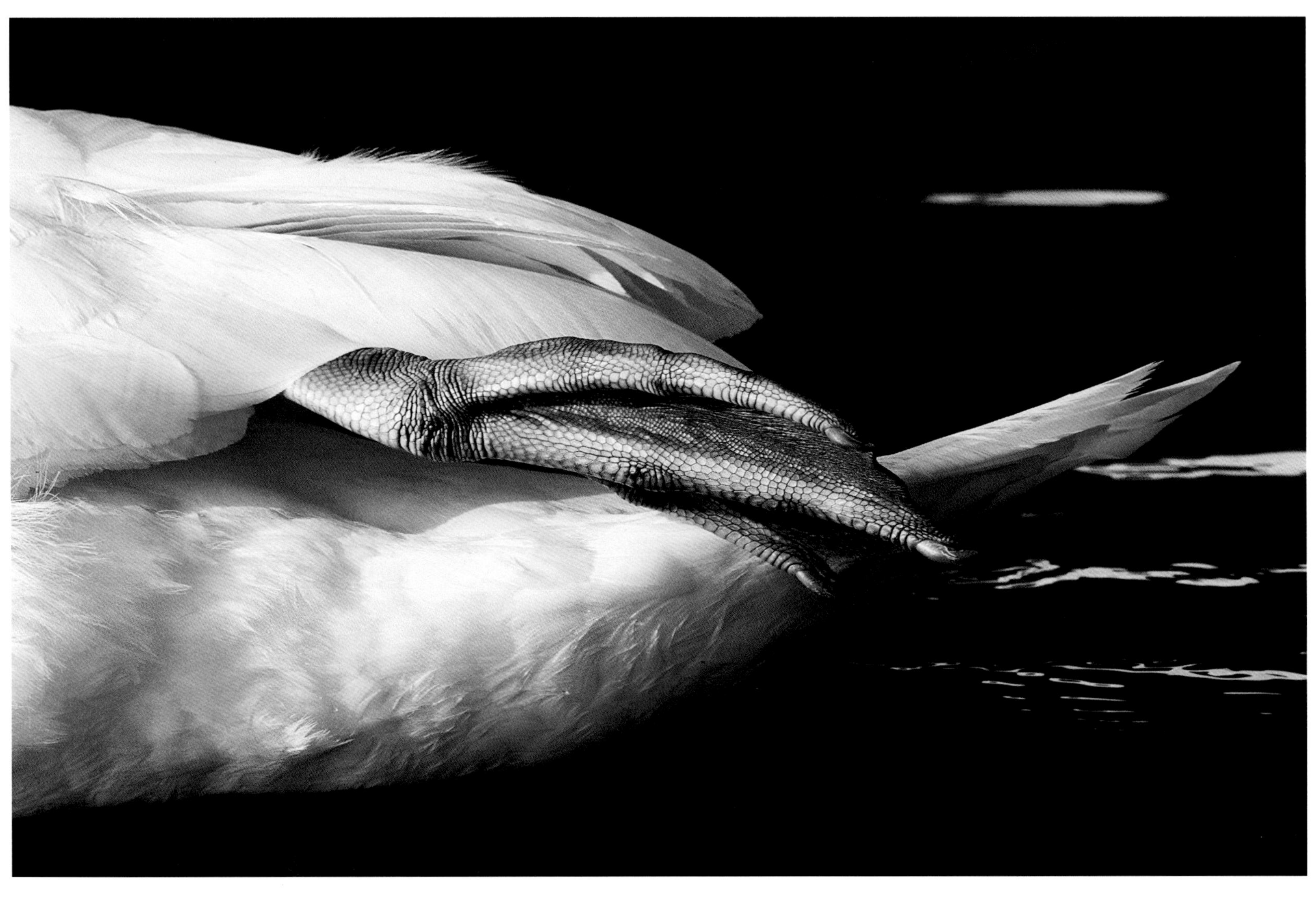

 Au fil de l'eau [*Along the Water*], 2014. Baie de Somme, France

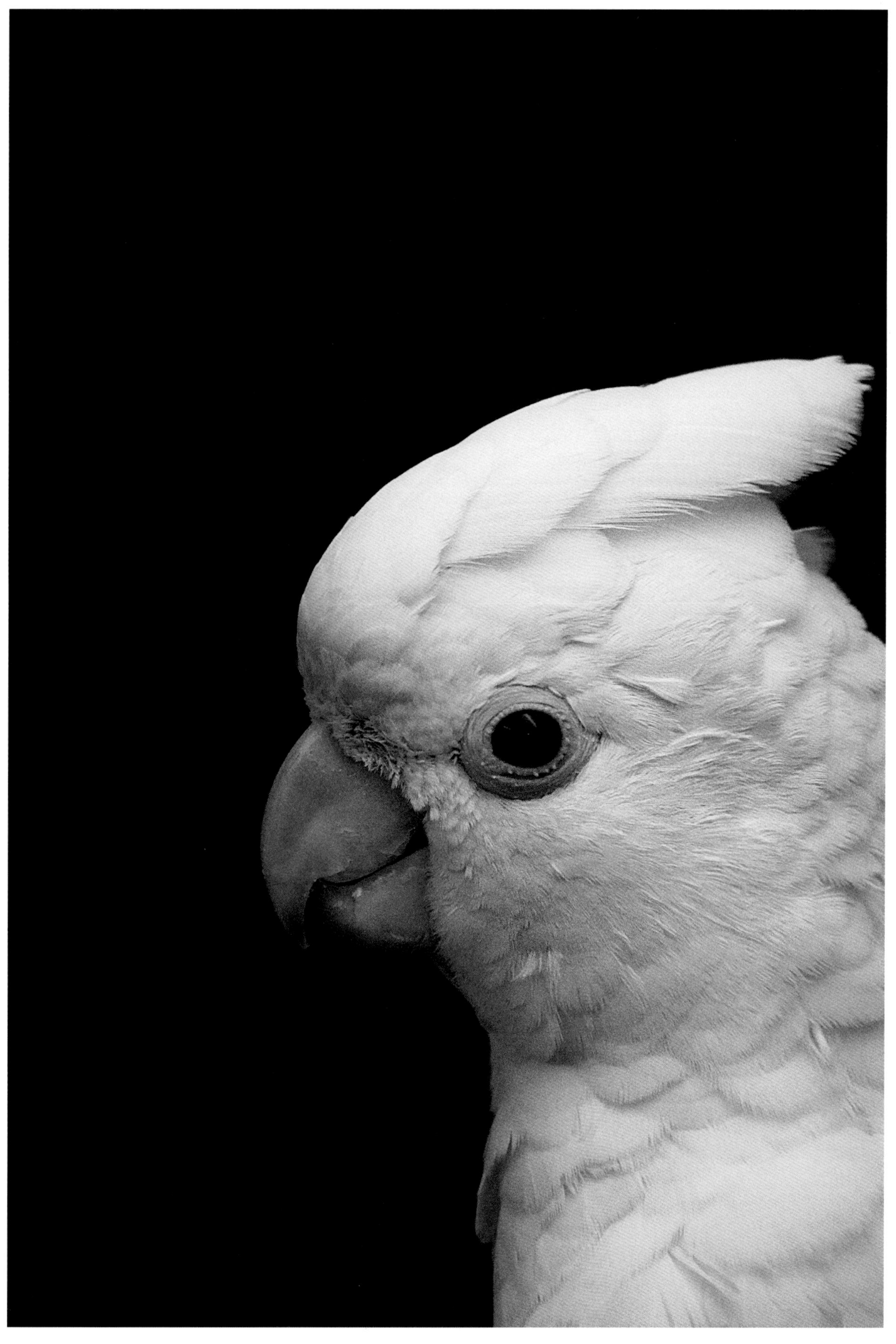

Énigme [*Enigma*], 2014. Paris, France

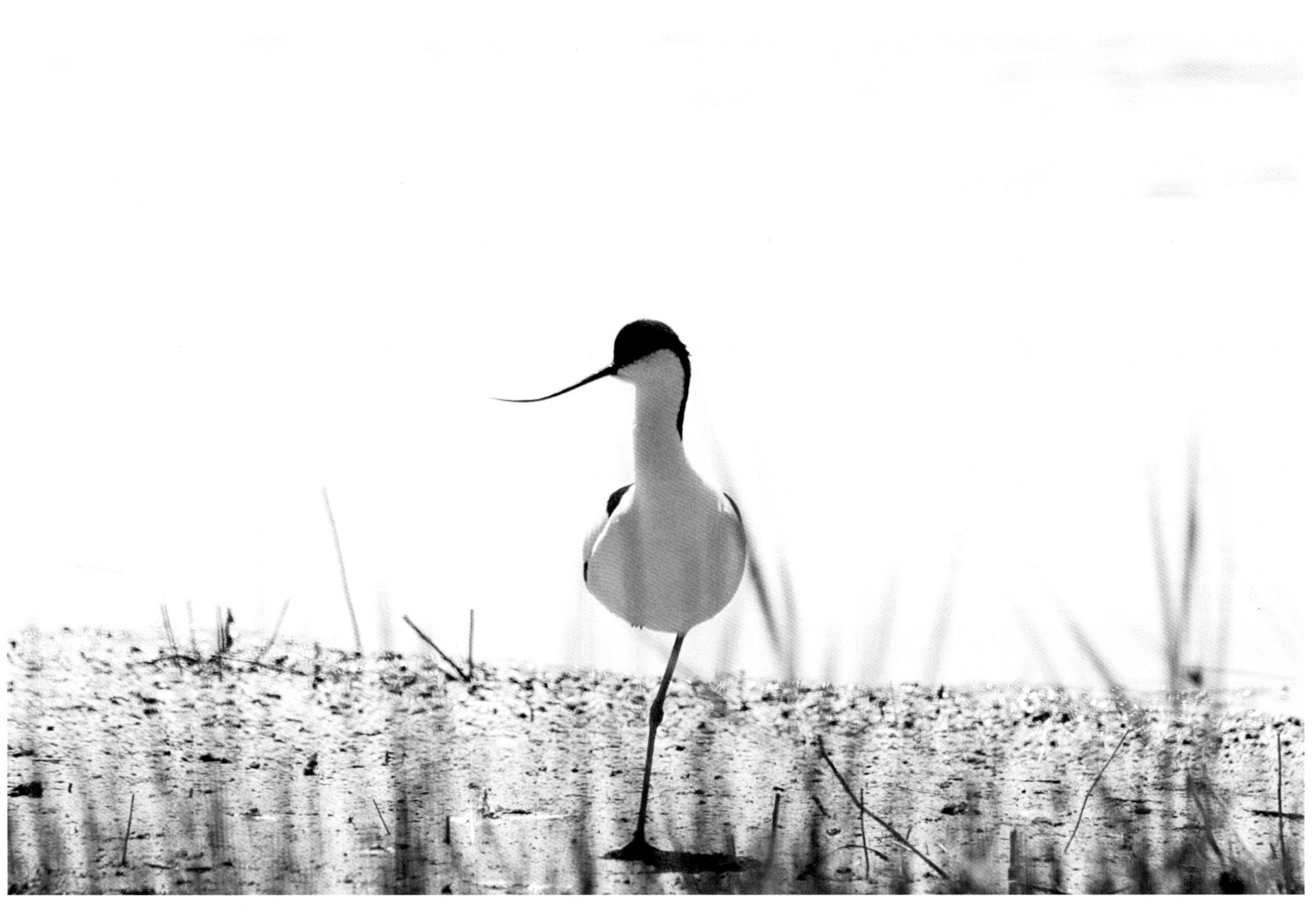

Équilibre [*Equilibrium*], 2017. Baie de Somme, France

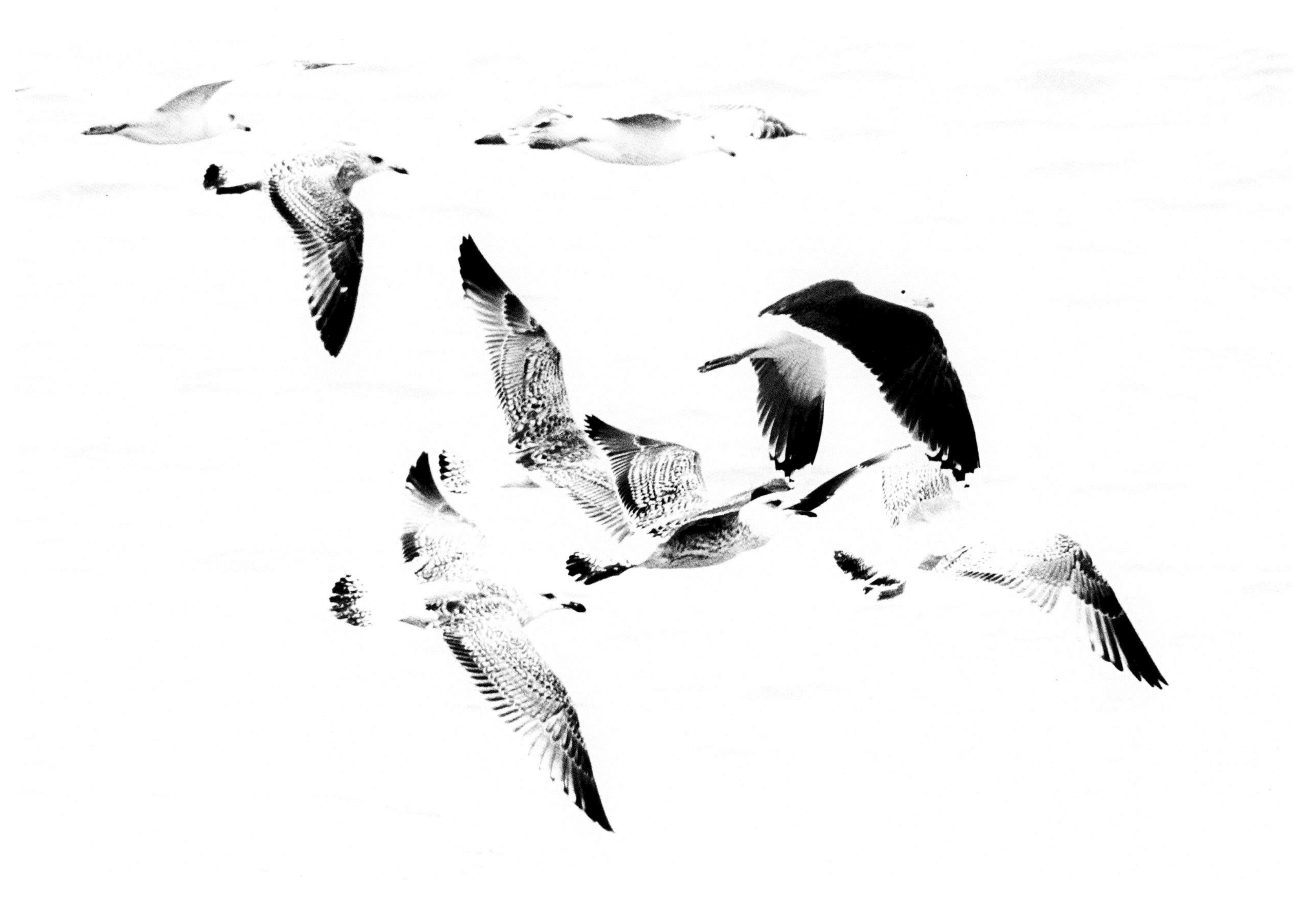

Le chant des ailes [*Song of the Wings*], 2018. Baie de Somme, France

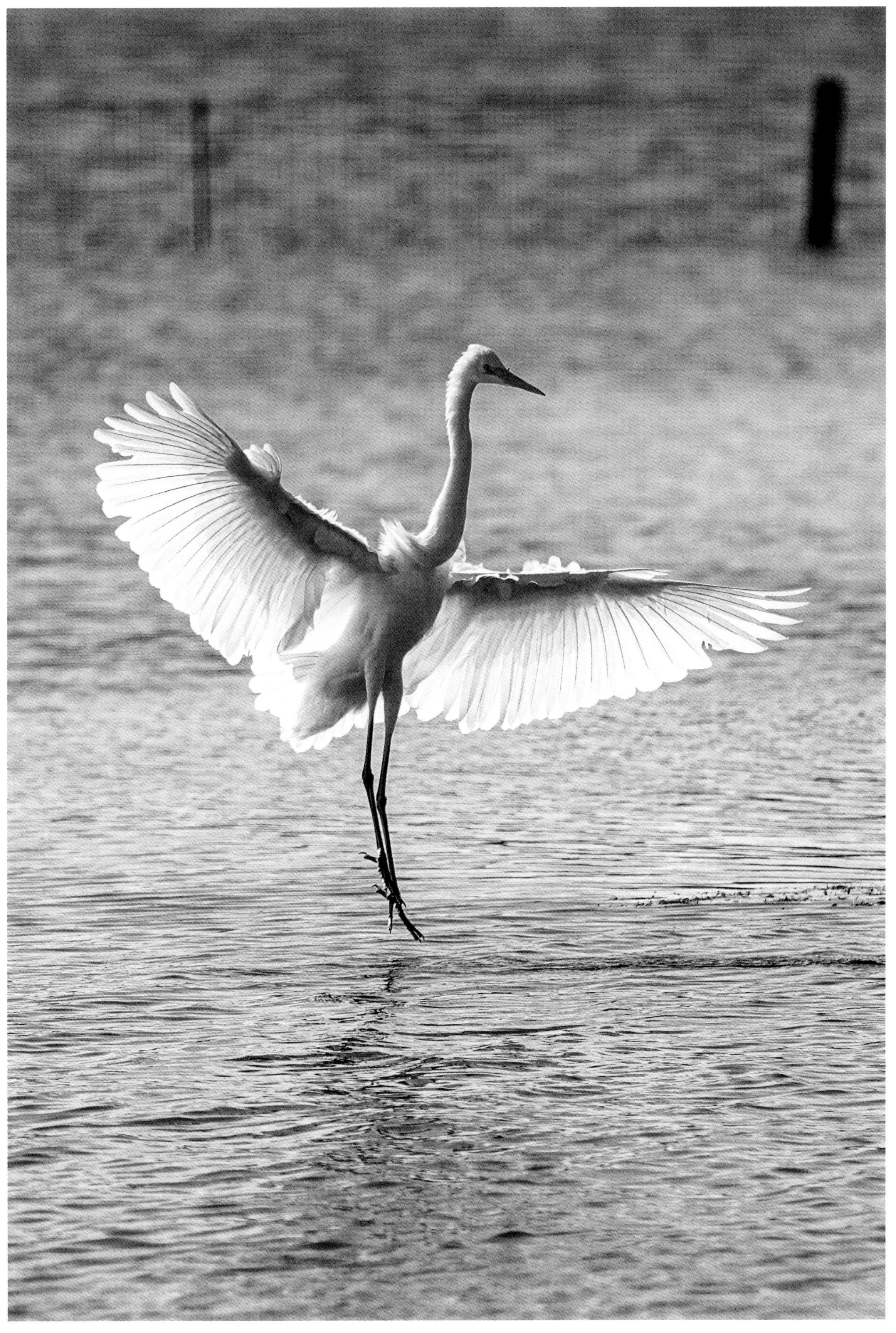

La ballerine [*Ballerina*], 2022. Baie de Somme, France

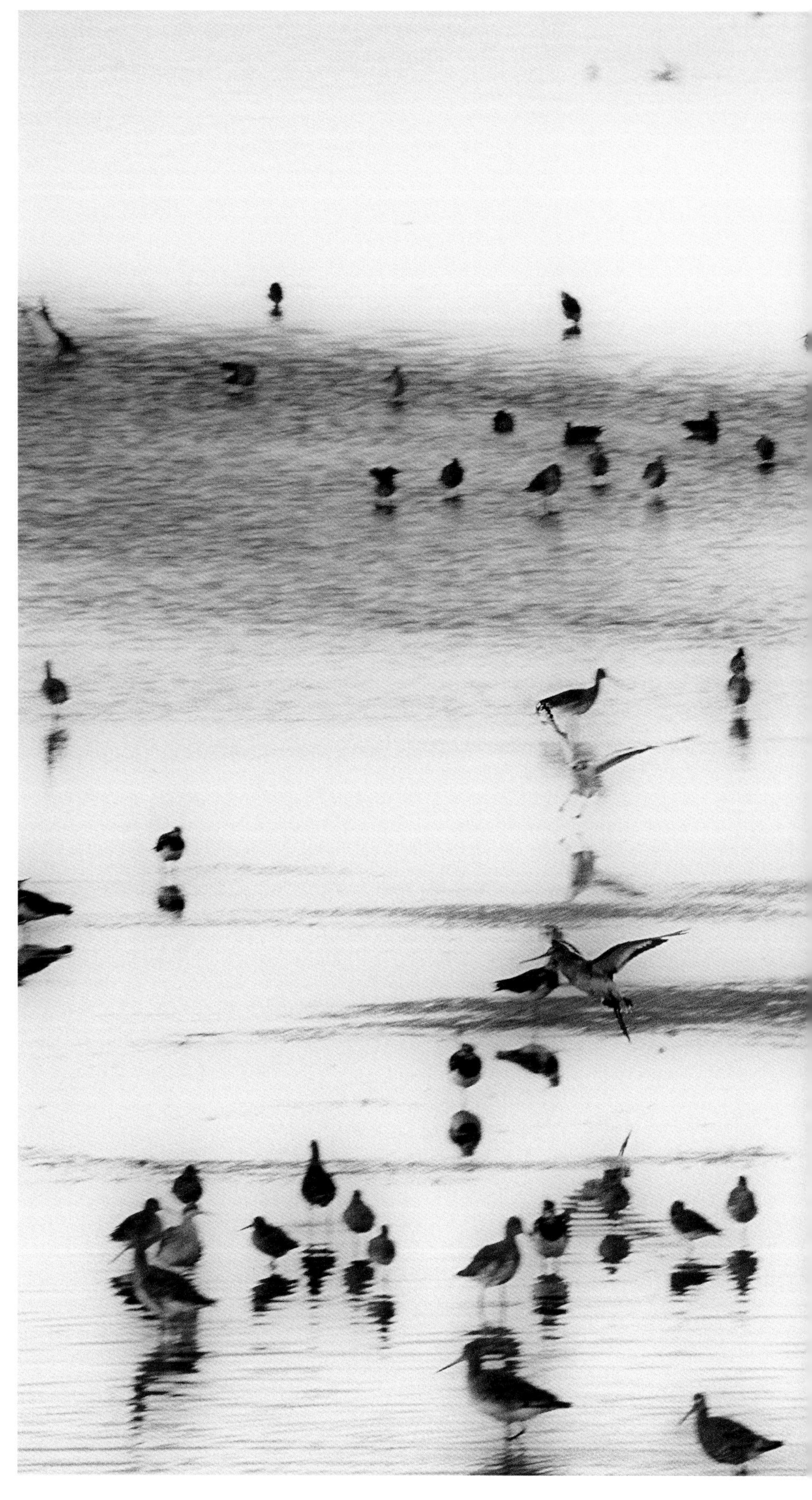

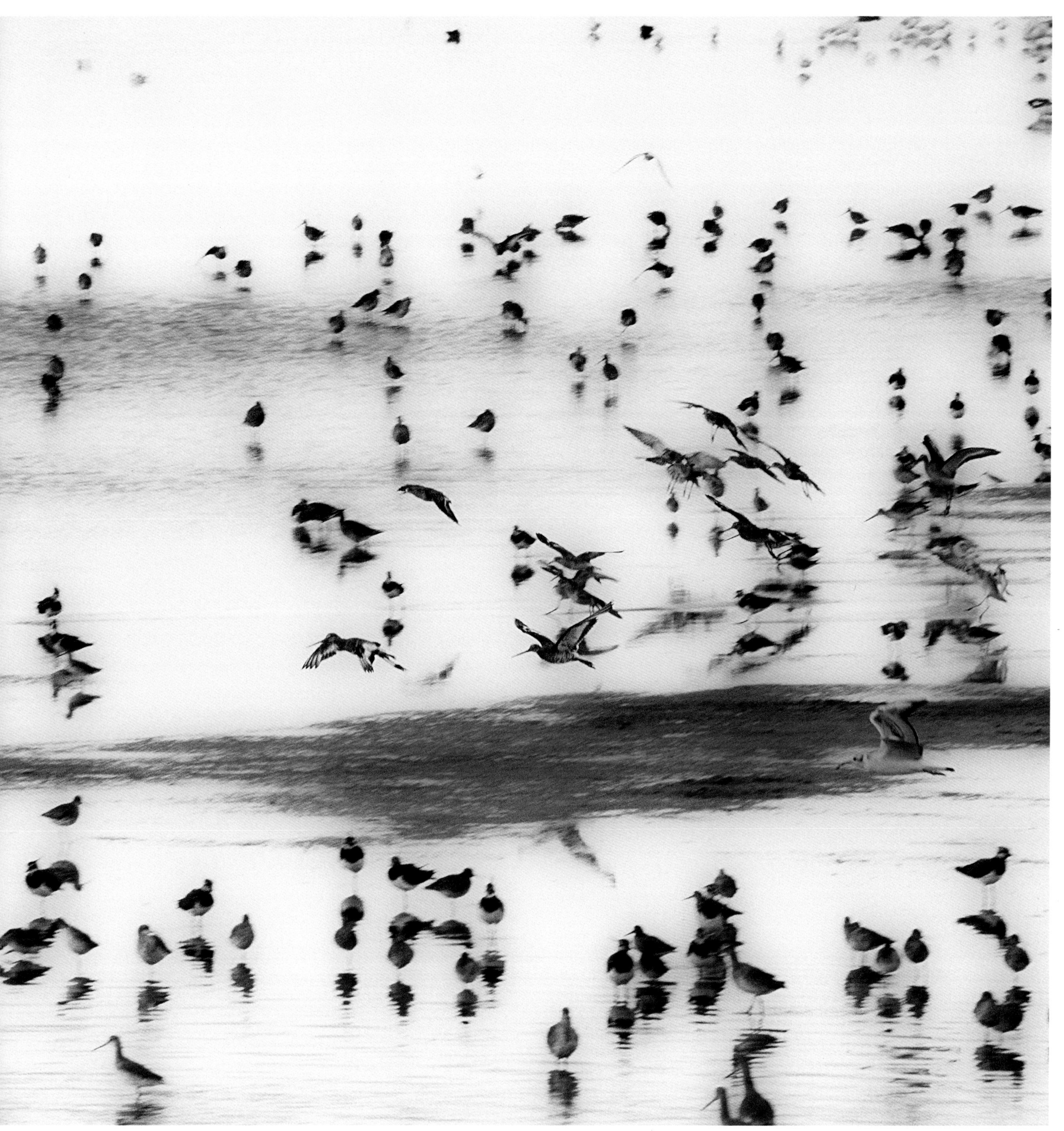

Impressions [*Impressions*], 2015. Baie de Somme, France

Wind into the Soul

L'enfant et l'oiseau ont en partage l'envol
et la promesse de vie.

Les enfants sont le miroir de notre passé.
Les photographier revient à (re)plonger tout entier
le regard dans nos rêves, nos angoisses, nos
émerveillements, nos souffrances,
notre questionnement sans fin, et une sagesse
que seuls les deux extrêmes de la vie révèlent
complètement.

L'enfance reste à jamais le continent perdu
de notre propre mystère, que l'art seul nous
permet parfois de rejoindre, l'instant d'un éclat. Il
faut s'accroupir, lever les yeux pour contempler
l'enfant prêt à l'envol, comme un oiseau,
et écouter son cri, sa joie, son silence. Alors
il nous emporte en poésie.

Children and birds share flight and the promise
of life.

Children are the mirror of our past.
Photographing them is akin to (re)immersing
our gaze in our dreams, our fears,
our wonderment, our sufferings, our endless
questioning, and a wisdom that only the two
extremes of life fully reveal.

Childhood remains forever the lost continent
of our own mystery, which art alone occasionally
allows us to reach, in a fleeting moment
of brilliance. We need to crouch down and
lift our eyes to contemplate the child ready to
fly off, like a bird, and to listen to their cry,
their joy, their silence. Then they will carry us
away into poetry.

La danseuse [*The Dancer*], 2022. Aude, France

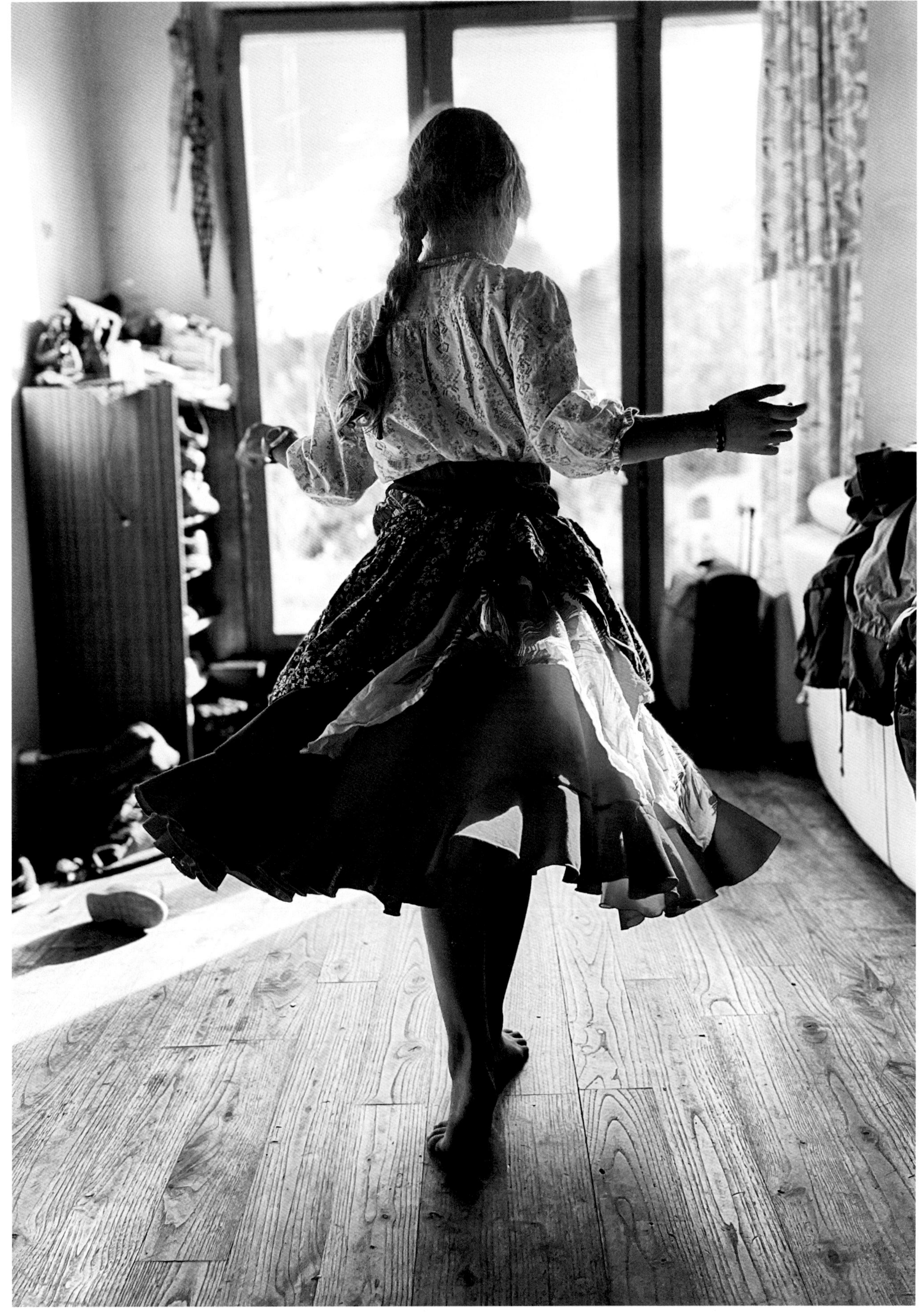

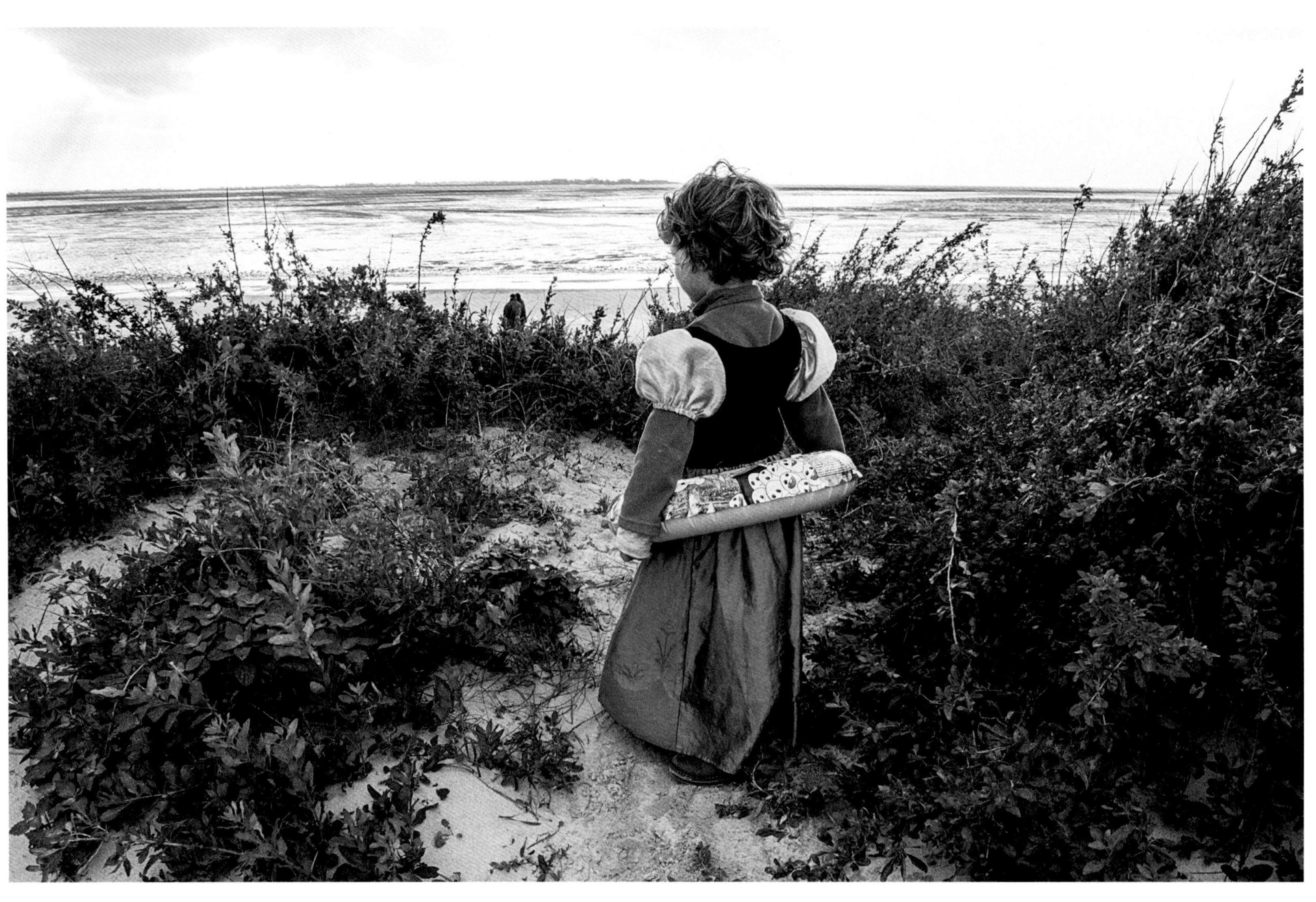

 La princesse de la mer [*The Princess of the Sea*], 2017. Baie de Somme, France

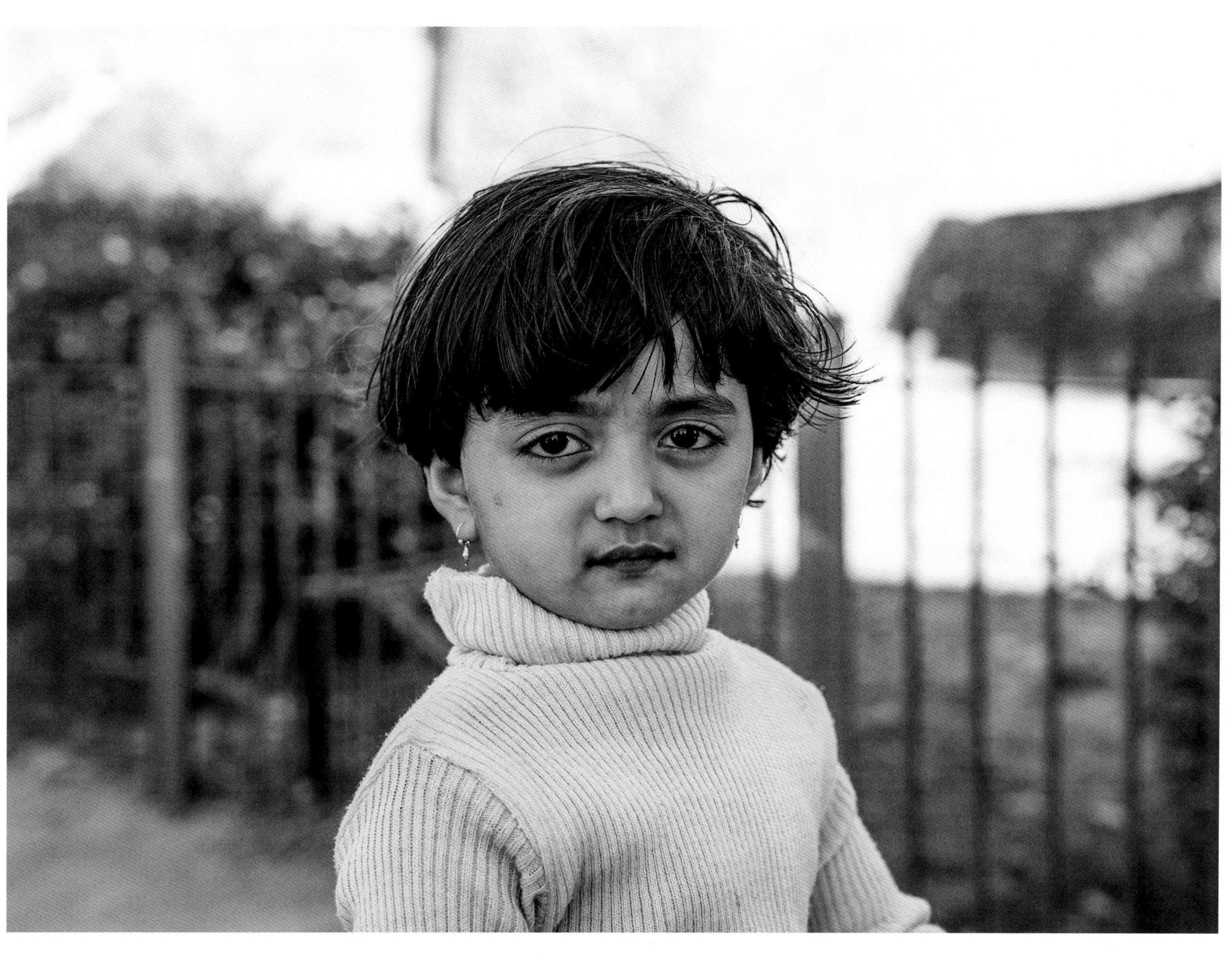

À travers ton regard [*Through your Eyes*], 2024. Rajasthan, Inde / India   49

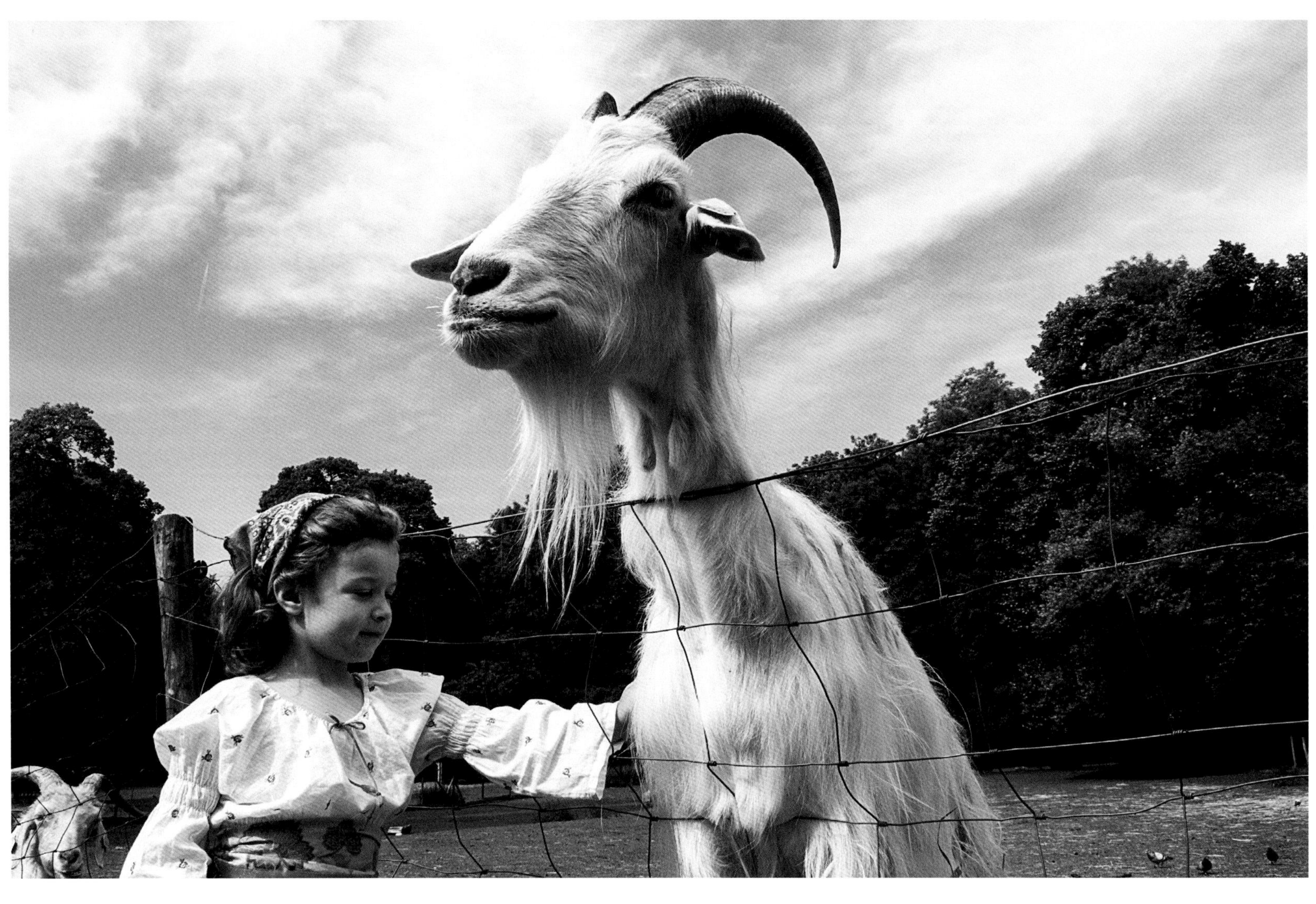

À la ferme [*At the Farm*], 2018. Clamart, France

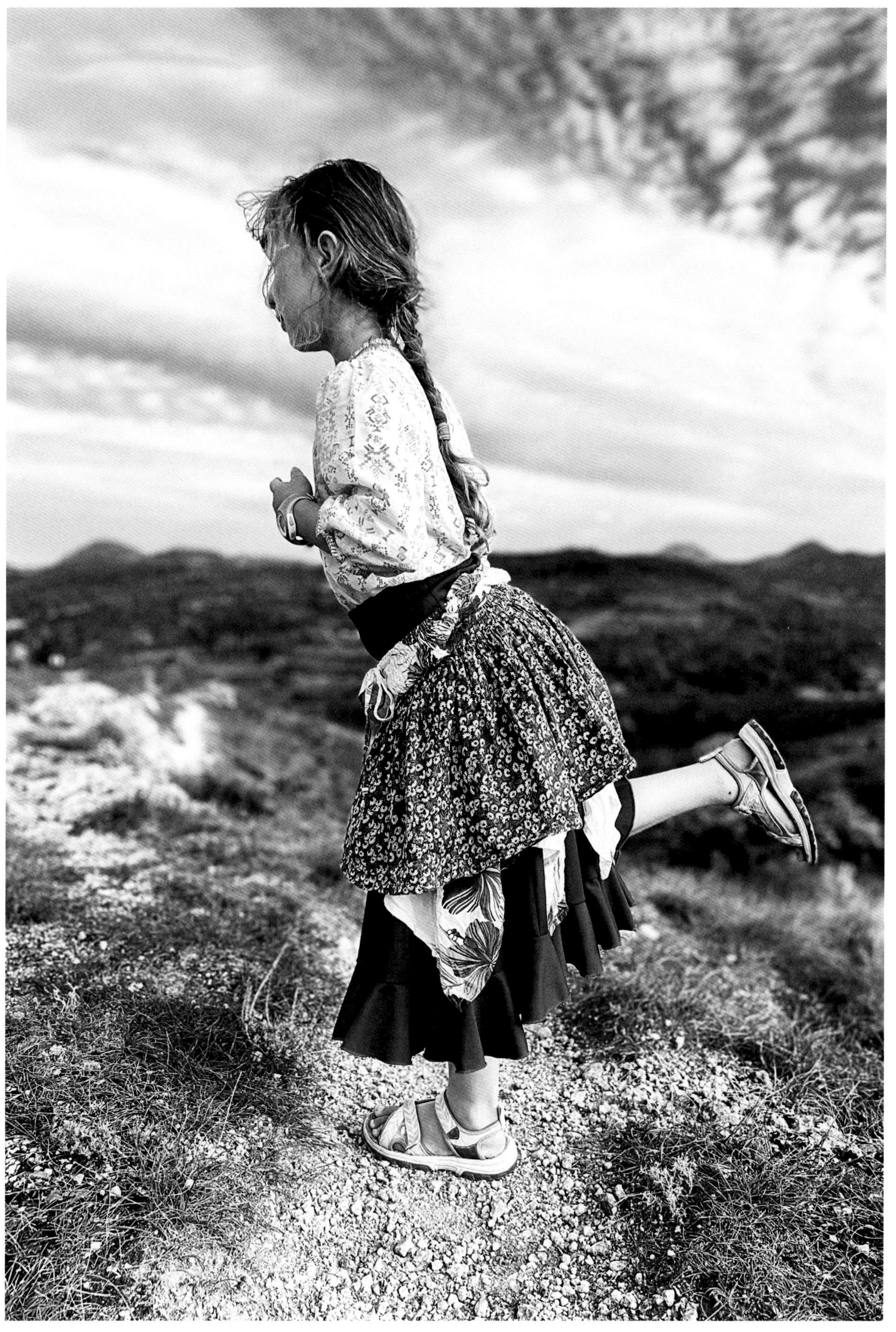

Envol [*Flight*], 2022. Aude, France

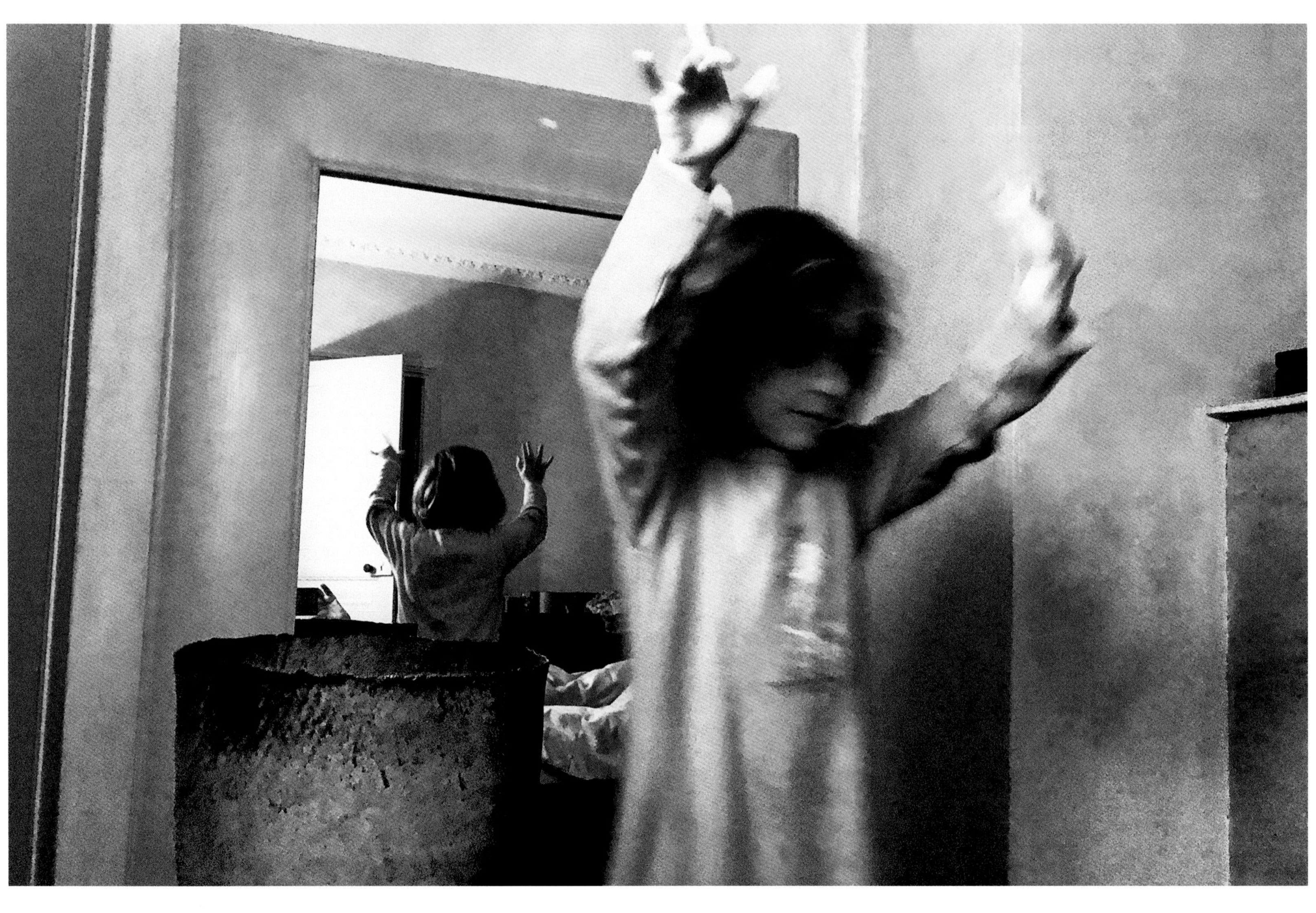

Danse de l'âme [*Dance of the Soul*], 2018. Meudon, France

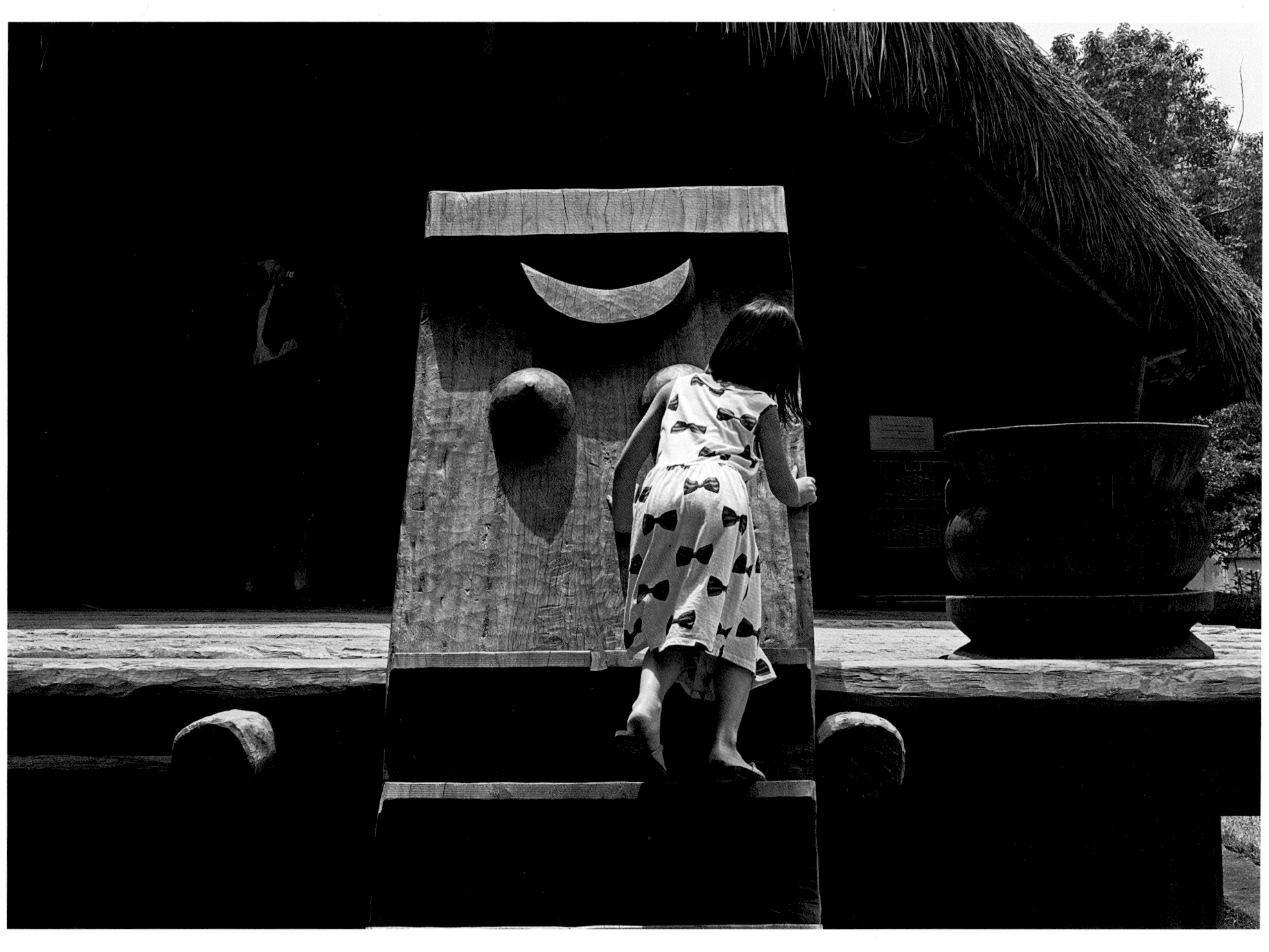

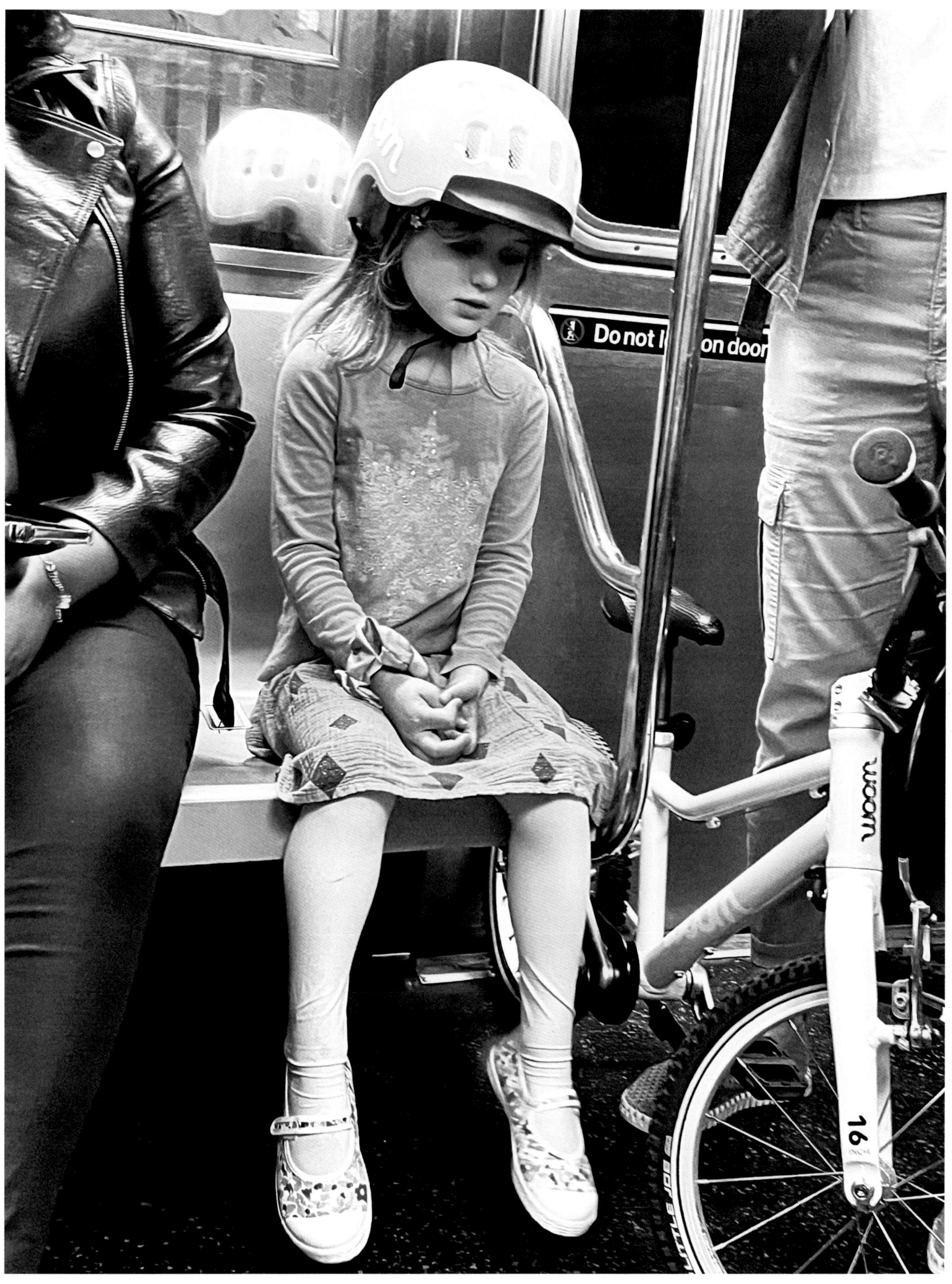

Pensive [*Pensive*], 2024. New York, États-Unis / USA

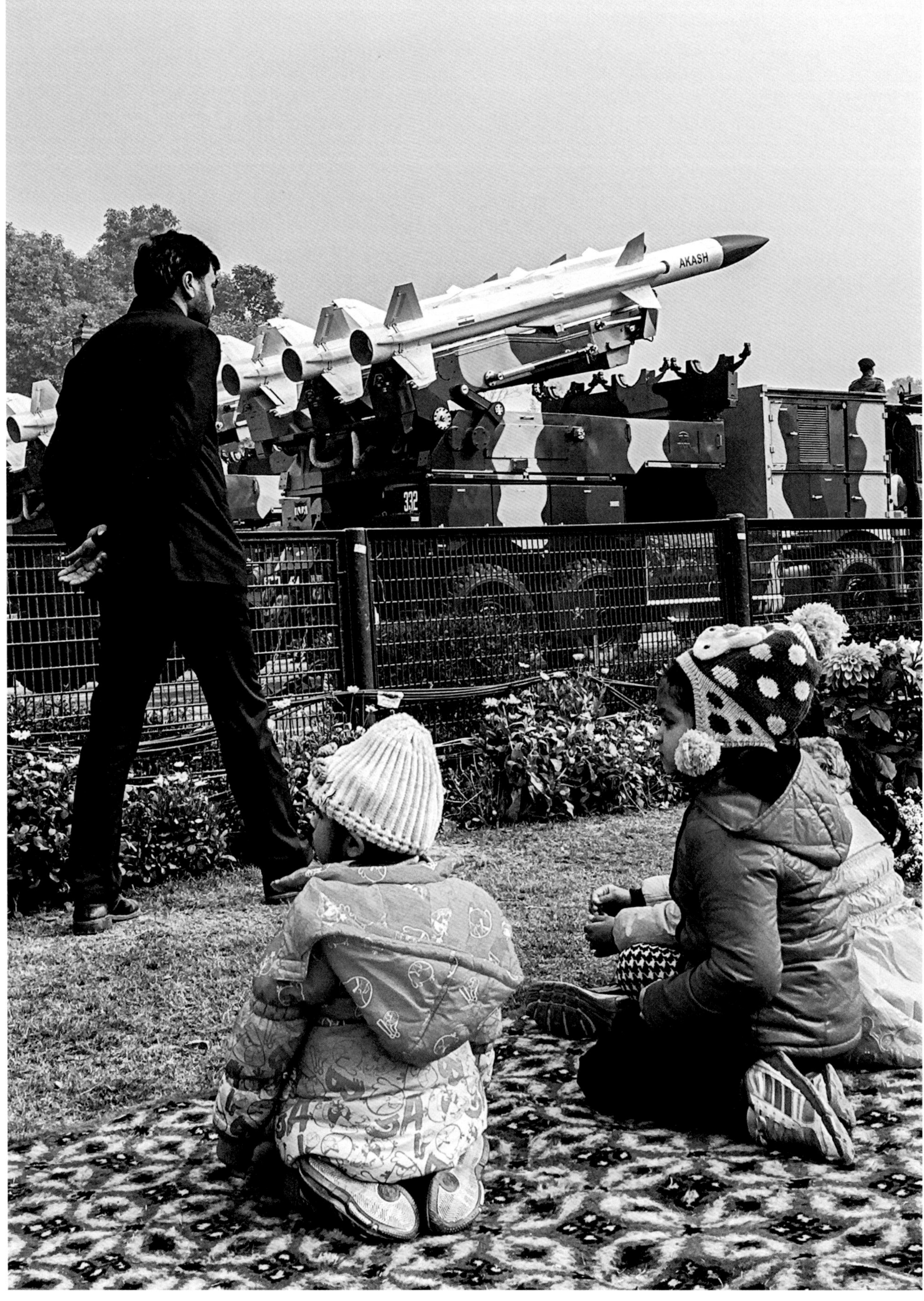

  Guerre et paix [*War and Peace*], 2016. Inde / India

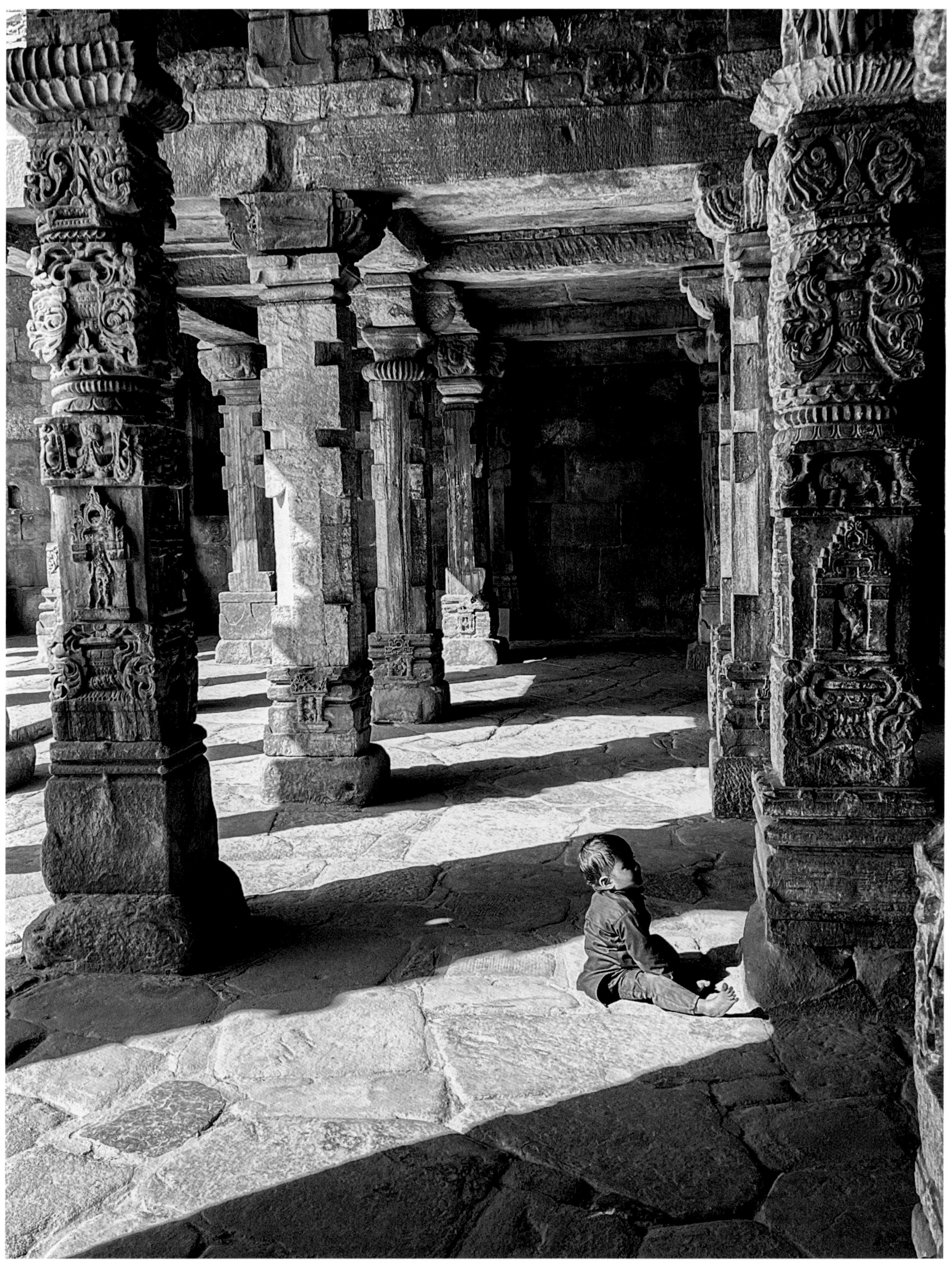

Contemplation [*Contemplation*], 2024. Rajasthan, Inde / India

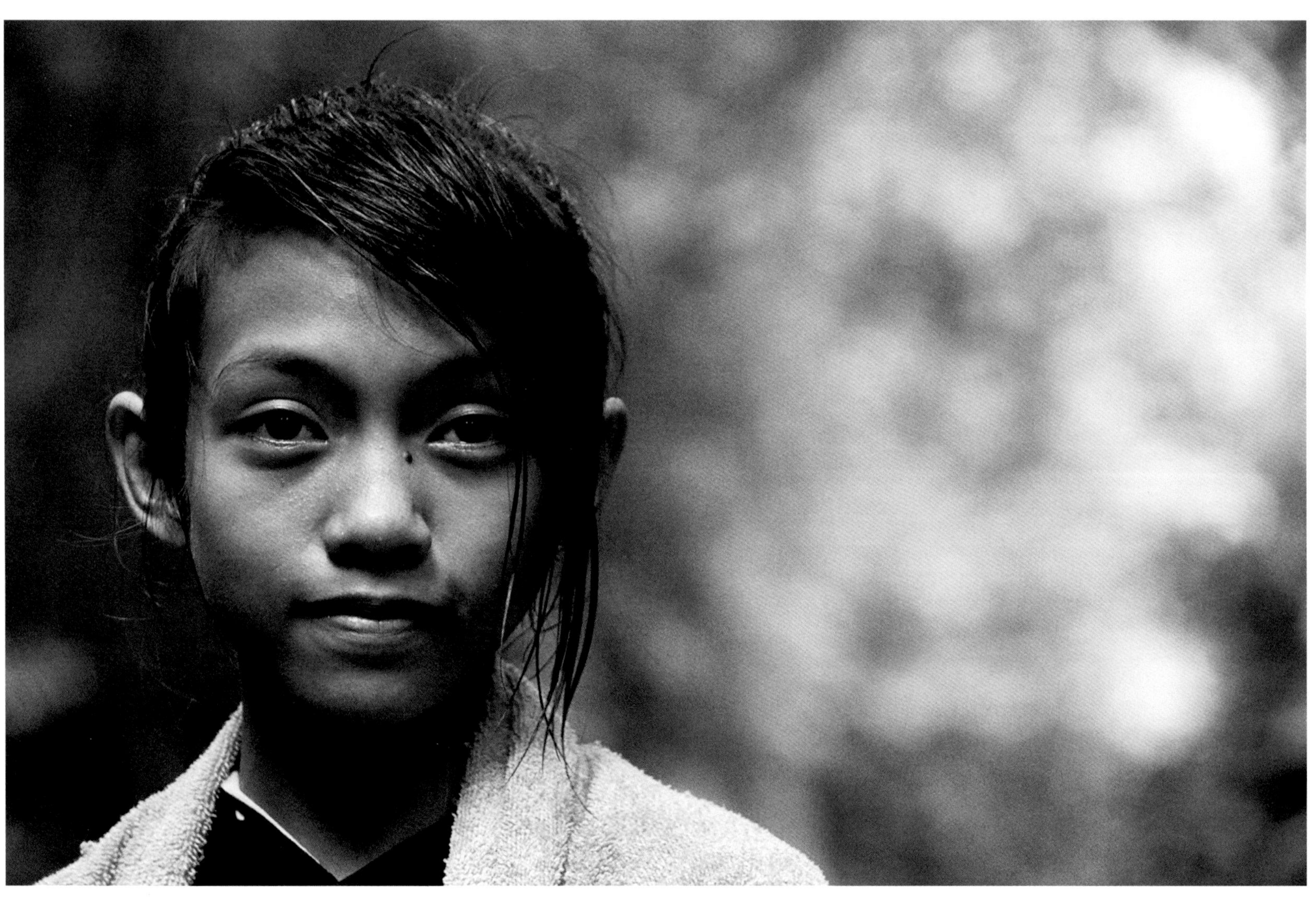

La fille dans la forêt [*The Girl in the Forest*], 2014. Bali, Indonésie / Indonesia

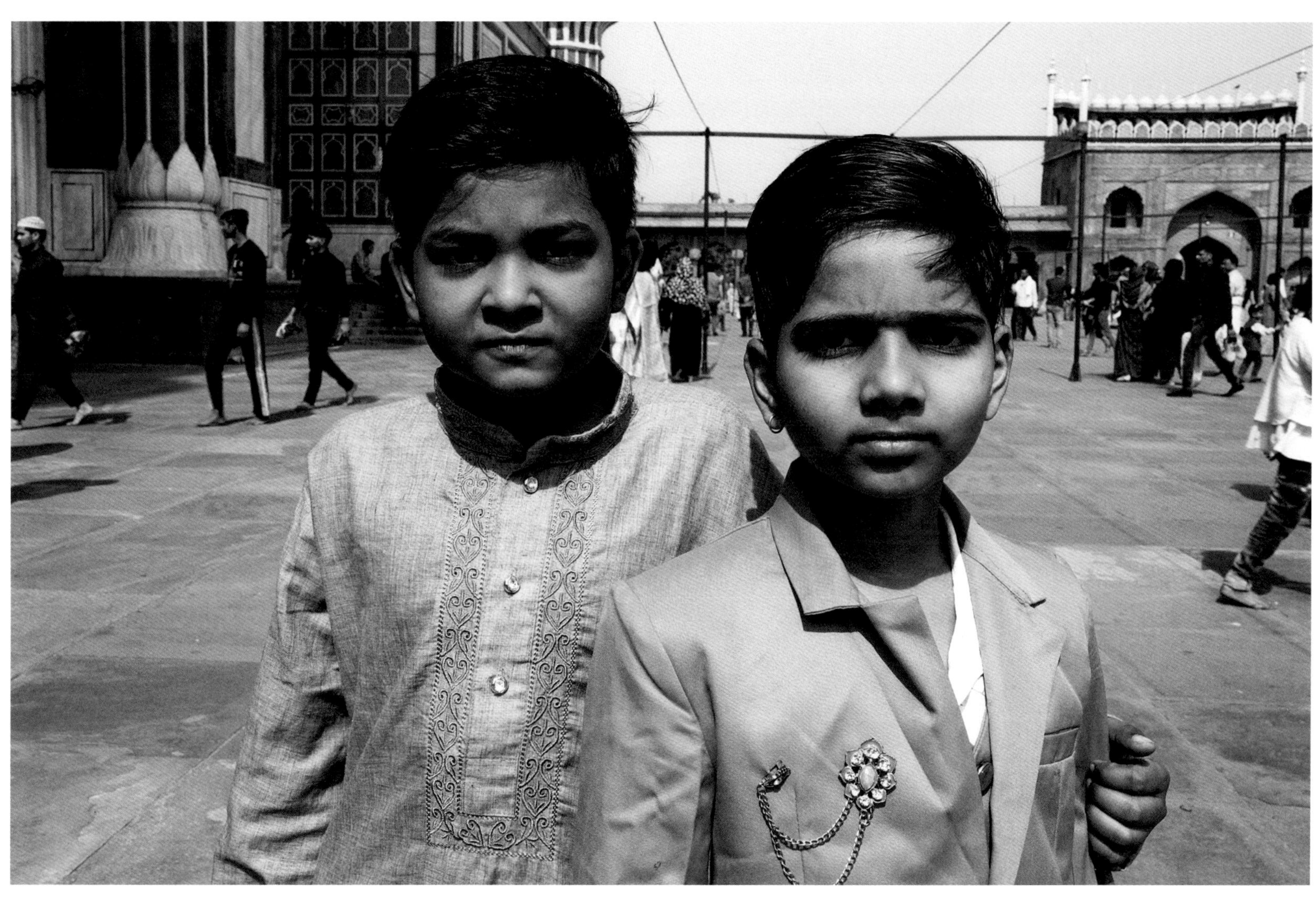

Deux frères [*Two Brothers*], 2024. Rajasthan, Inde / India

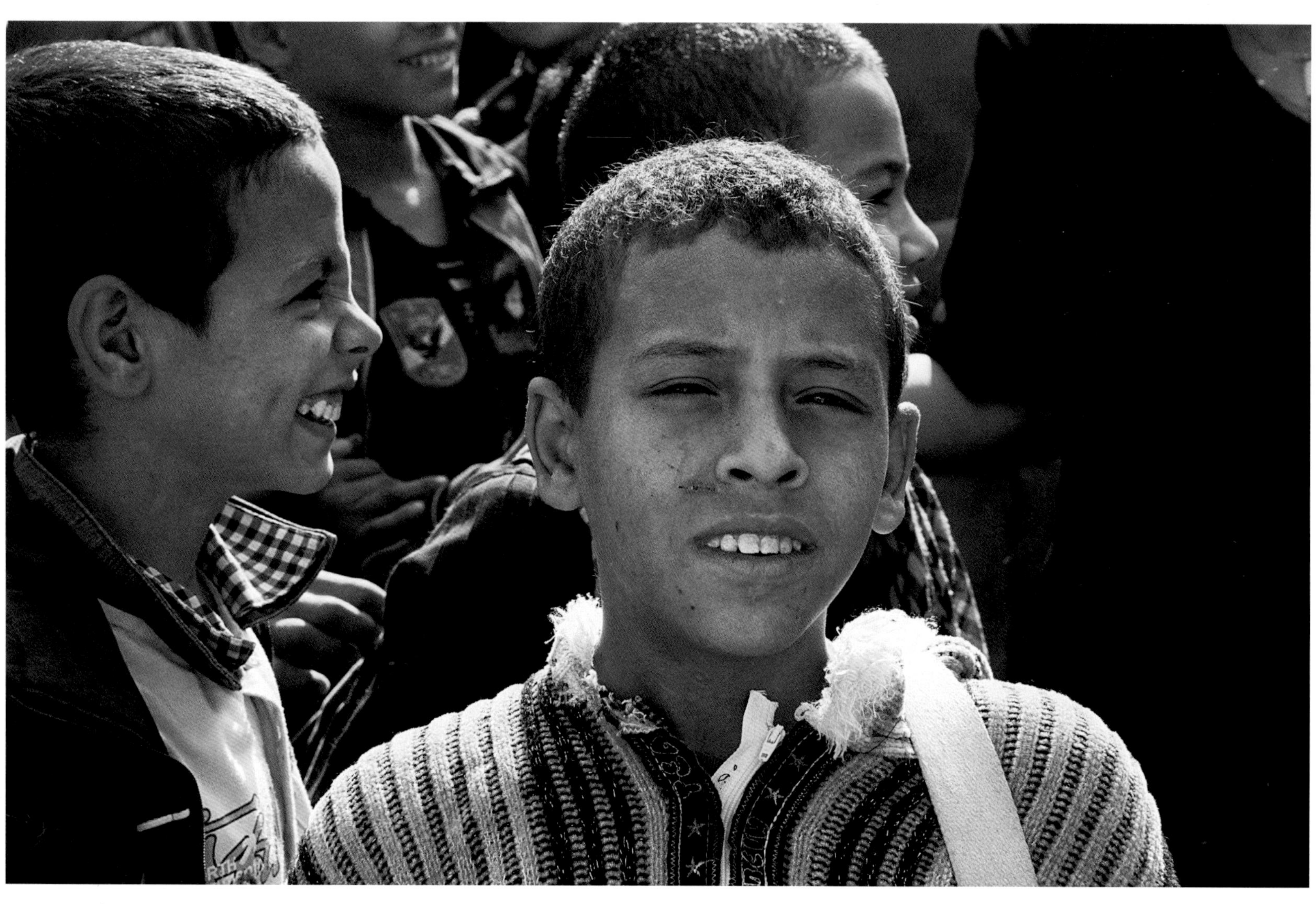

Émotions [*Emotions*], 2013. Égypte / Egypt

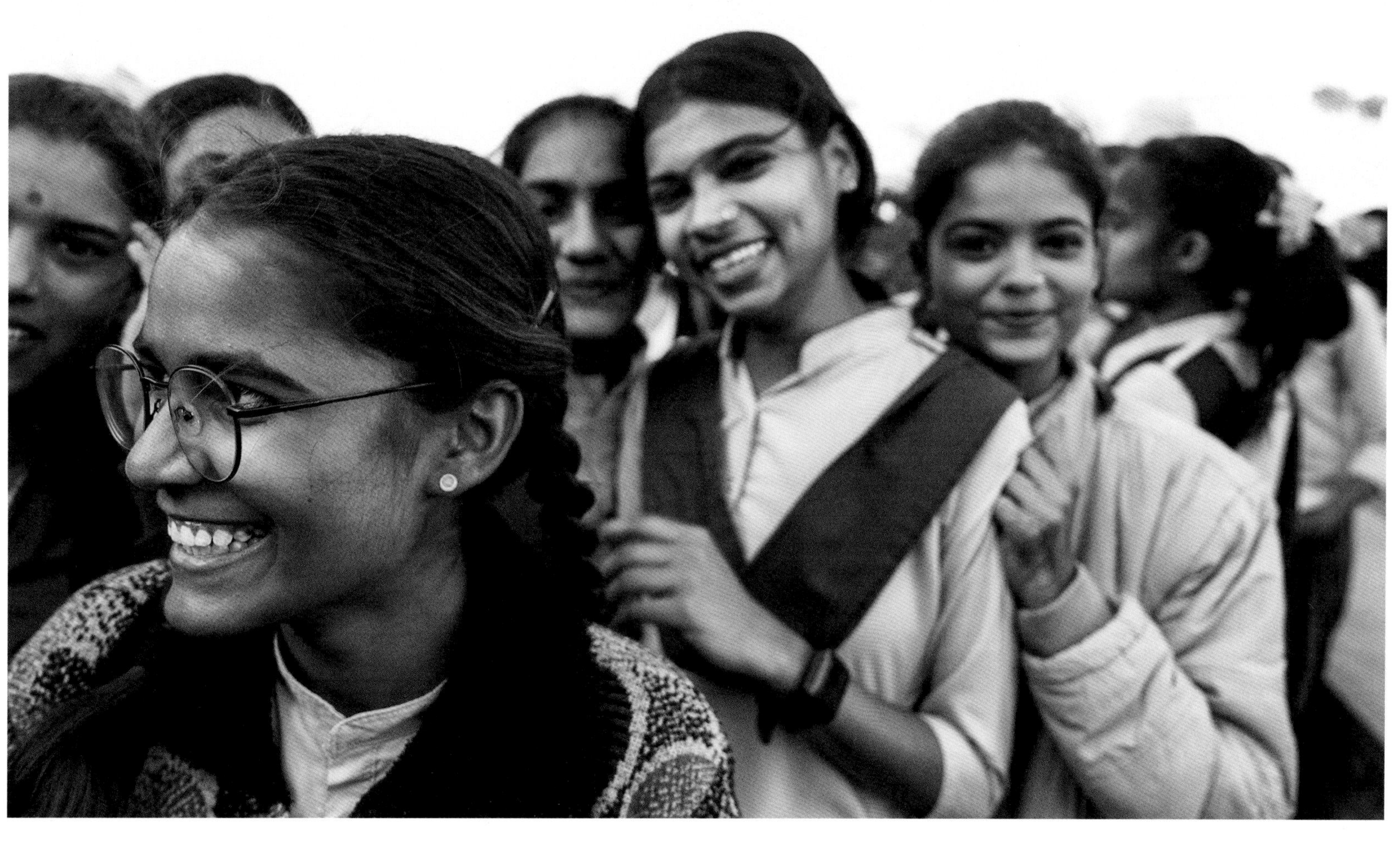

Les écolières [*Schoolgirls*], 2024. Rajasthan, Inde / India

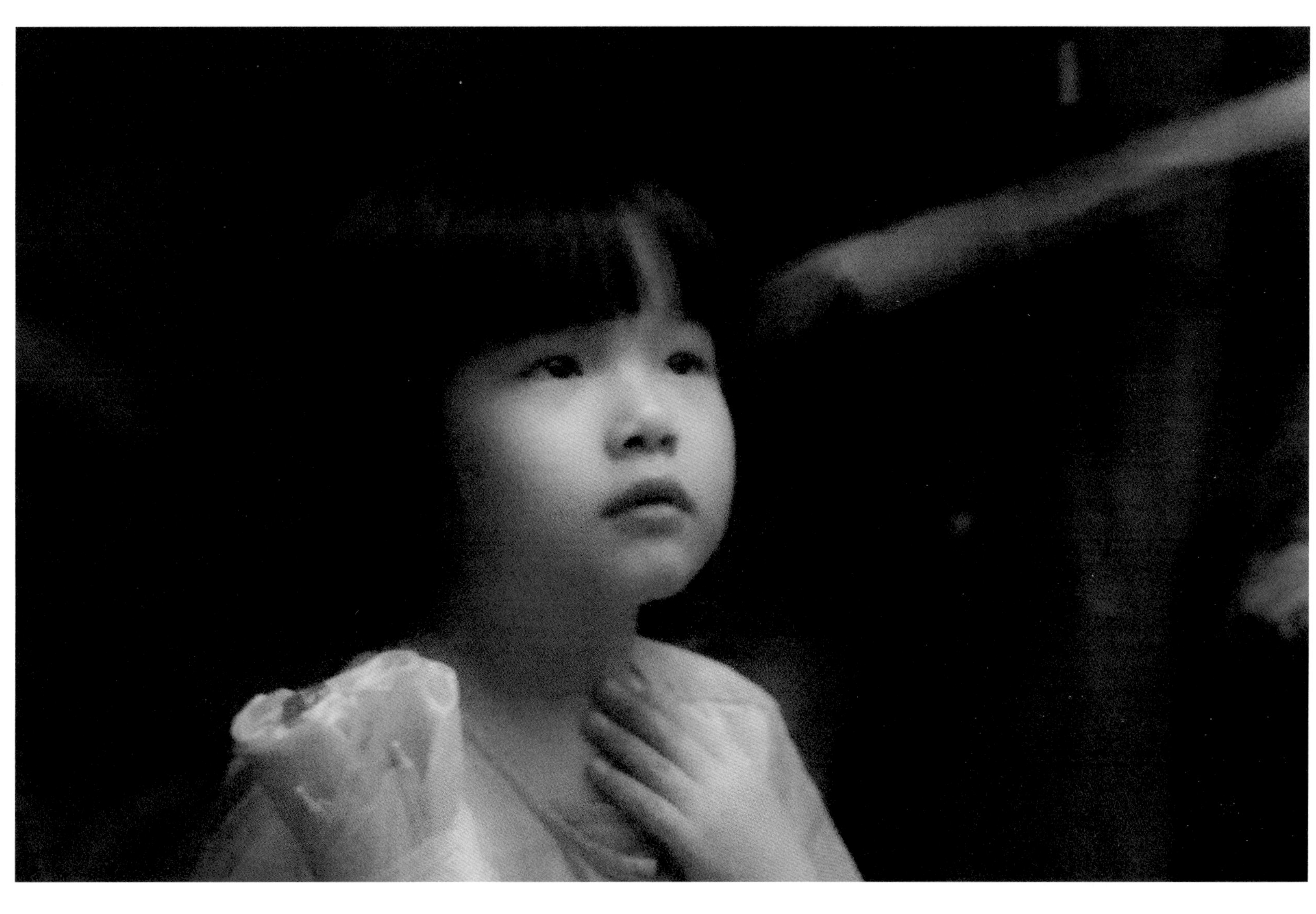

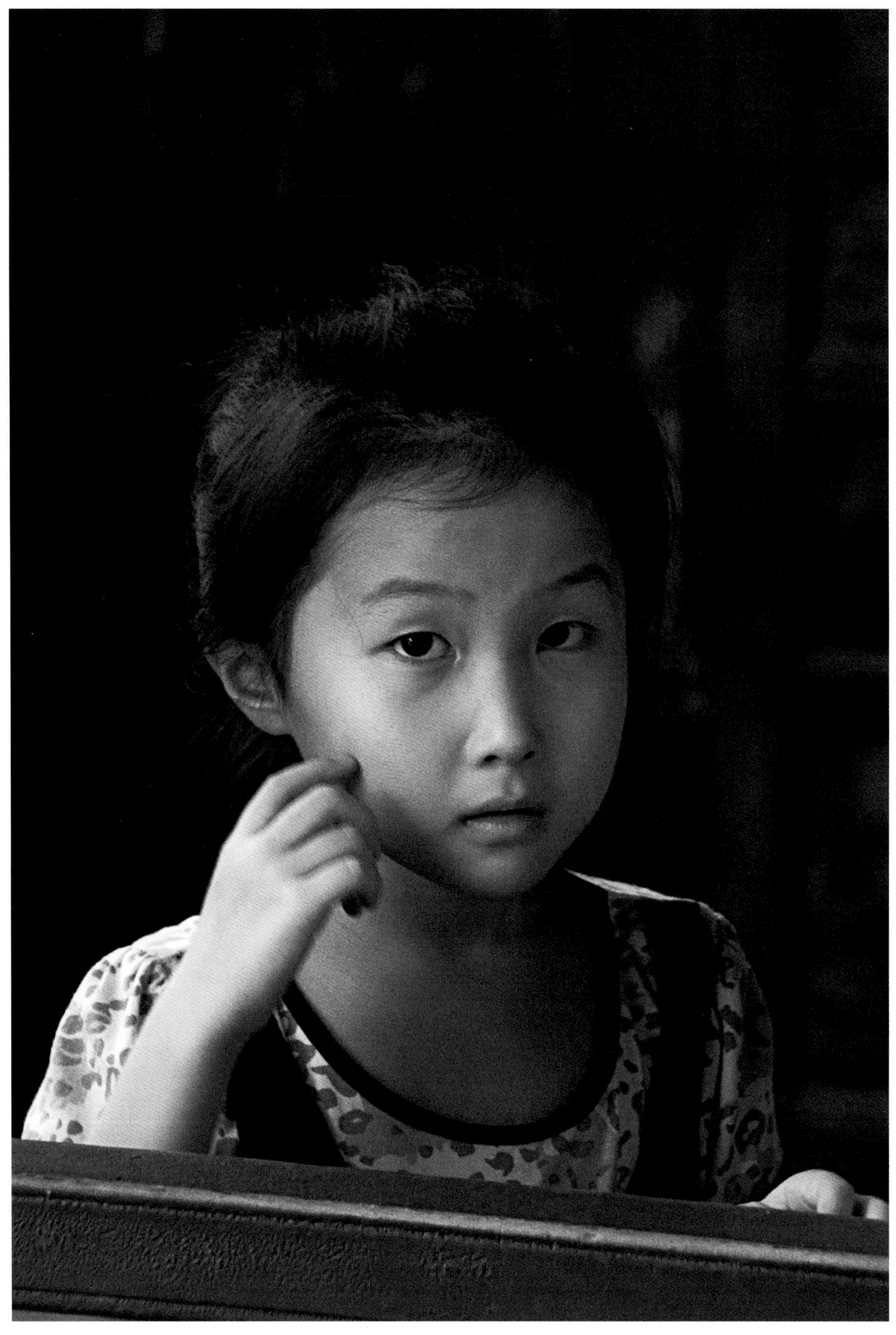

64   *Profondeur* [*Depth*], 2014. China / China

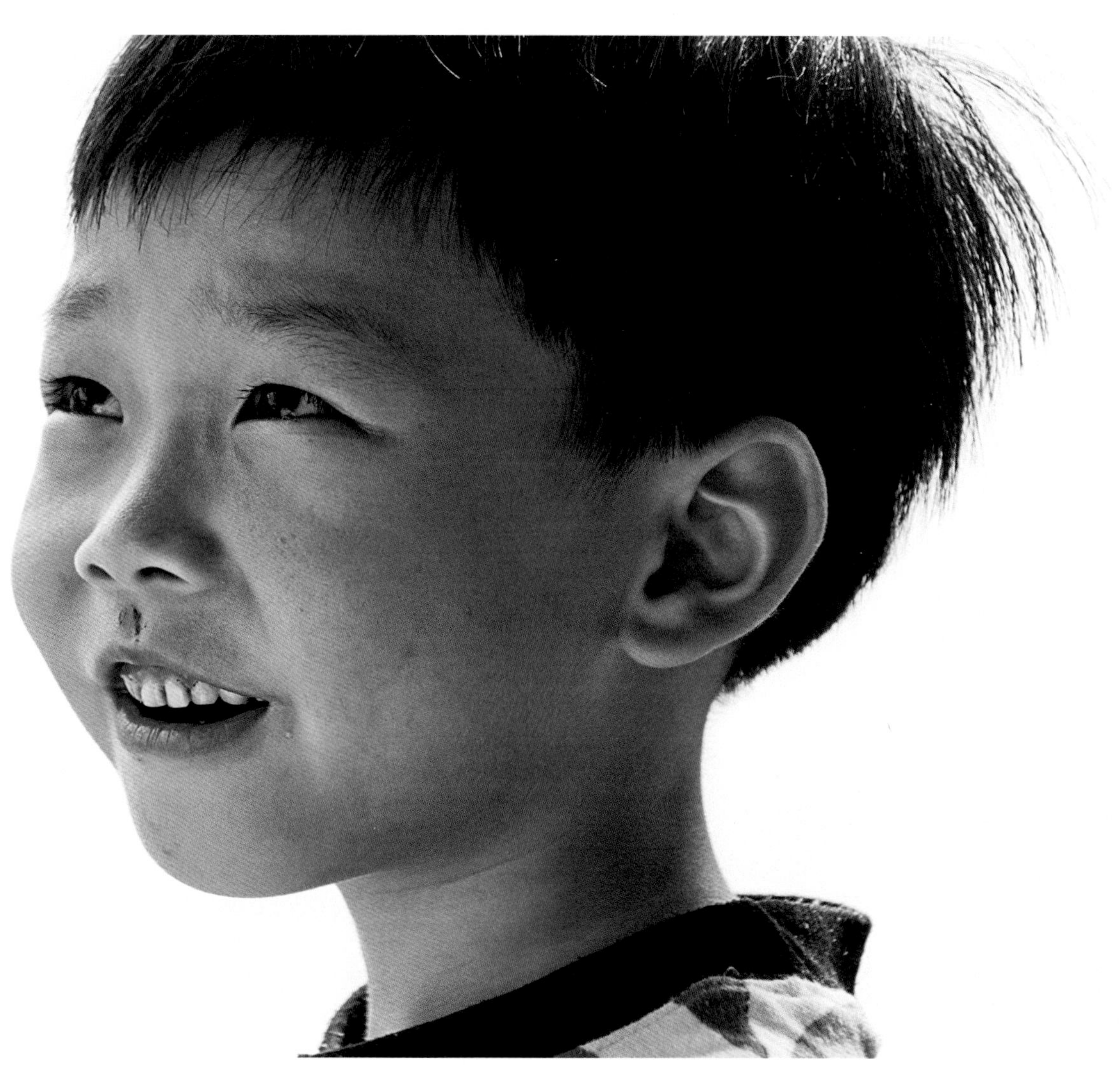

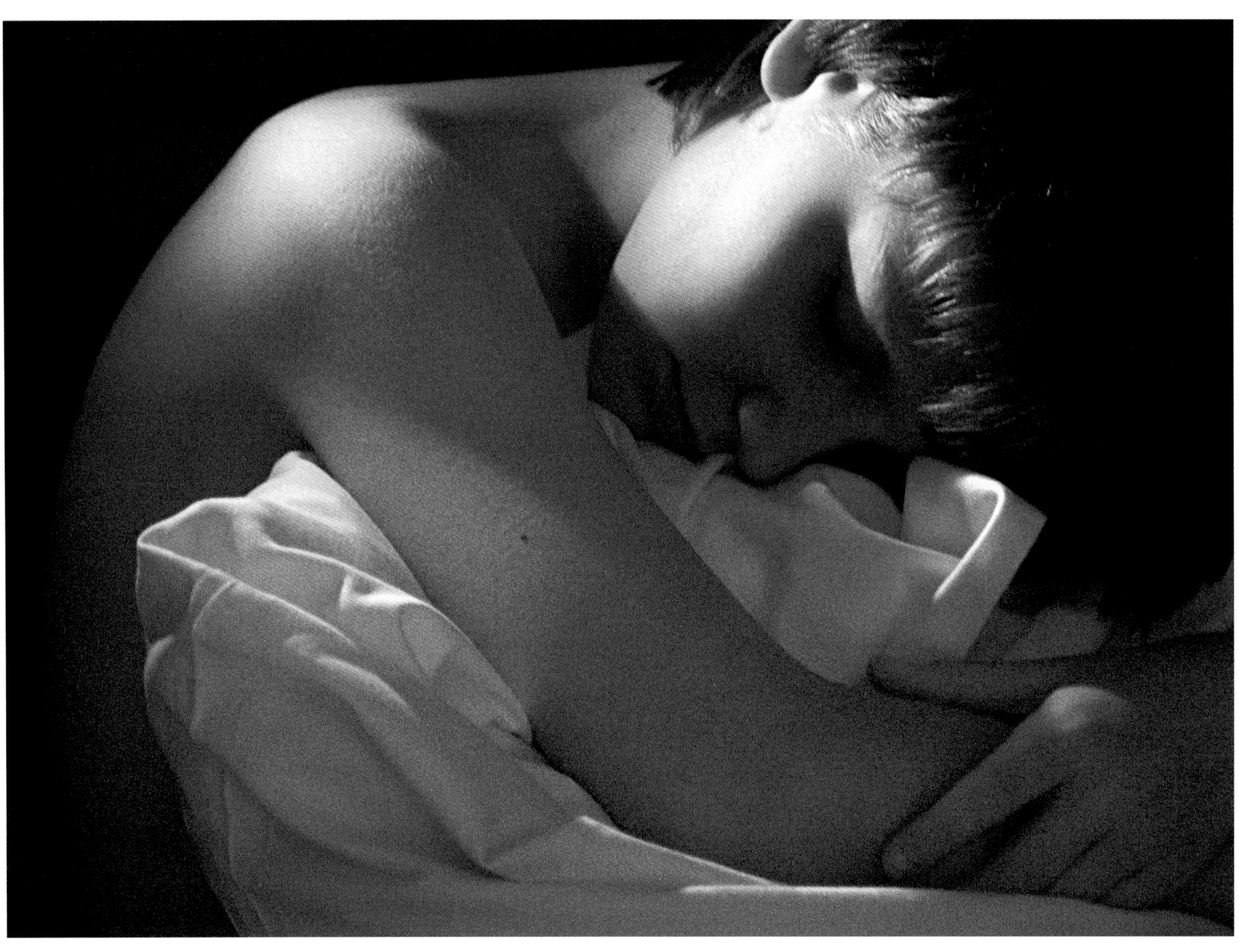

   Le songe [*The Dream*], 2006. Amsterdam, Pays-Bas / Netherlands

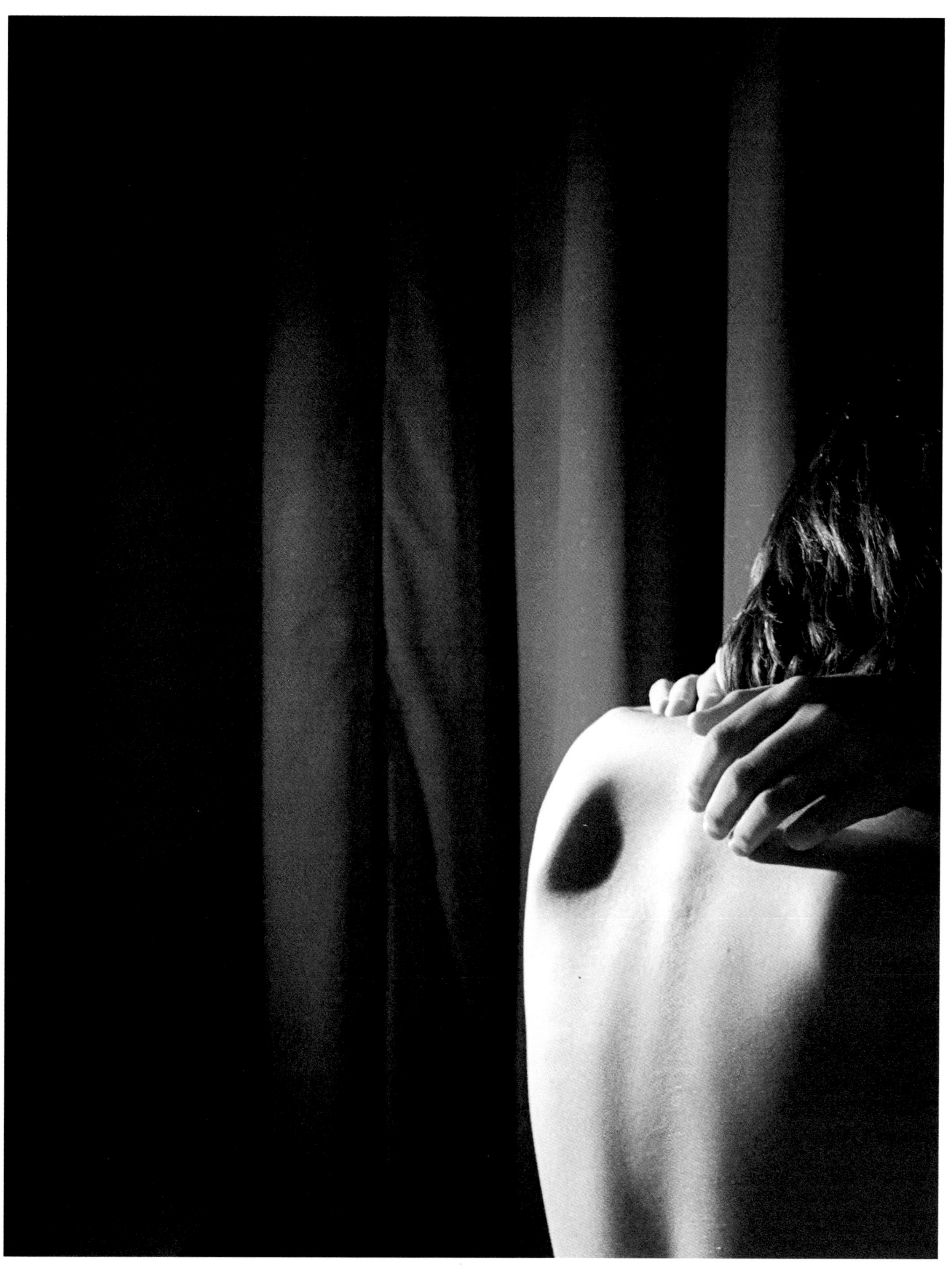

Douceur [*Sweetness*], 2006. Amsterdam, Pays-Bas / Netherlands

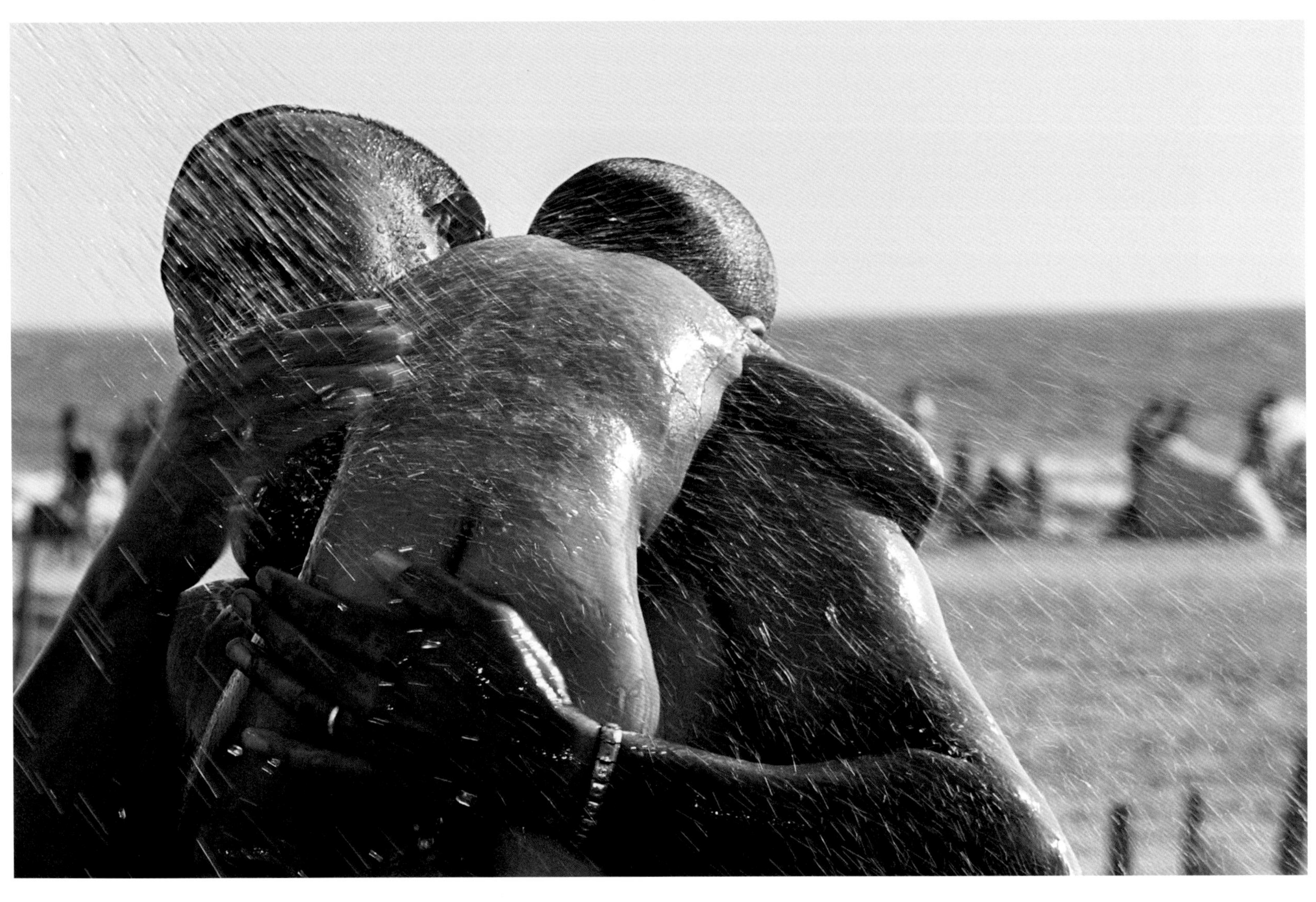

 Paternité [*Fatherhood*], 2012. Saintes-Maries-de-la-Mer, France

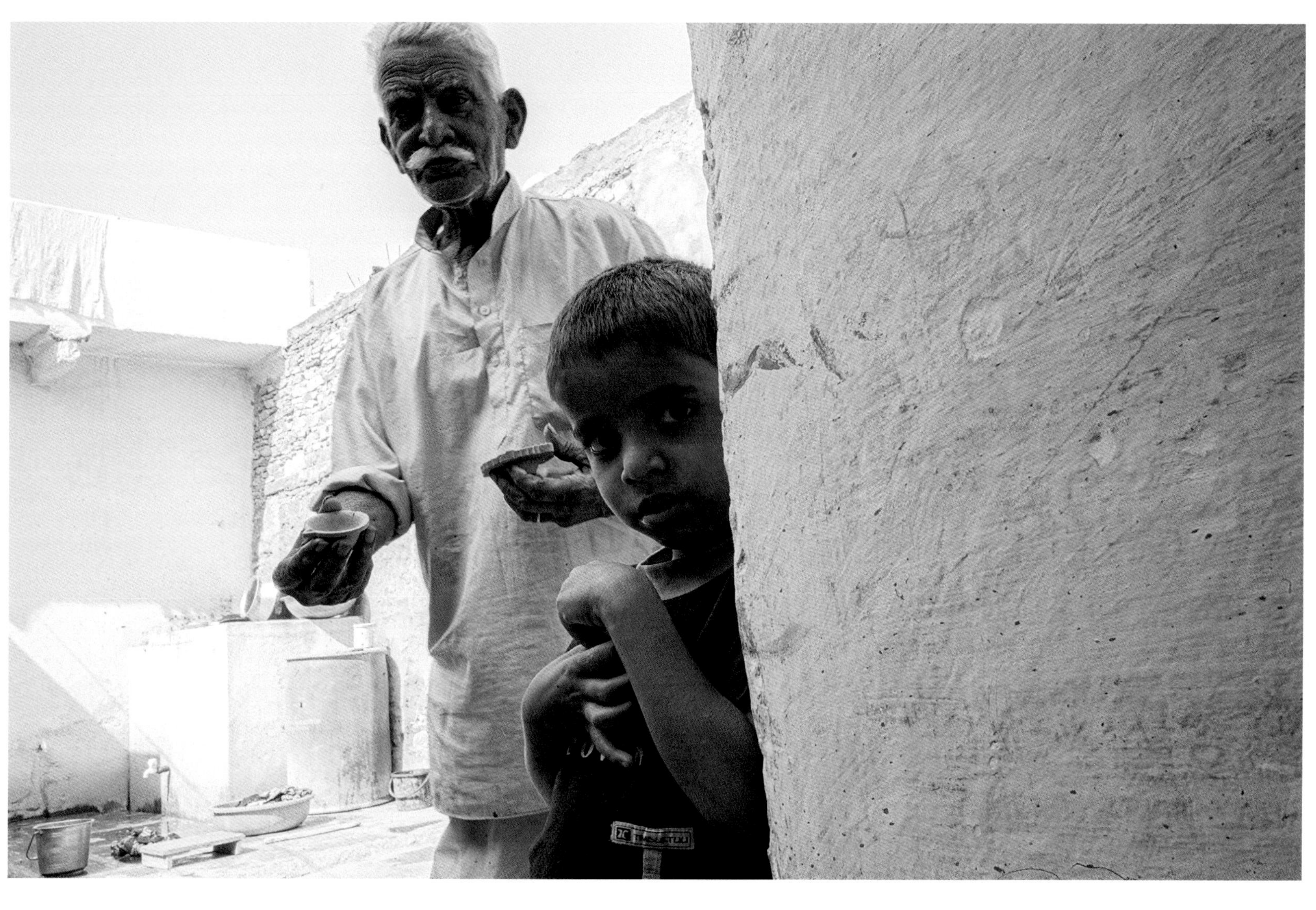

Hier et demain [*Yesterday and Tomorrow*], 2015. Kerala, Inde / India

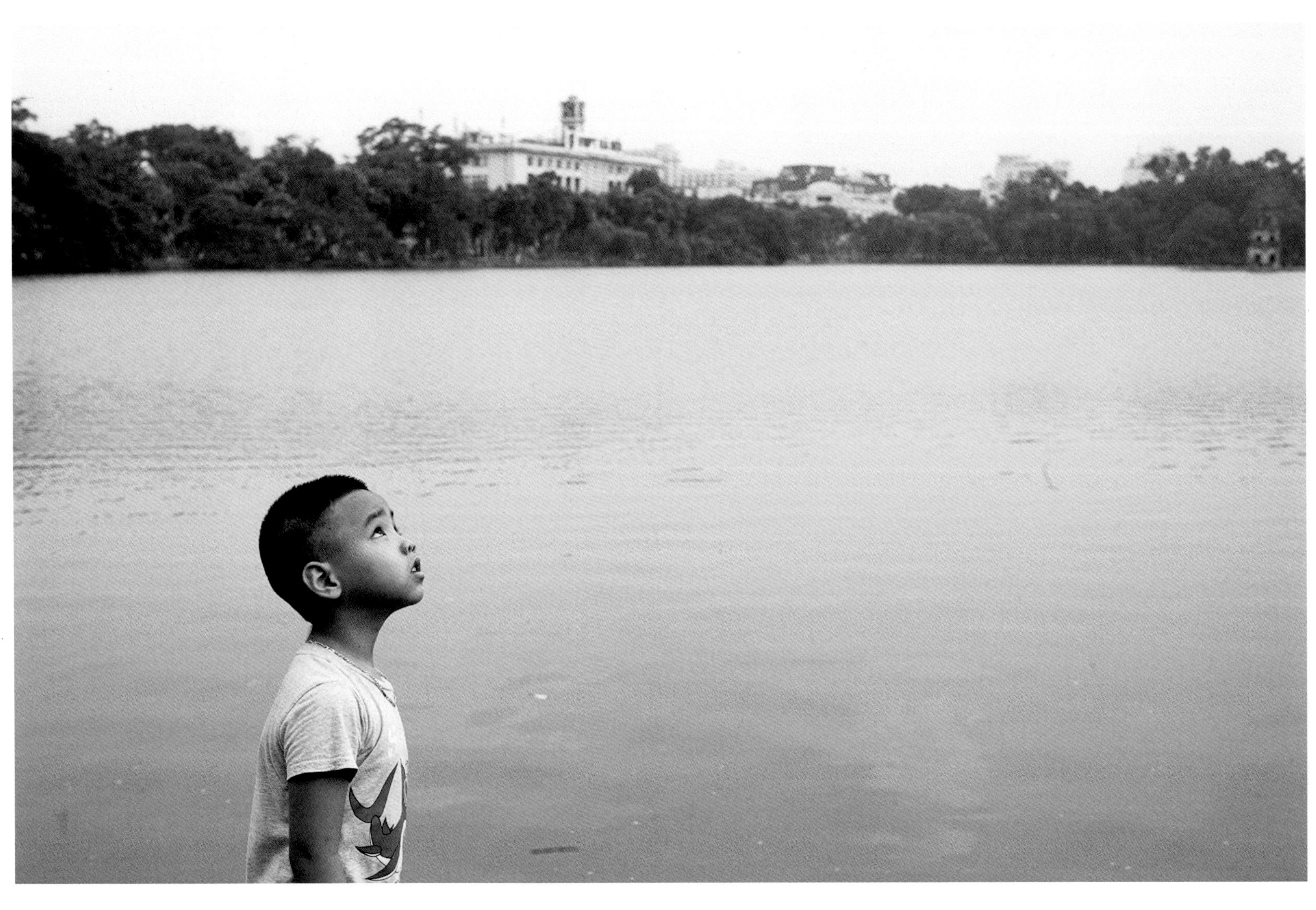

Là-haut [*Up There*], 2016. Vietnam

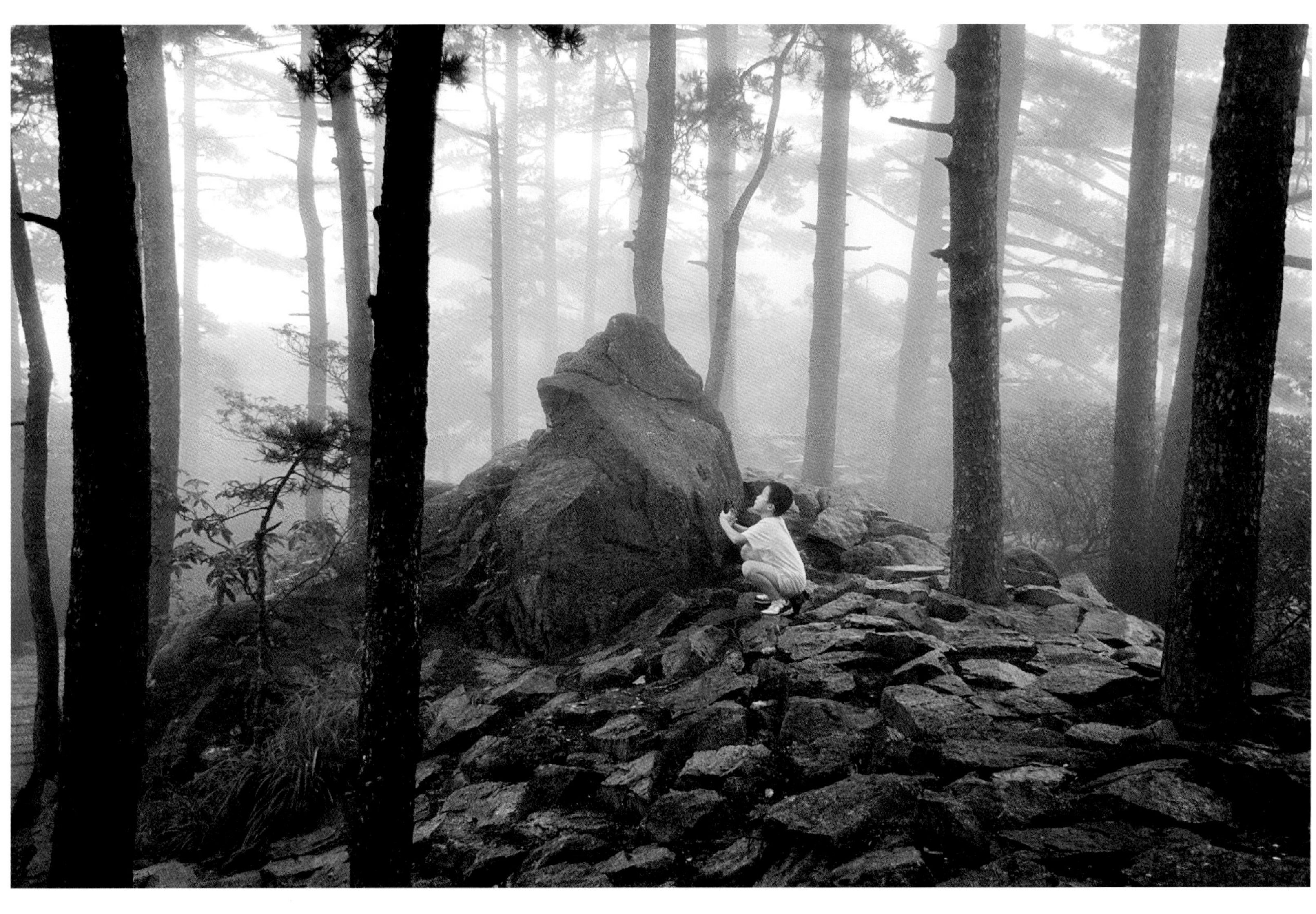

Au-delà des yeux [*Beyond the Eyes*], 2014. Chine / China

Wind into the Heart

Femmes et hommes, dans la rue, au travail,
dans l'intimité... Que vivons-nous?
Que ressentons-nous? Que croyons-nous?
Qui sommes-nous? Quel est notre avenir
commun? Comment nous rejoindre?

Cette quête est la nôtre, inlassablement.
Tout commence par le regard. Sur moi.
Sur l'autre. Sur nous. Sur notre environnement.
Sur le sens de nos vies. Sur la joie, la souffrance,
l'amour, l'amitié, l'engagement, la ligne de fuite
et la perspective. À la limite de l'horizon
où regarder devient un art de vivre, de survivre,
d'accepter, de se révolter, d'imaginer, d'espérer
et d'aimer.

Women and men, in the street, at work,
in private... What do we live for? What do
we feel? What do we believe? Who are we?
What is our common future? How do we reach
each other?

This is our quest, which we pursue relentlessly.
Everything begins with looking. At myself.
At others. At us. At our environment.
At the meaning of our lives. At joy, suffering,
love, friendship, commitment, convergence lines
and perspective. At the edge of the horizon,
where looking becomes a way of life, a way
of surviving, accepting, rebelling, imagining,
hoping and loving.

Une vie entière [*A Whole Life*], 2012. Bali, Indonésie / Indonesia

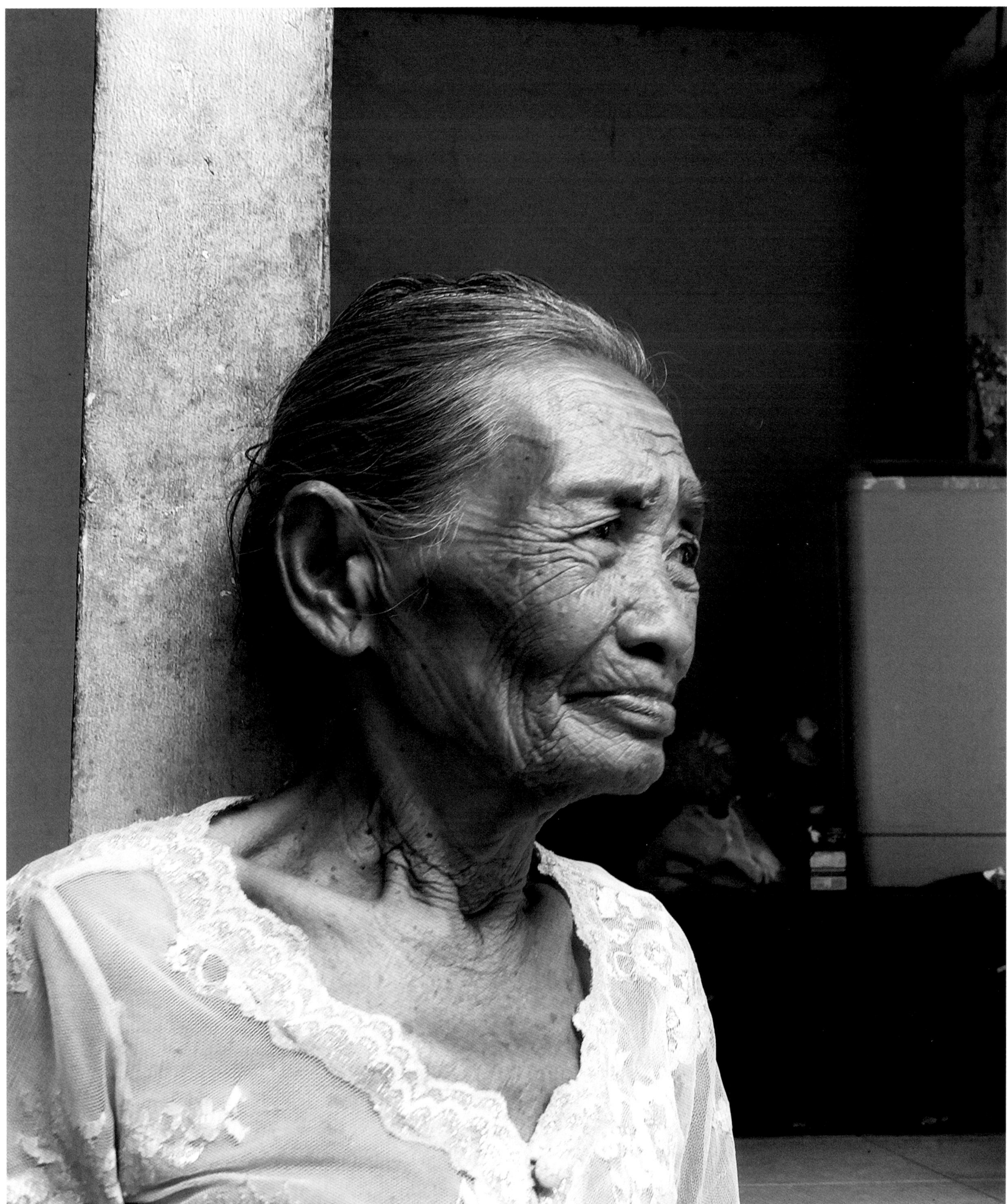

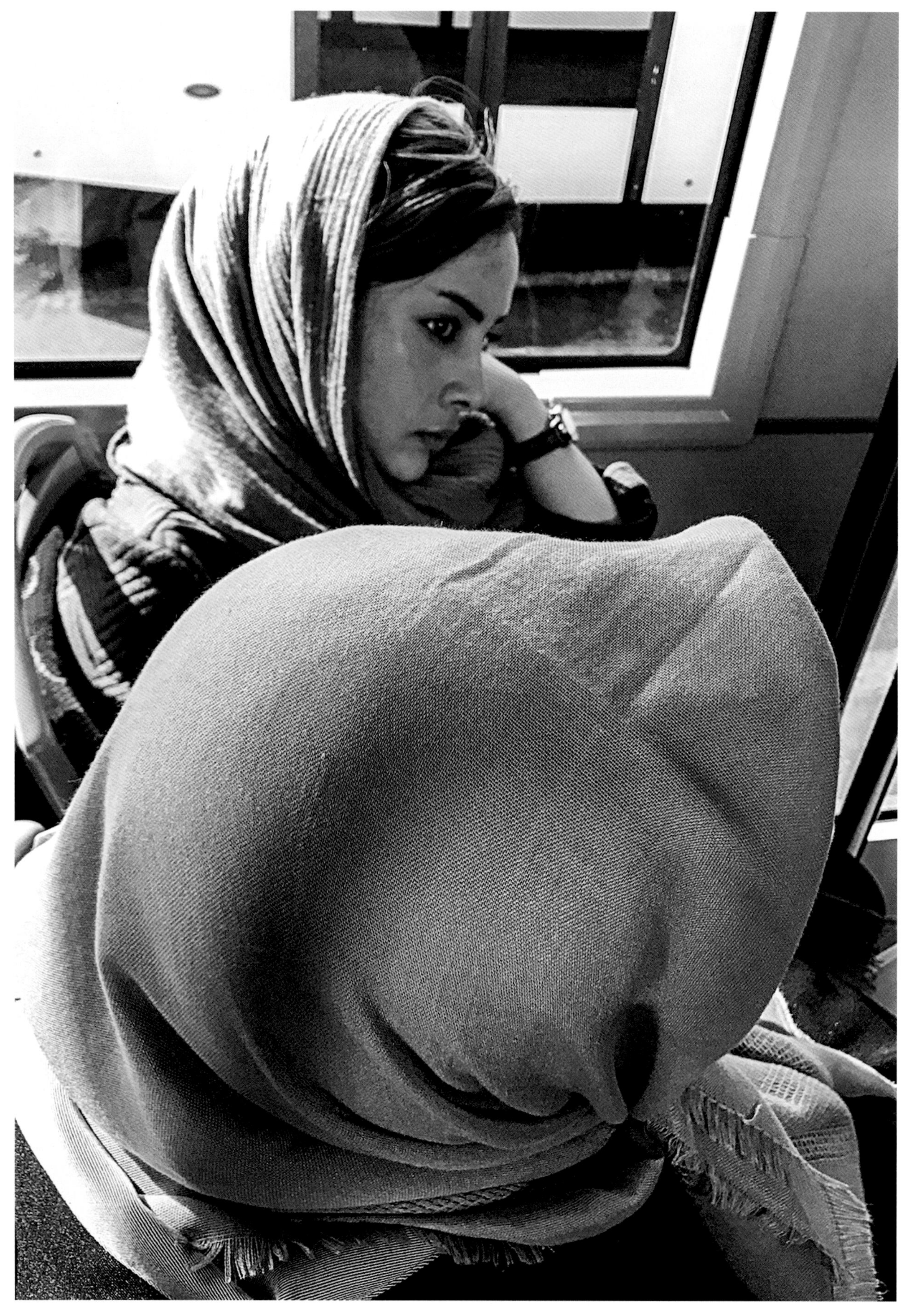

Quel avenir ? [*What Future?*], 2017. Téhéran, Iran / Teheran, Iran

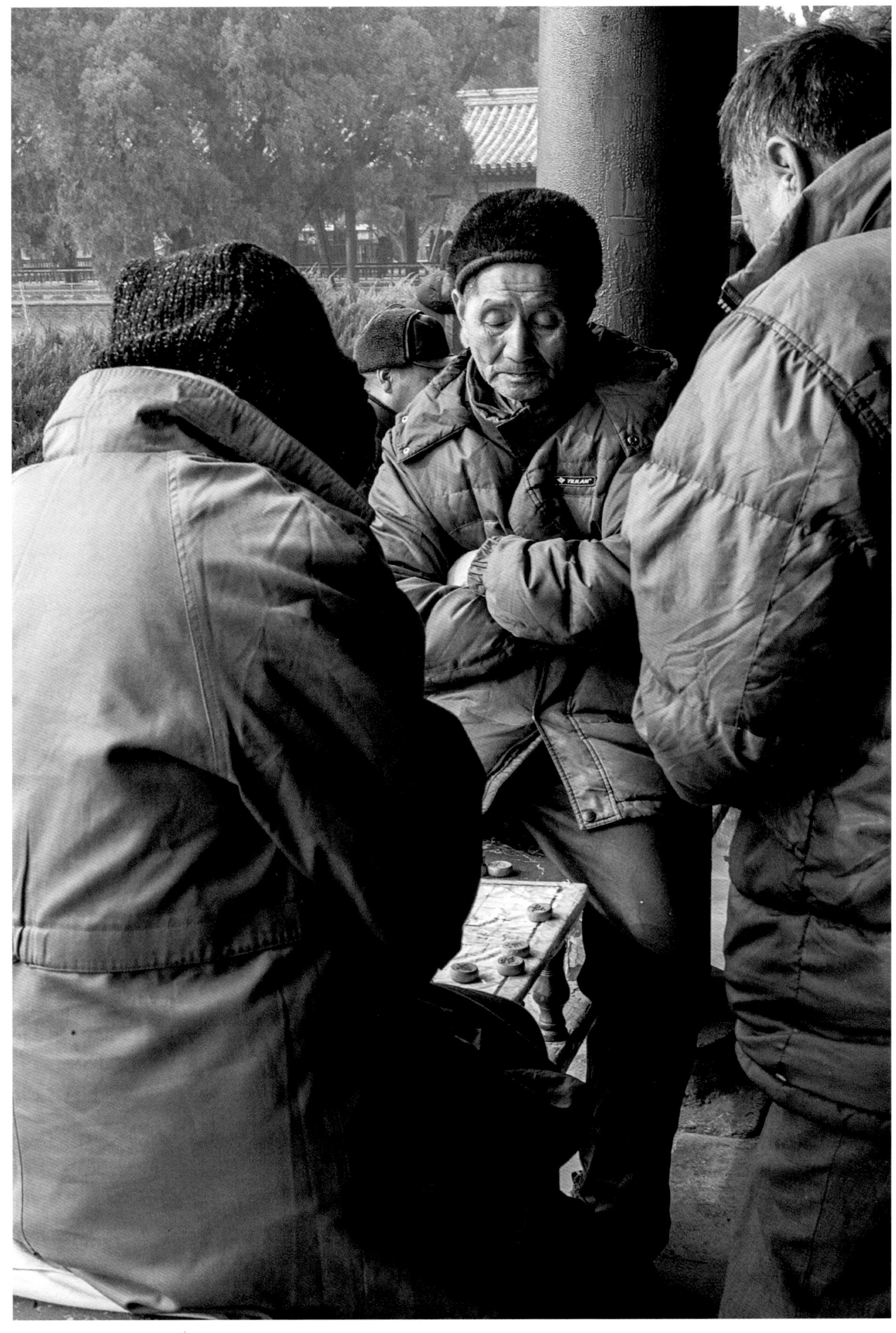

Les joueurs [*Players*], 2016. Pékin, Chine / Beijing, China

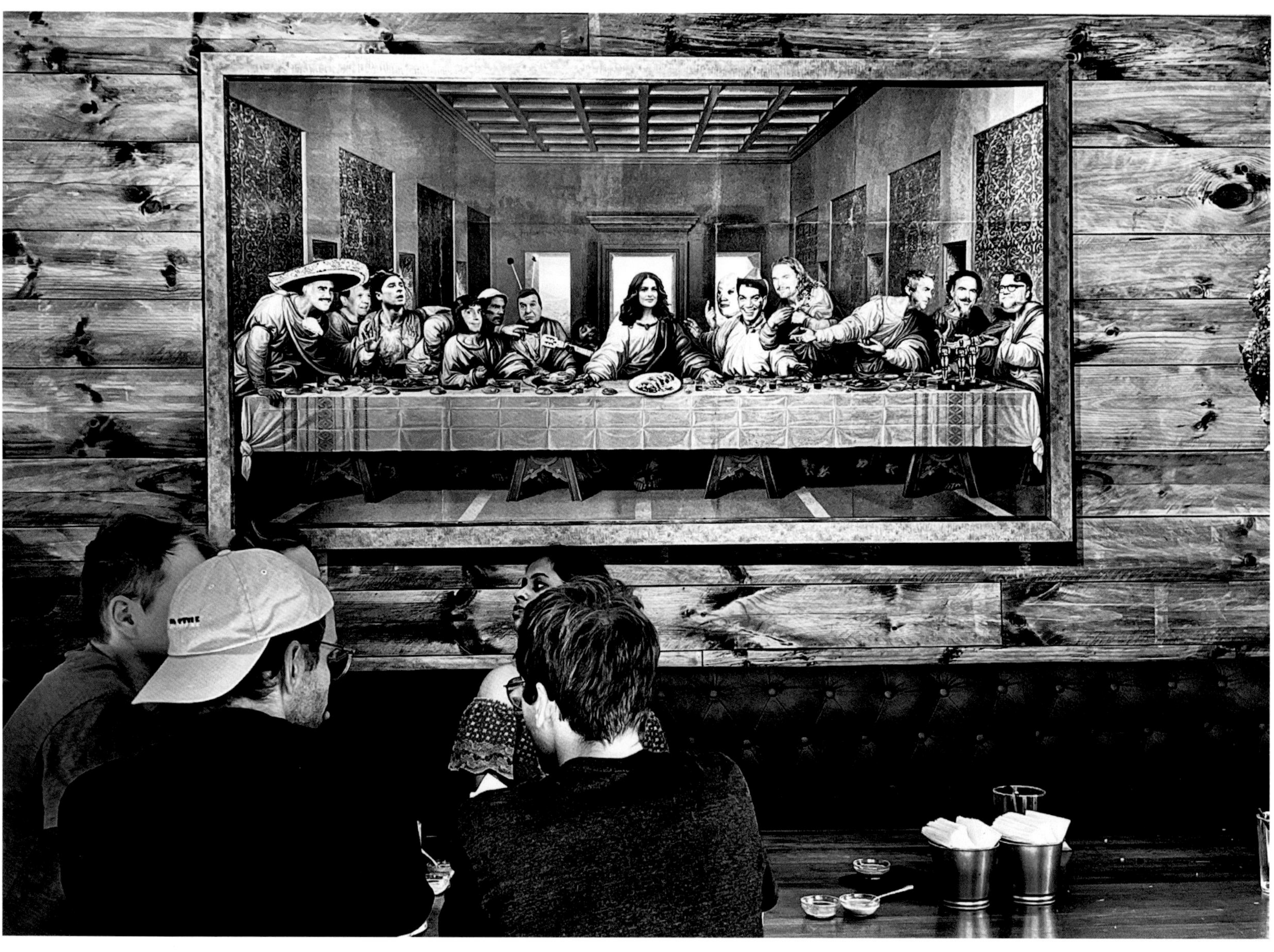

La Cène [*The Last Supper*], 2024. Madrid, Espagne / Spain

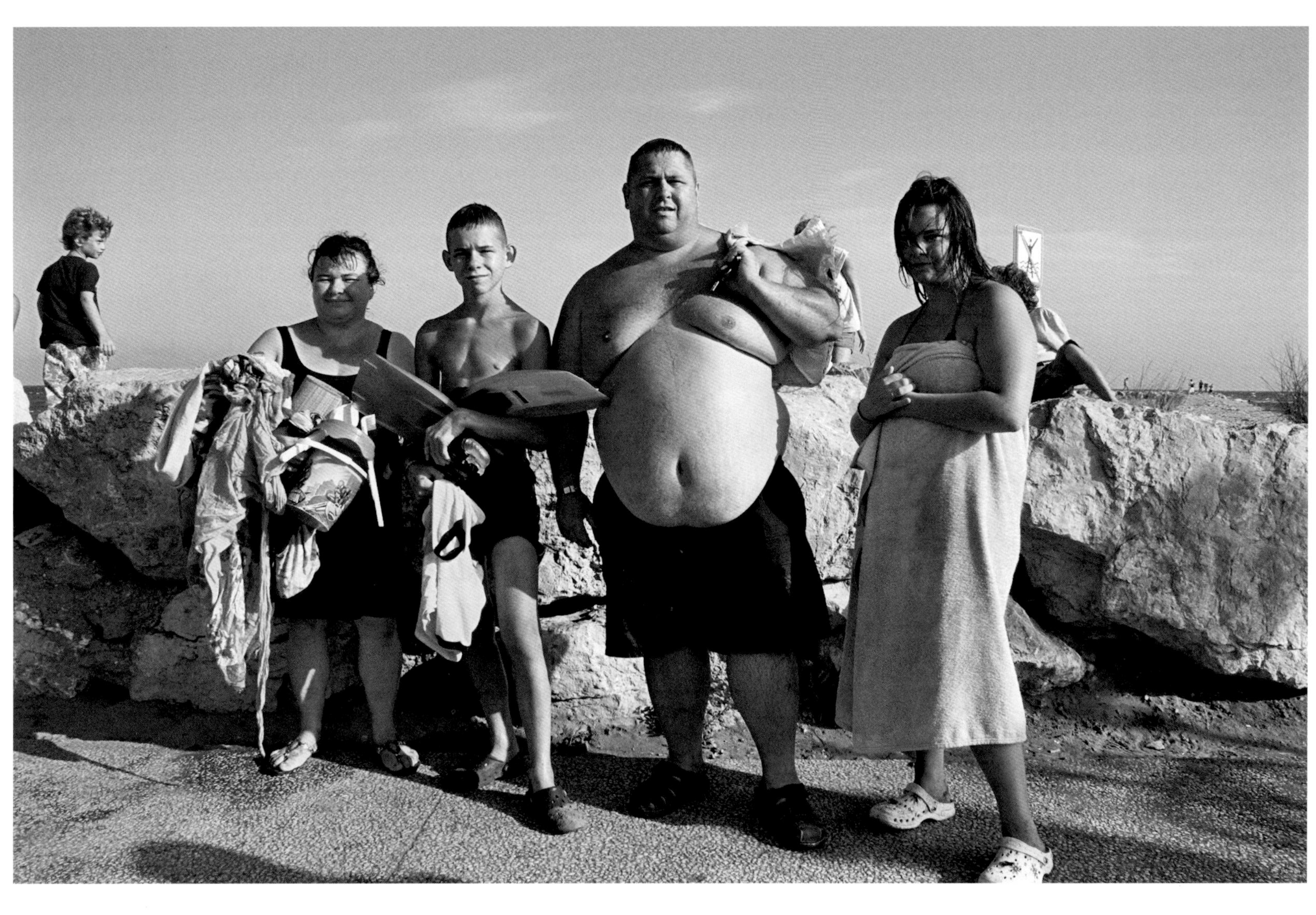

En famille [*With Family*], 2012. Saintes-Maries-de-la-Mer, France

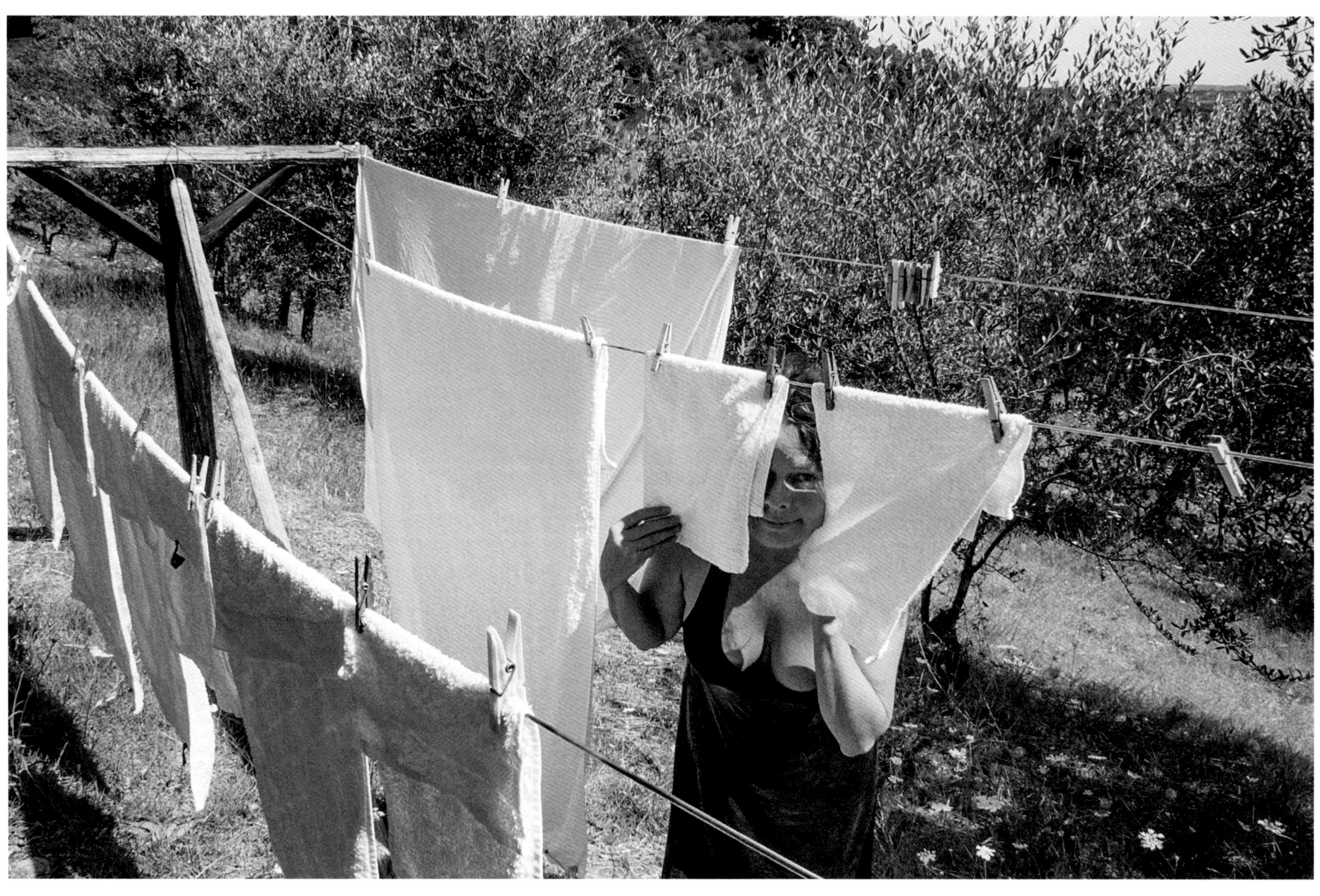

Cache-cache [*Hide-and-Seek*], 2013. Toscane, Italie / Tuscany, Italy

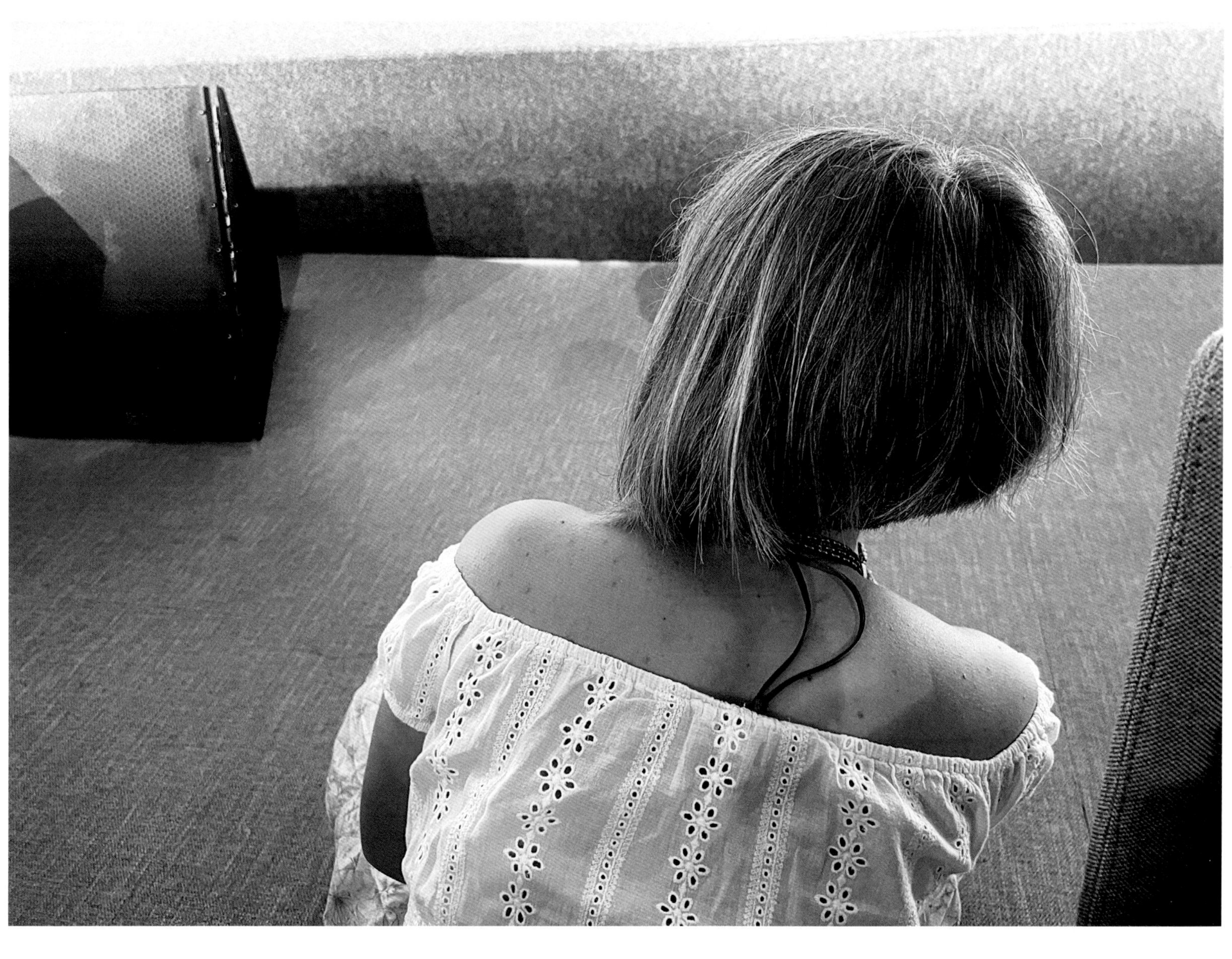

Attente [*Waiting*], 2024. Madrid, Espagne / Spain

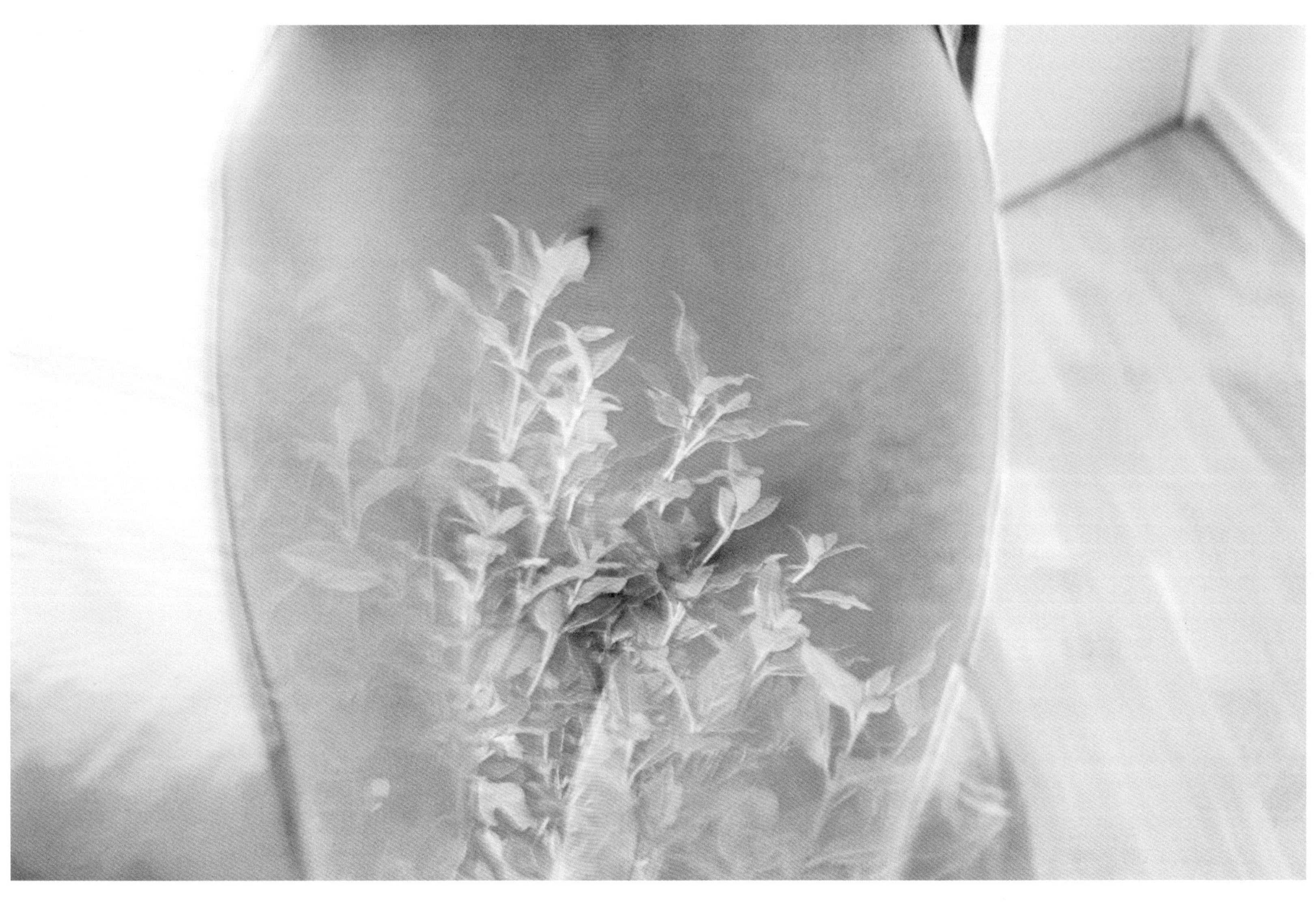

 En fleur [*In Bloom*], 2014. Baie de Somme, France

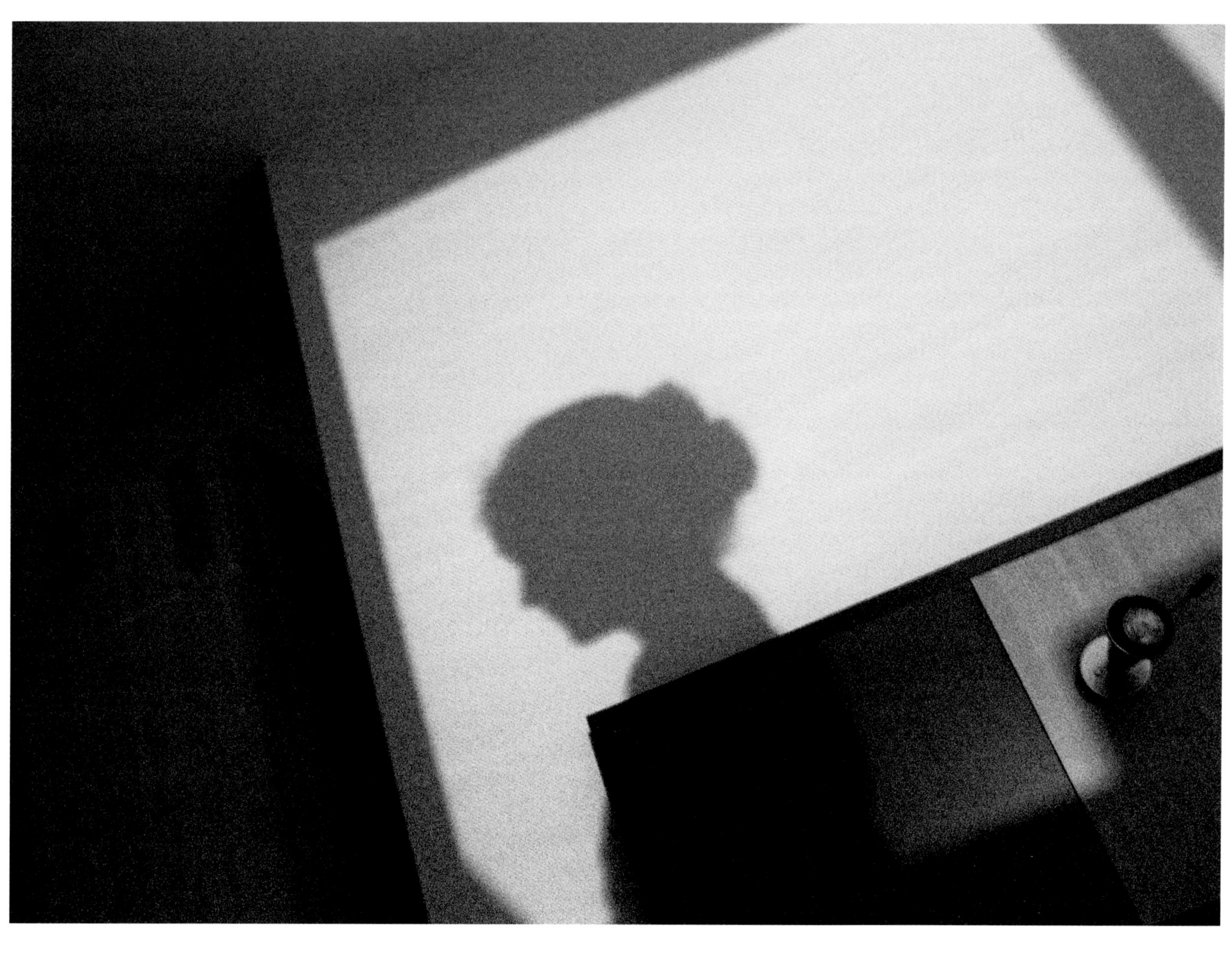

Furtive [*Furtive*], 2007. Japon / Japan

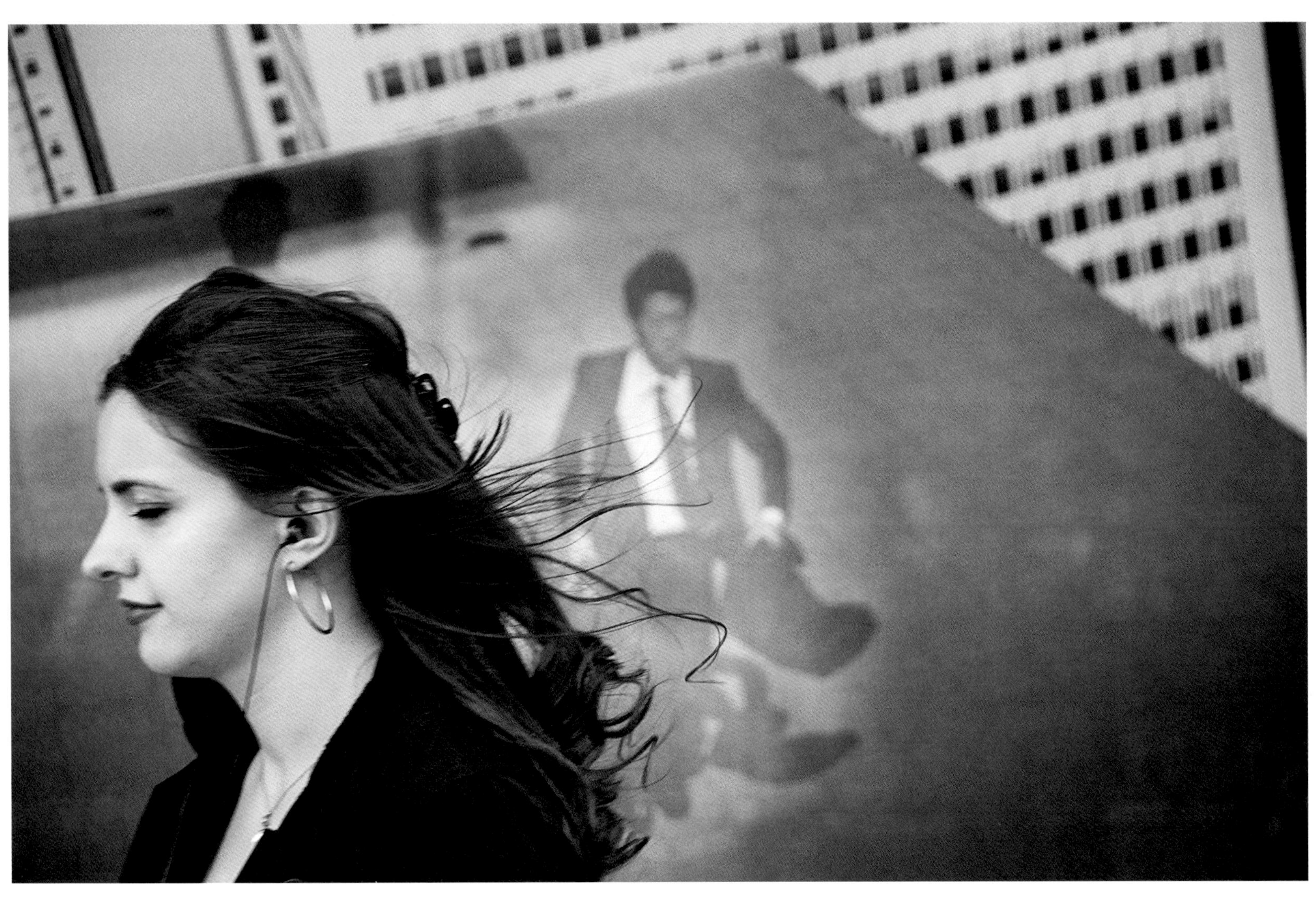

Adieu le passé ? [*Is the Past Over?*], 2024. La Défense, Paris, France

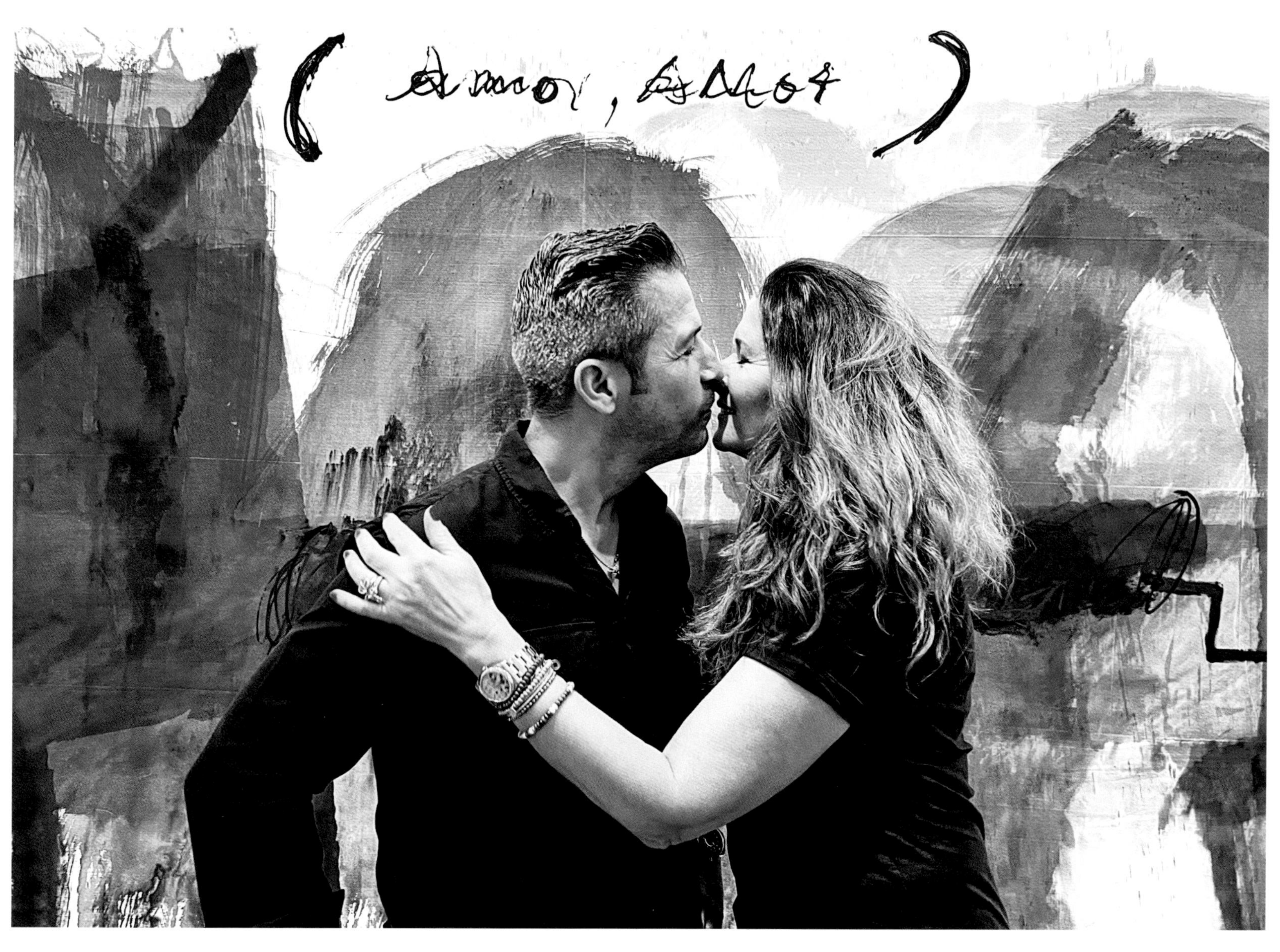

Les amoureux [*The Lovers*], 2024. Madrid, Espagne / Spain

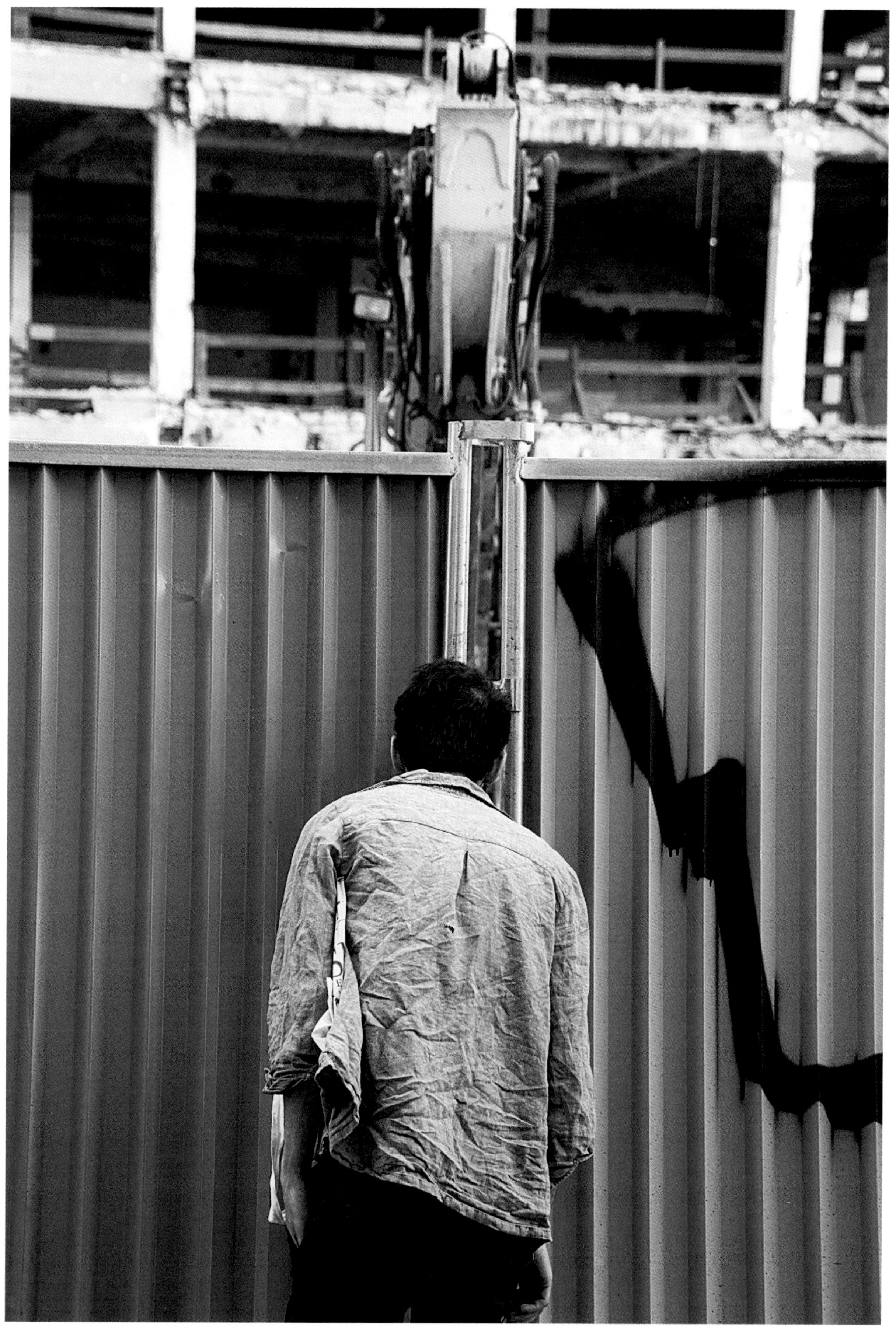

Le chantier interdit [*Prohibited Site*], 2014. Paris, France

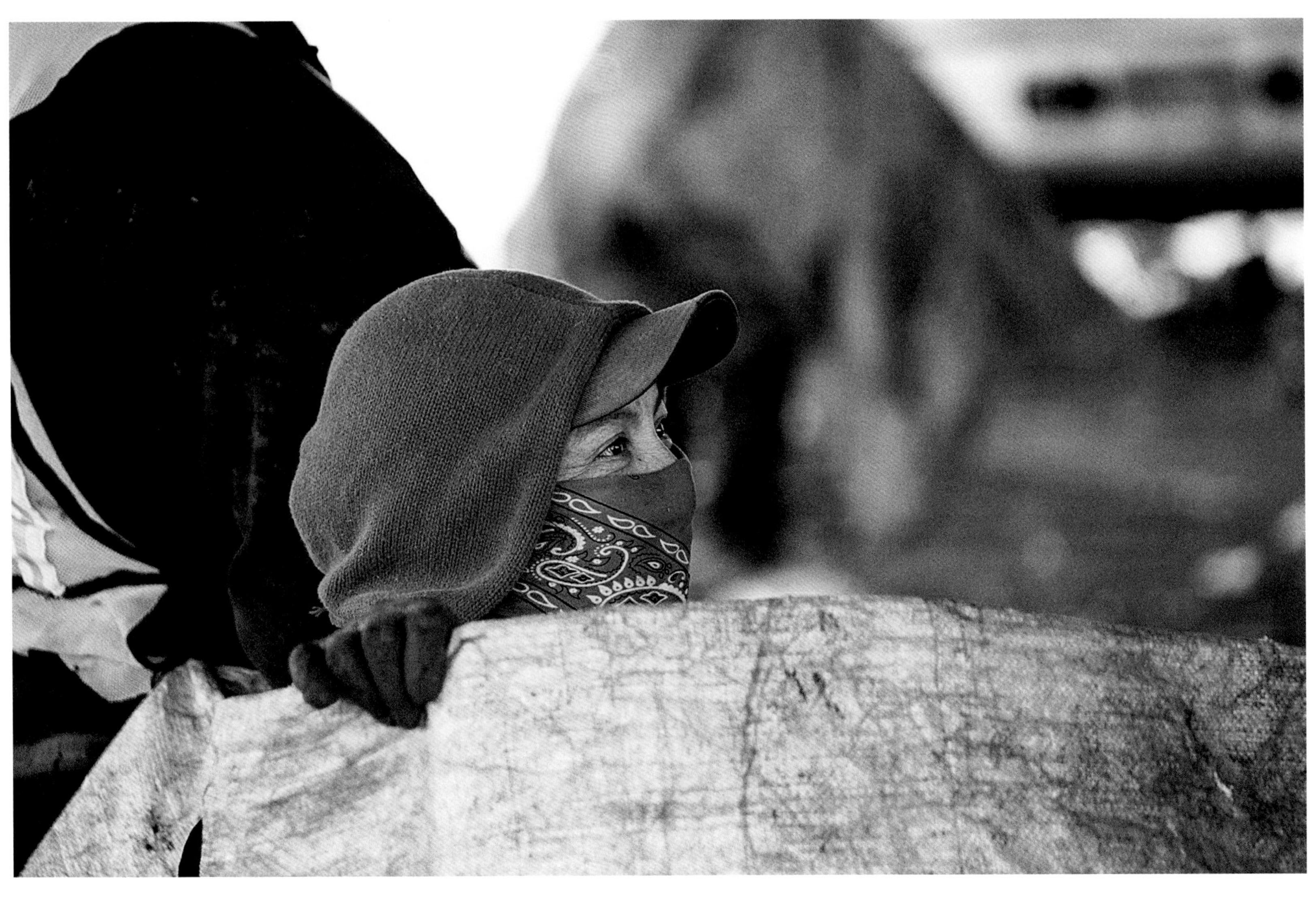

  Elle [*Her*], 2014. Mexique / Mexico

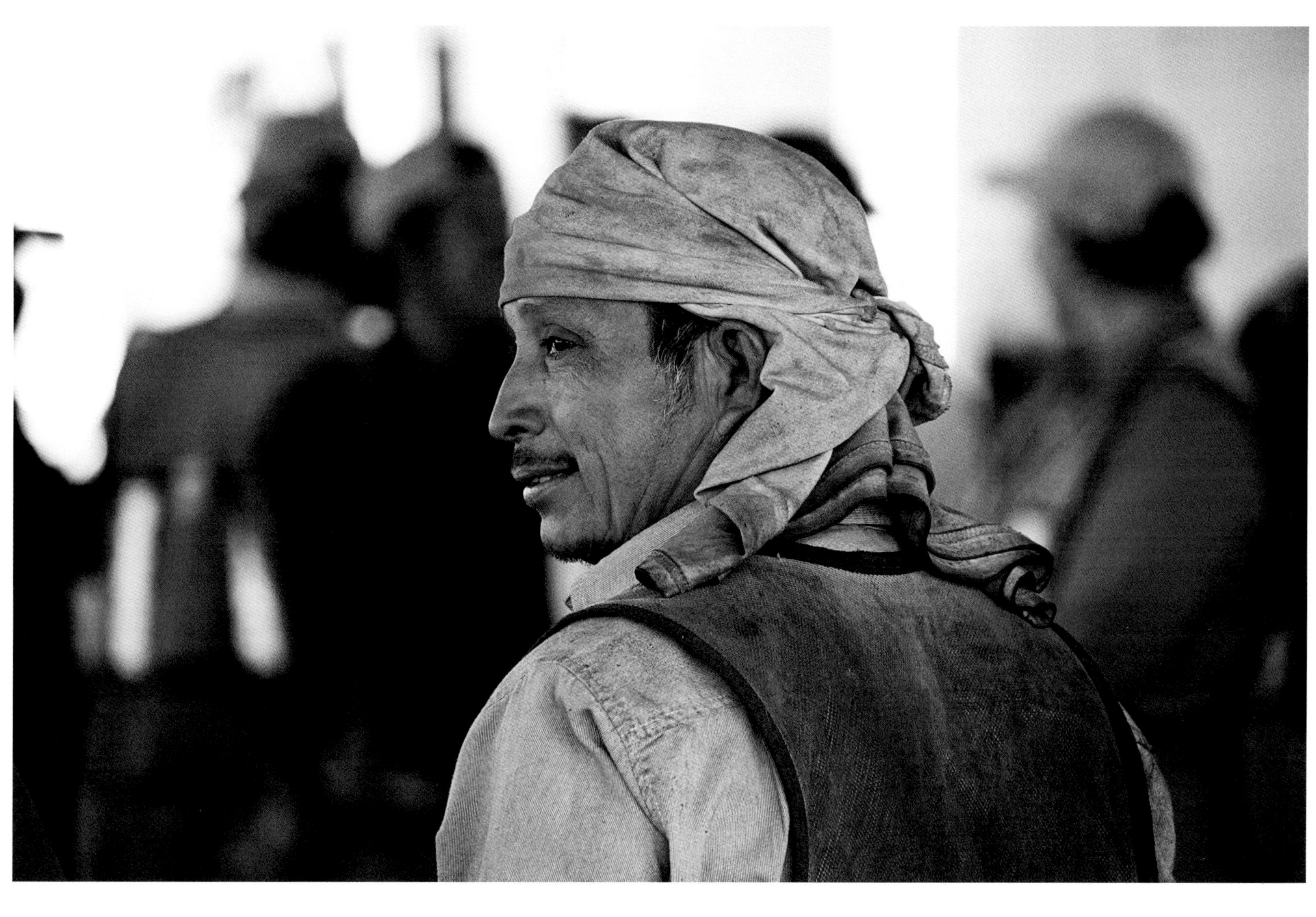

Lui [*Him*], 2014. Mexique / Mexico

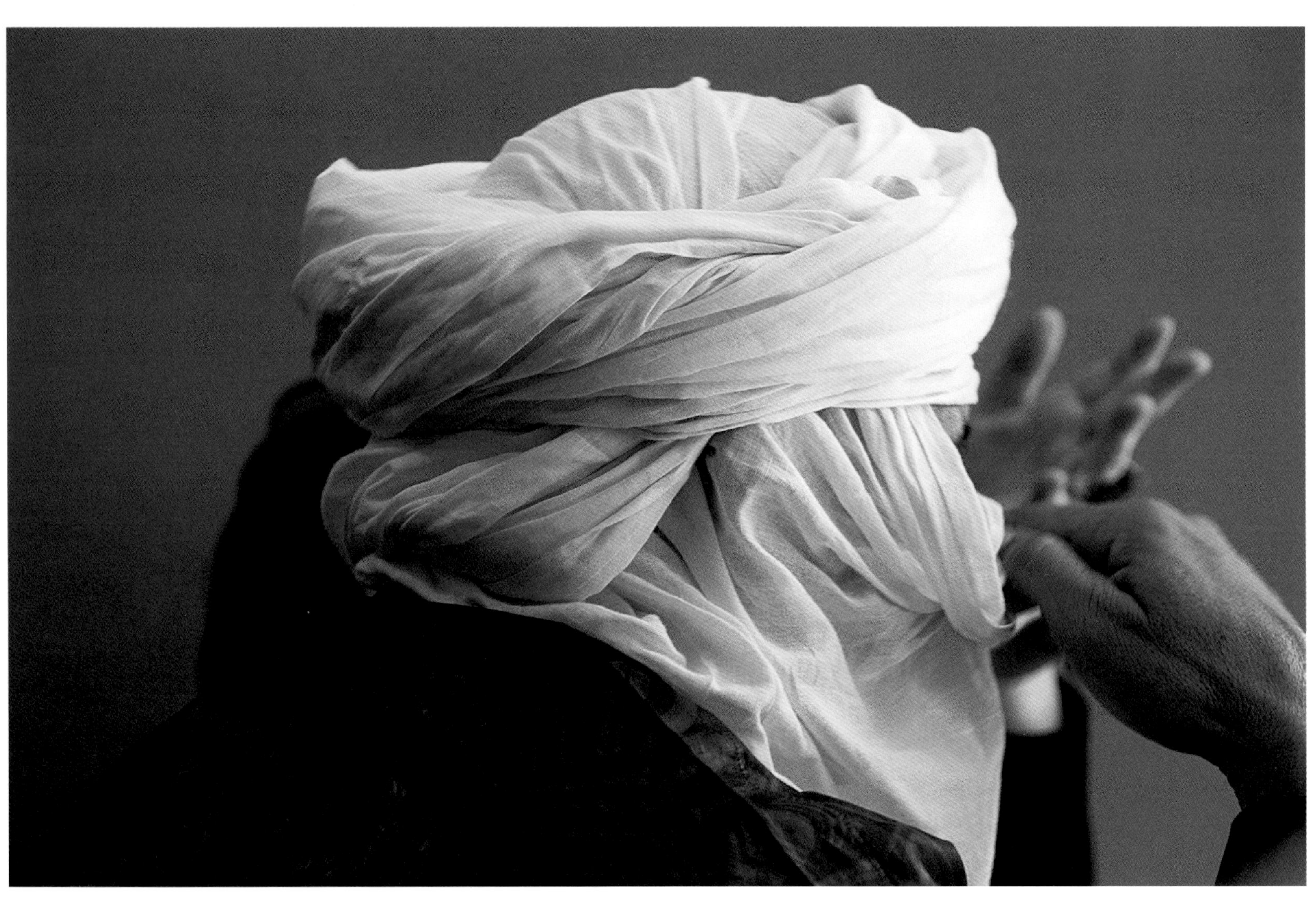

 Le turban [*Turban*], 2014. Paris, France

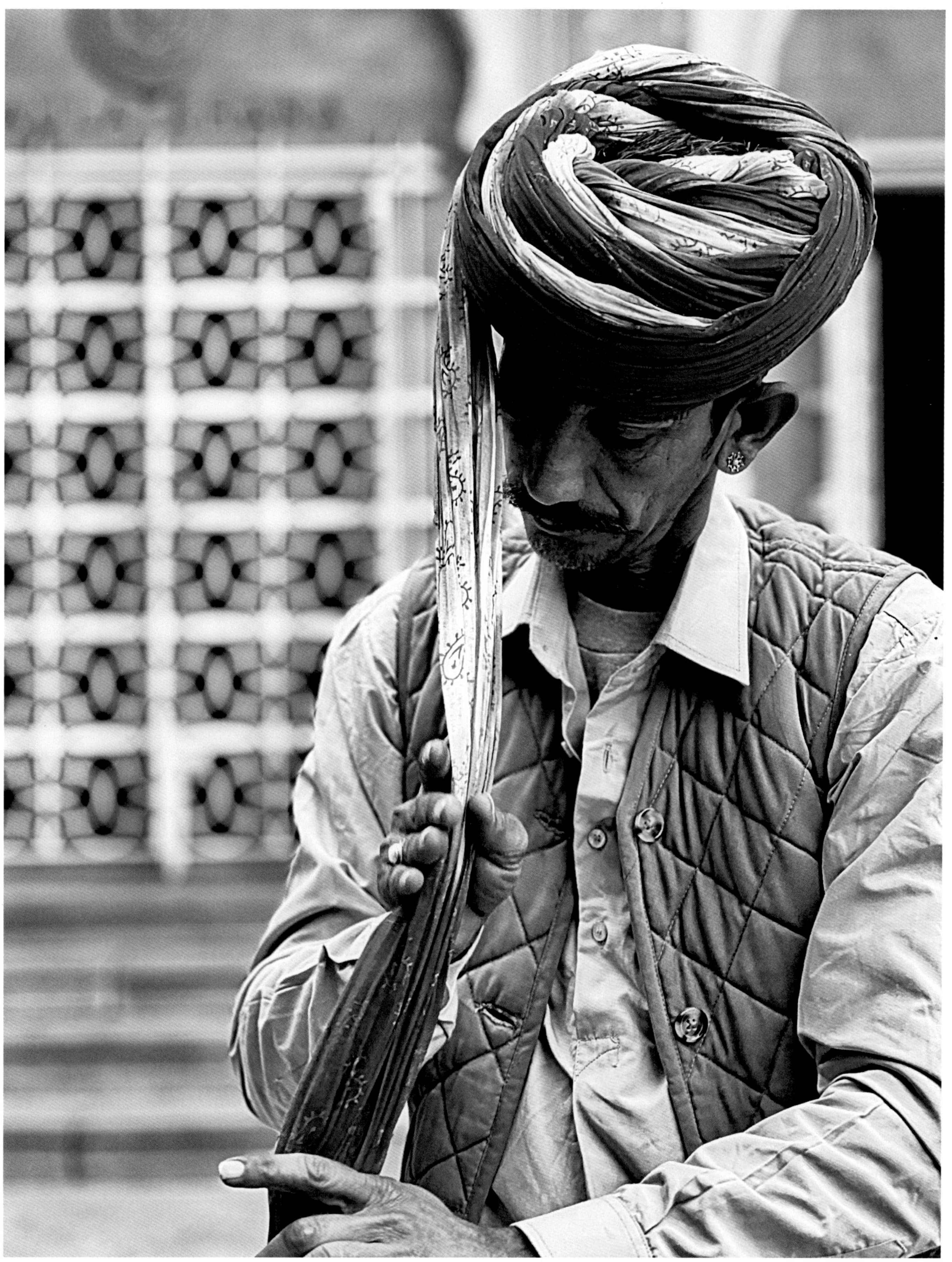

Le geste [*Gesture*], 2024. Rajasthan, Inde / India

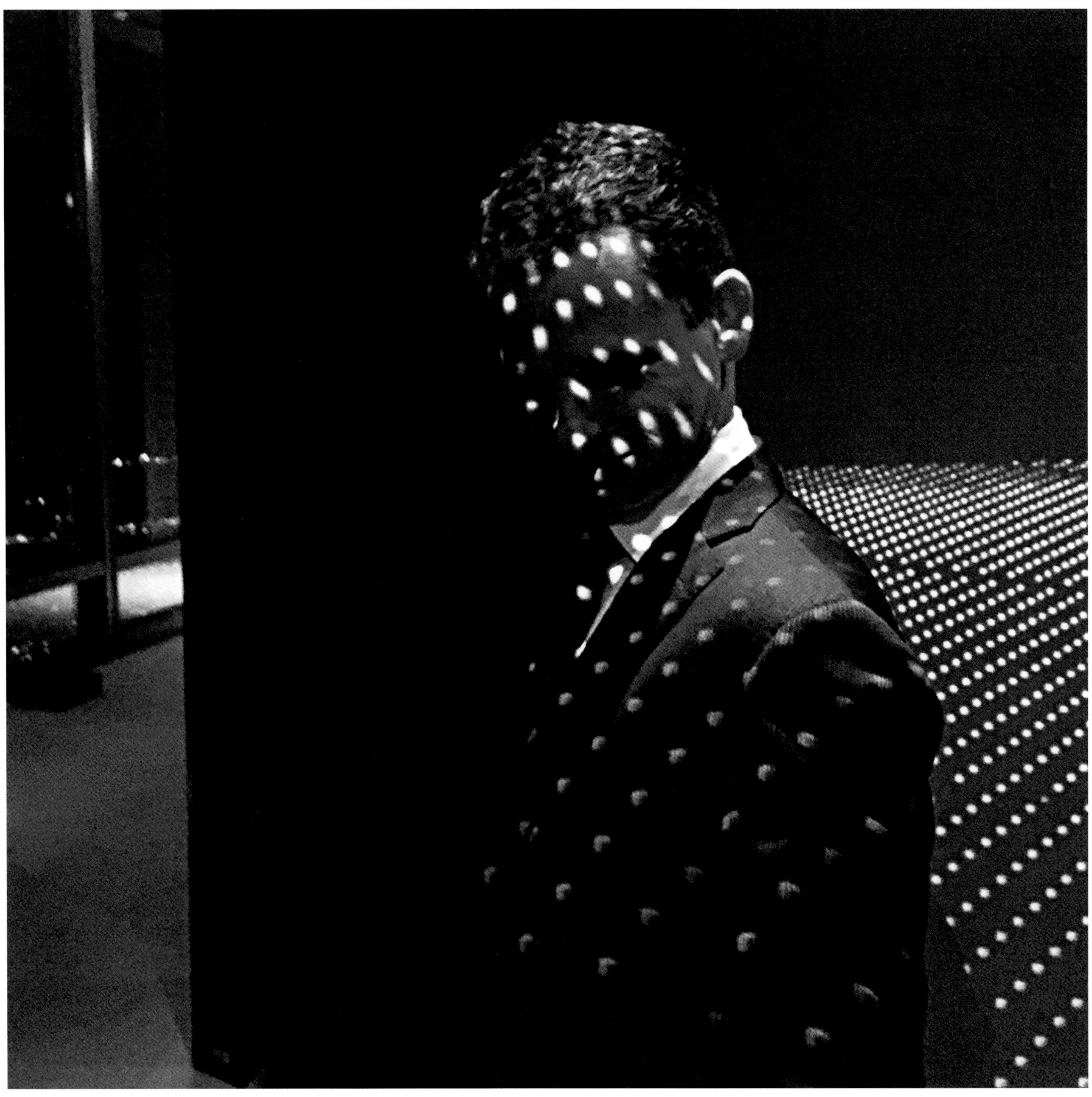

Technologia [*Technologia*], 2015. Dubaï, Émirats Arabes Unis / United Arab Emirates

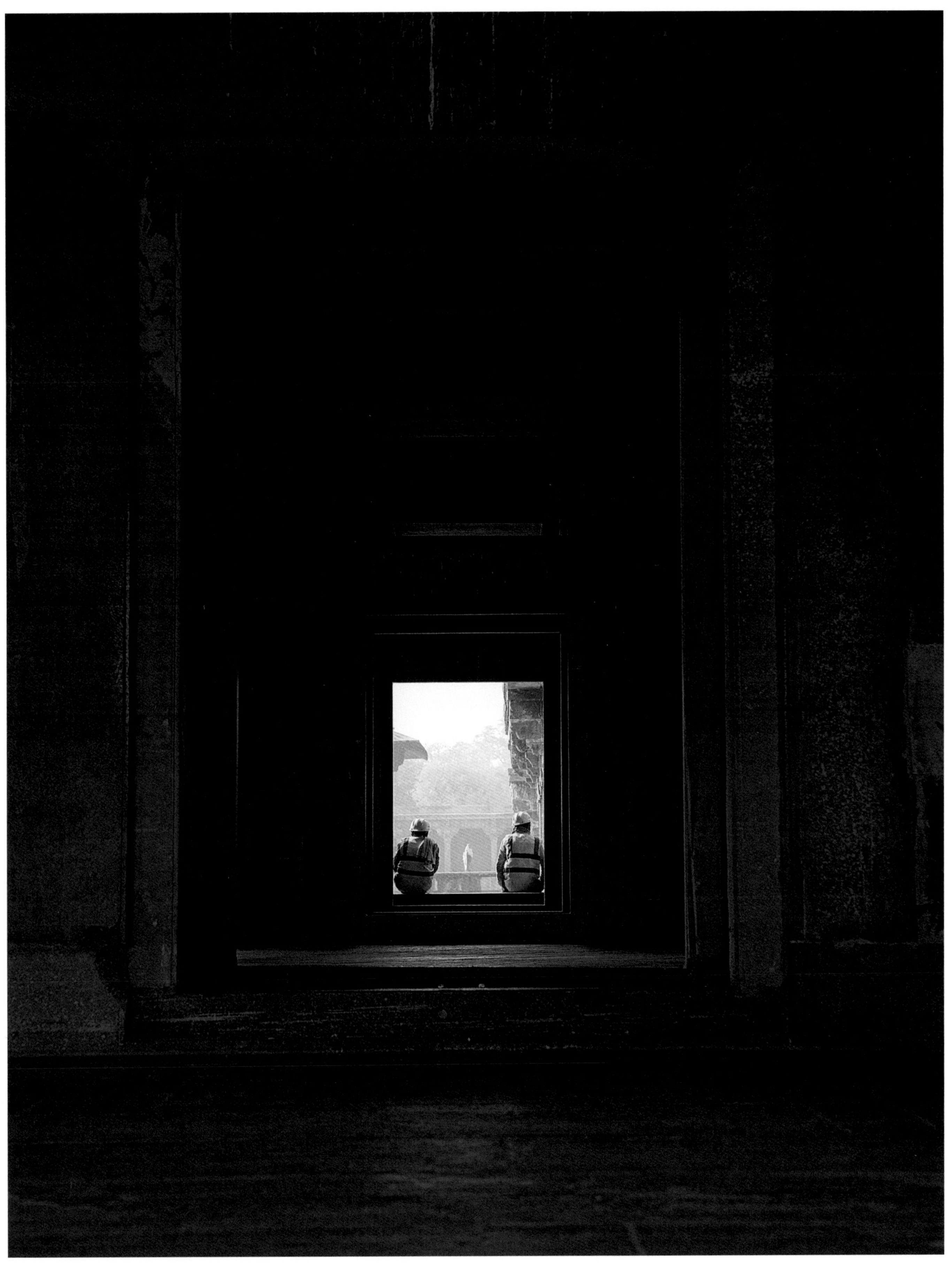

Pause [*Break*], 2024. Rajasthan, Inde / India

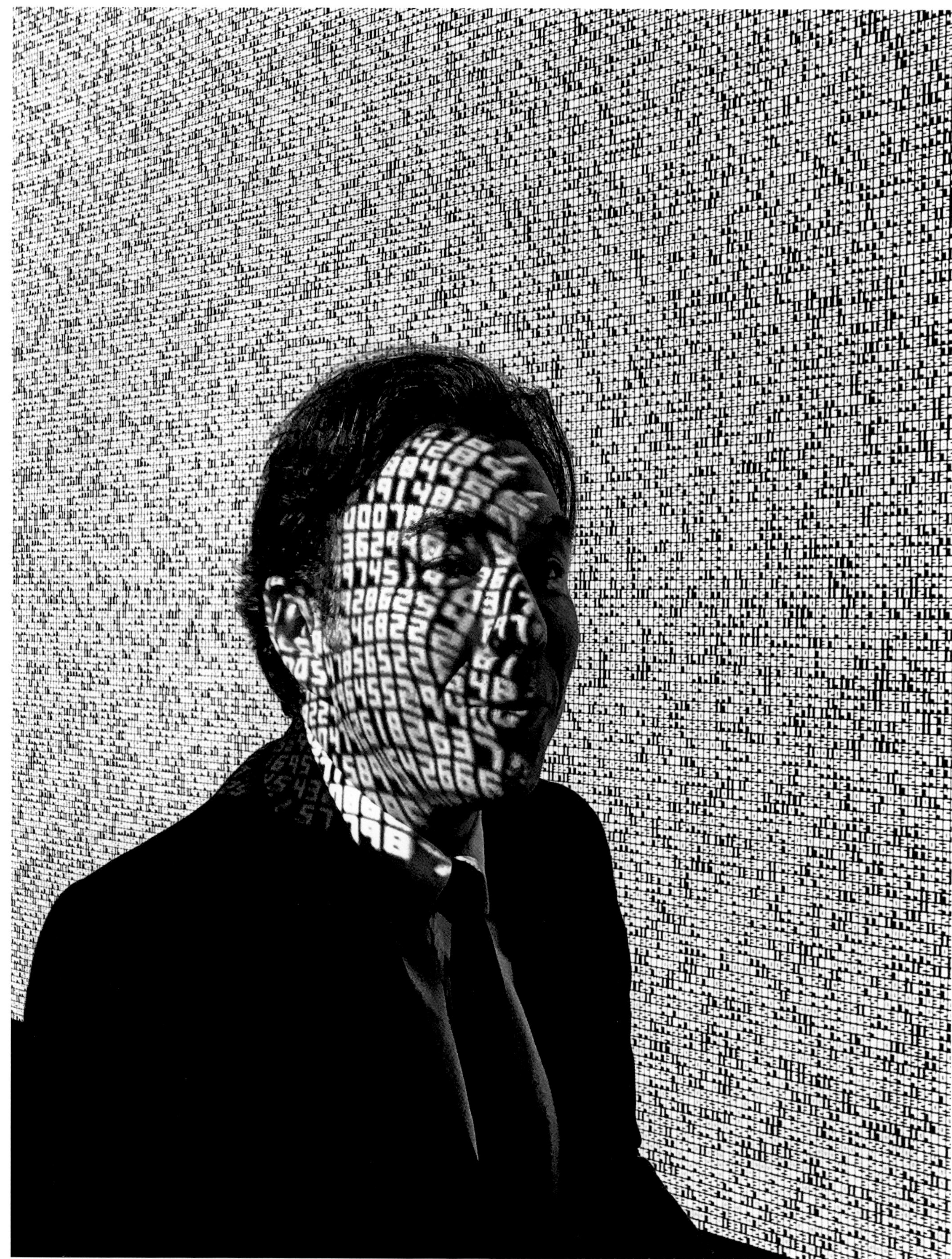

Homo Numericus [*Homo Numericus*], 2018. Paris, France

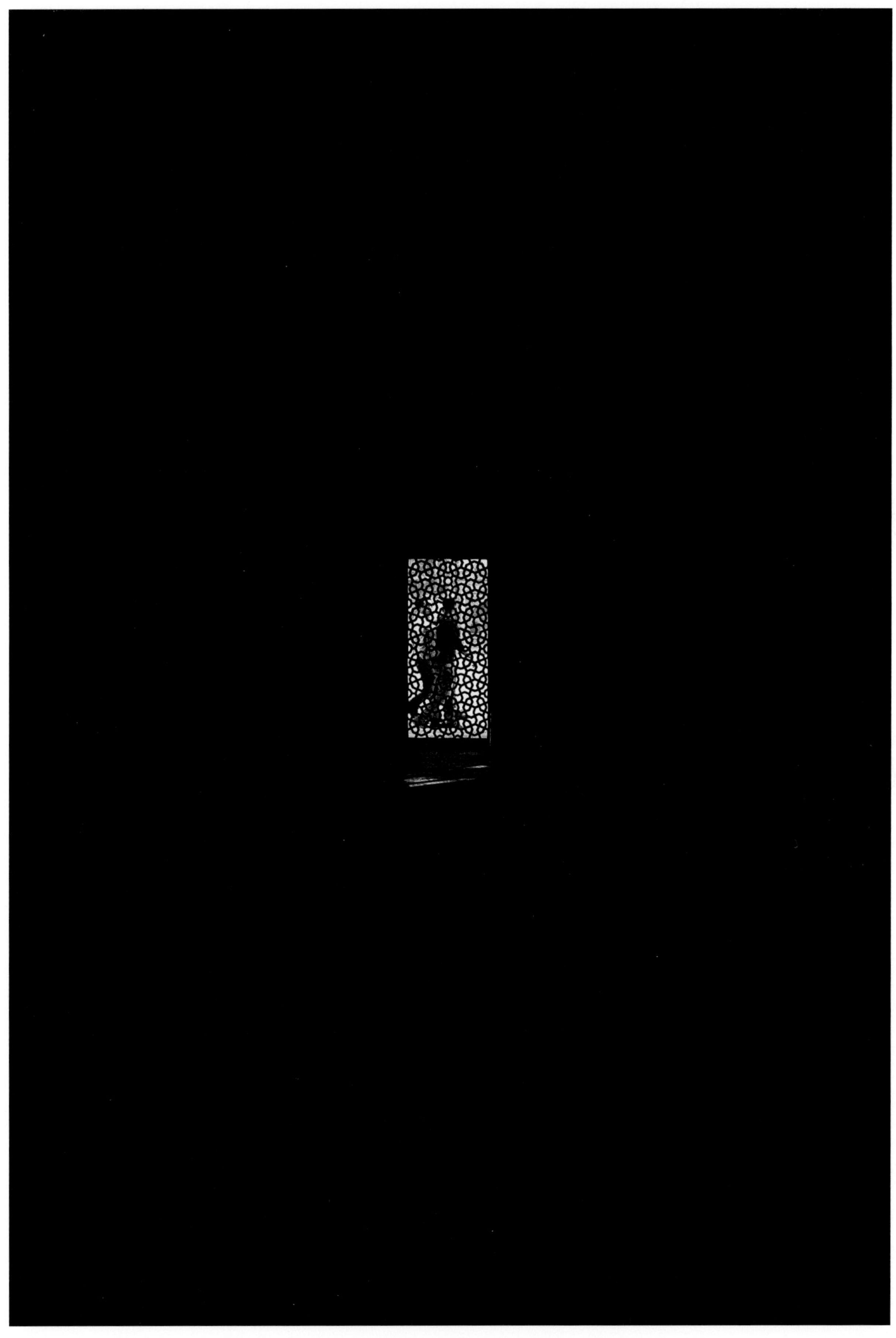

Enfermée? [*Trapped?*], 2024. Rajasthan, Inde / India

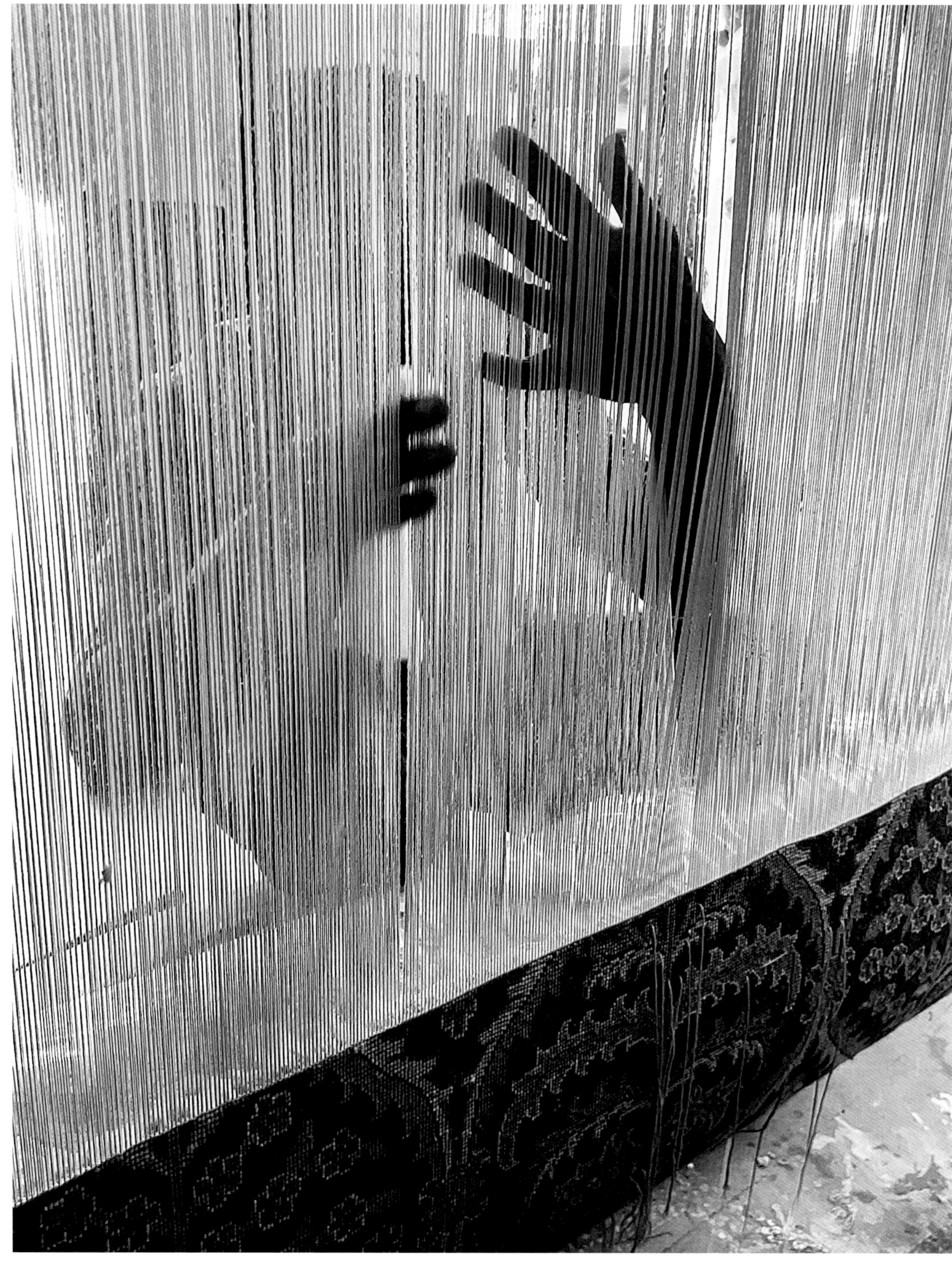

La main de l'homme [*The Hand of Man*], 2024. Rajasthan, Inde / India

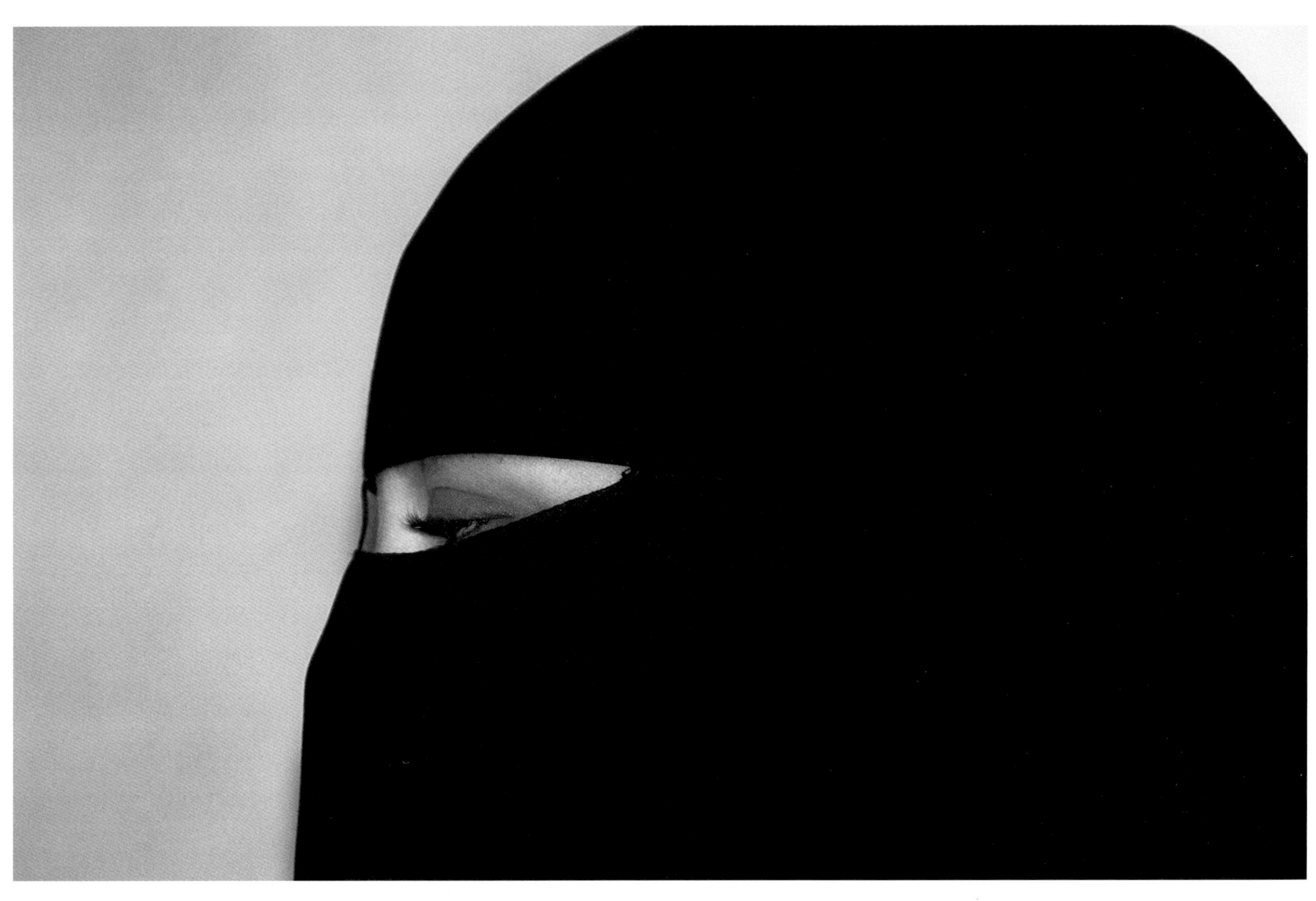

Voilez-vous les yeux [*Veil your Eyes*], 2013. Égypte / Egypt

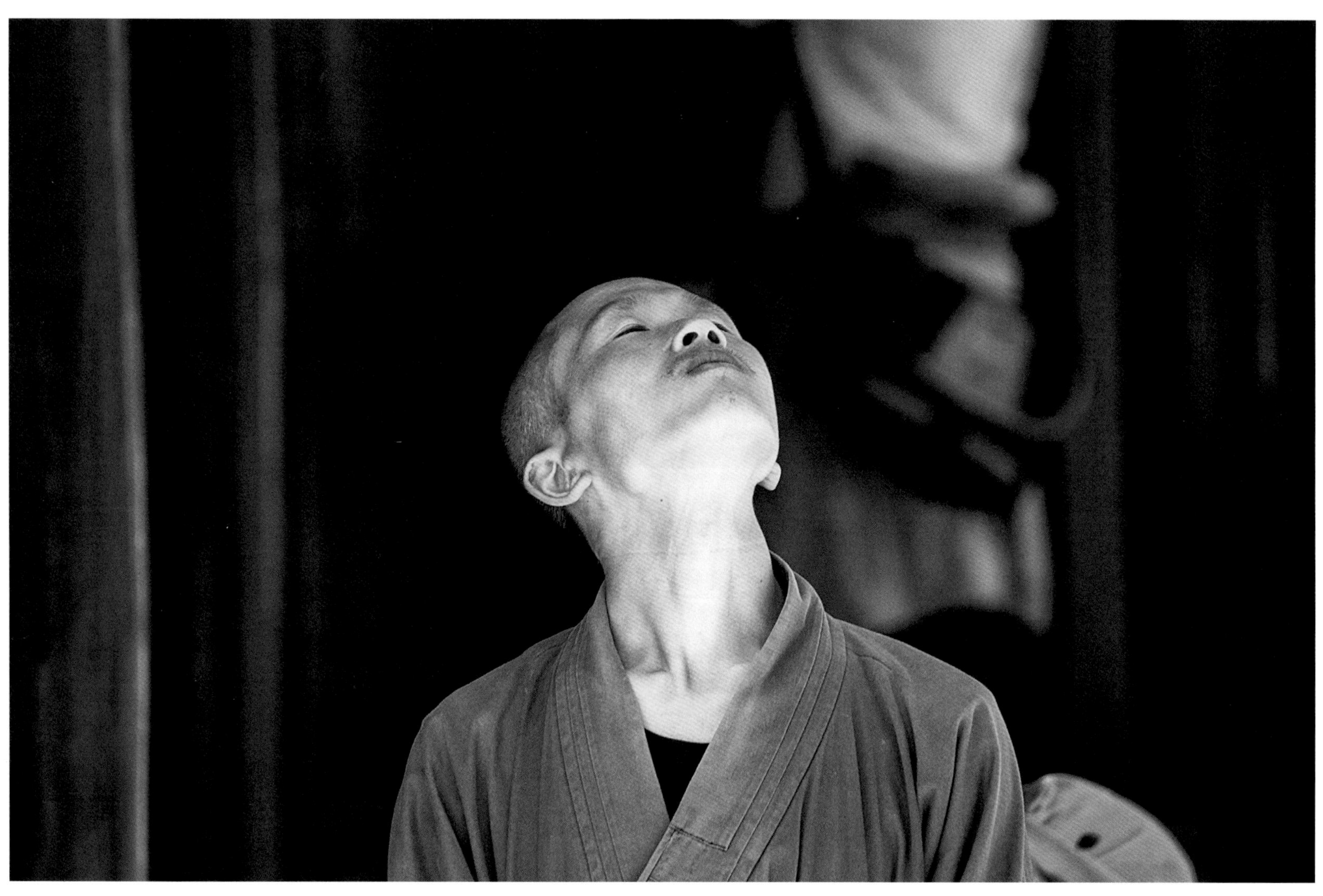

 Inspiration [*Inspiration*], 2014. Chine / China

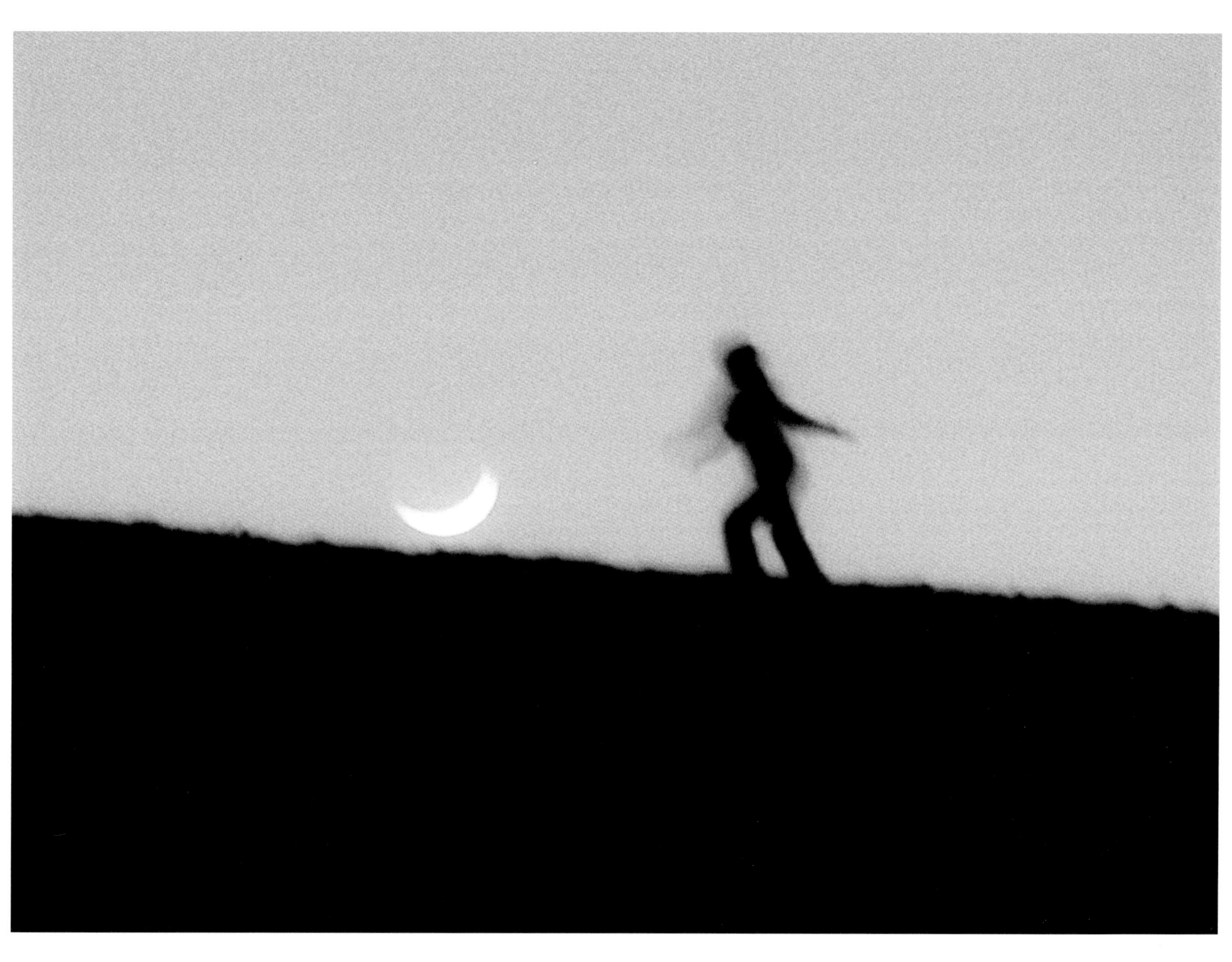

Pour décrocher la lune [*Reaching for the Moon*], 2007. Dune du Pilat, France

Wind into the Roots

L'histoire de l'humanité s'entrelace indéfiniment avec l'histoire de l'arbre. Nous ne sommes qu'une infime partie du vivant. Notre existence dépend des arbres, car ils absorbent le carbone, retiennent la terre, nourrissent l'écosystème. En reliant la terre et le ciel, l'arbre est au cœur du vivant.

L'humanité a longtemps vénéré les arbres, puis nous les avons colonisés, exploités, et largement détruits. Pourtant, la puissance tellurique de l'arbre persiste bien au-delà de notre perception du temps. Il est notre maître en résilience, en patience, en générosité du temps long.

En photographiant l'arbre, je cherche à entrer en lui, à l'embrasser, à ressentir de ses racines jusqu'à sa ramure la somptueuse puissance de la vie qui relie tous les êtres.

The history of humanity is forever entwined with the history of the tree. We are but a tiny part of the living world. Our existence depends on trees, for they absorb carbon, hold the earth in place and nourish the ecosystem. Linking the earth and the sky, the tree is at the heart of the living world.

For a long time, humanity revered trees, then we colonised, exploited and largely destroyed them. Yet, the telluric power of the tree endures far beyond our perception of time. It is our master in terms of its resilience, patience and generosity of time.

In photographing the tree, I seek to enter it, to embrace it, to feel, from its roots to its branches, the splendid power of the life that links all living things.

Trois colosses [*Three Colossi*], 2022. Paris, France

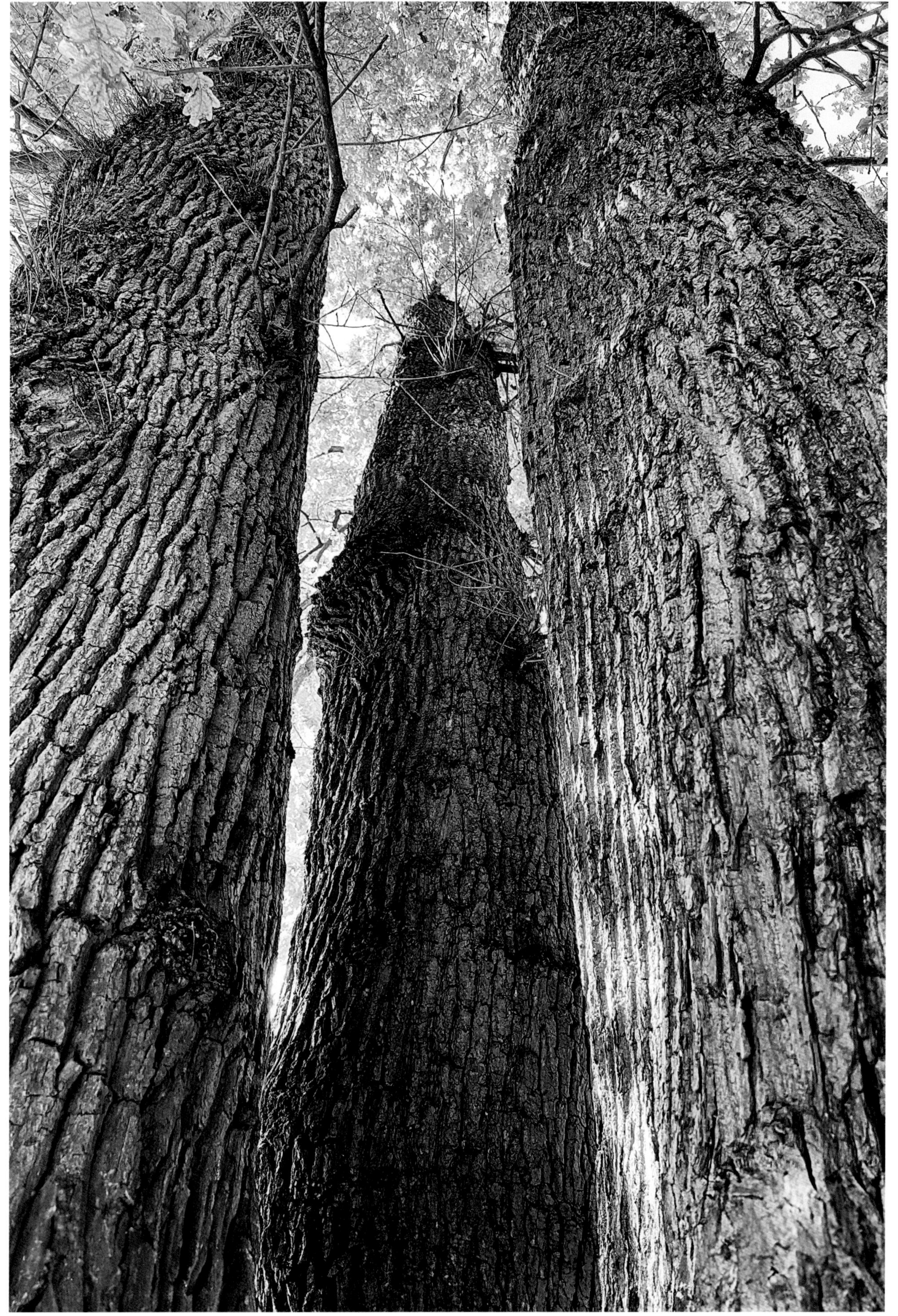

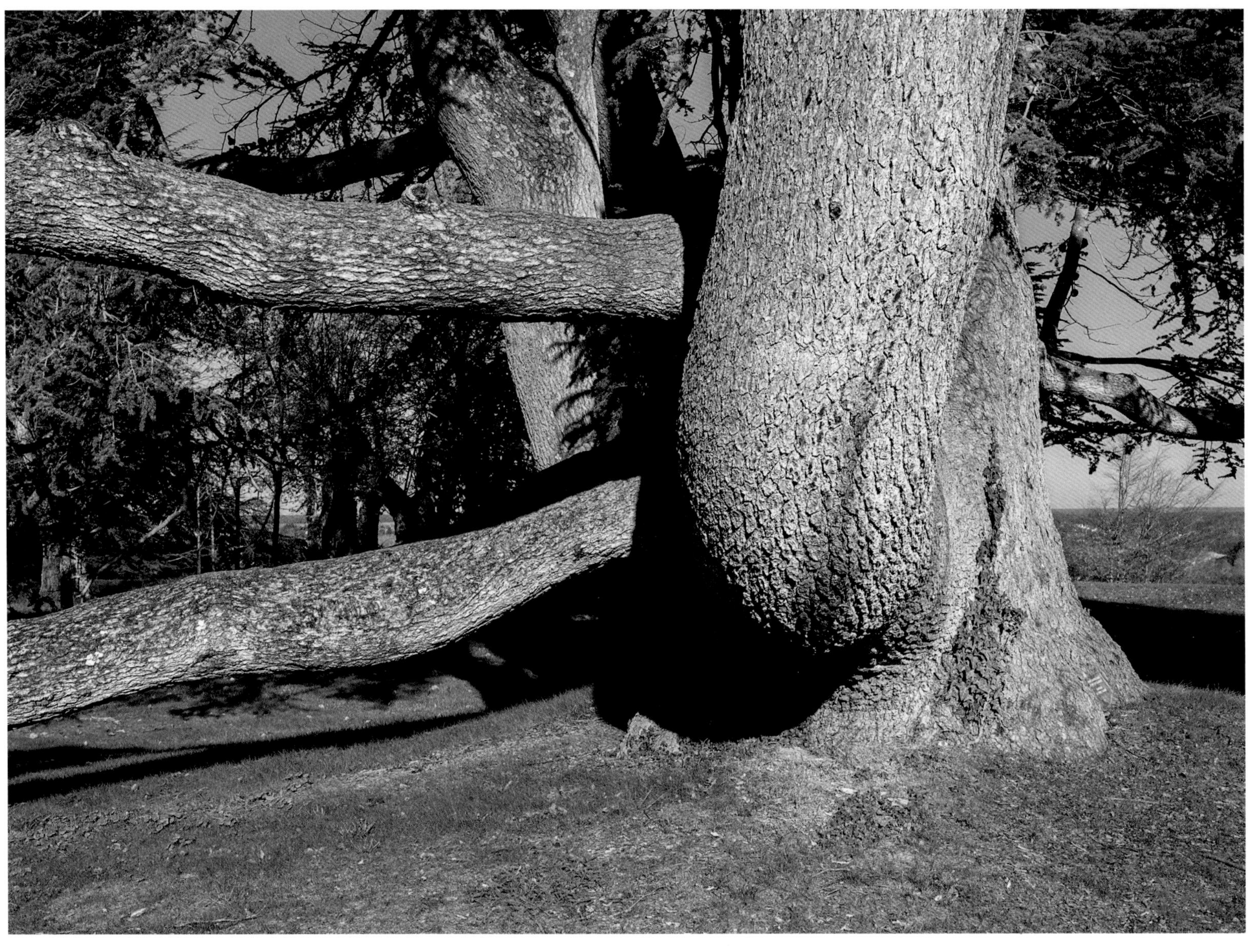

 Deux bras vers toi [*Two Arms Reaching Towards You*], 2023. Chaumont-sur-Loire, France

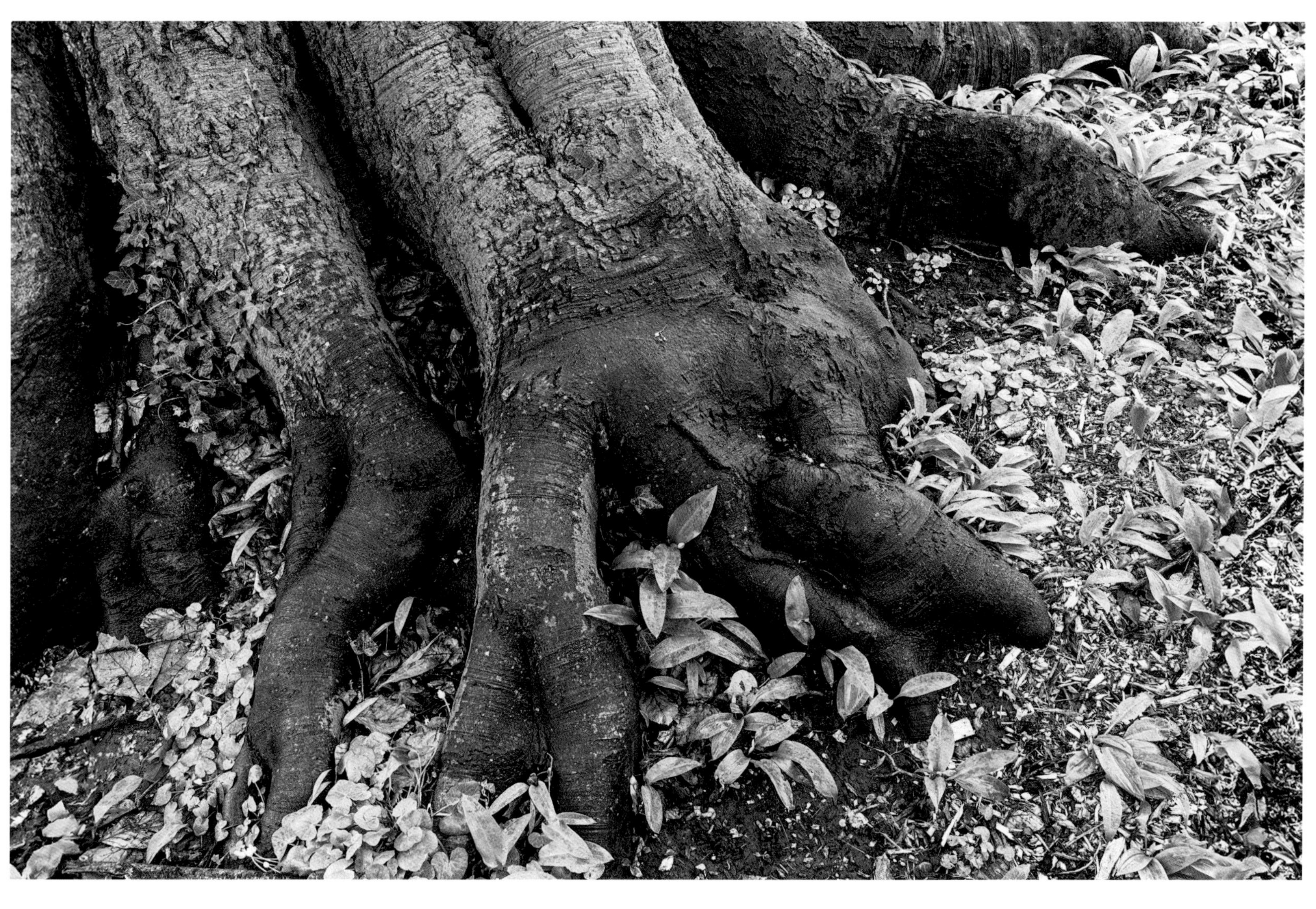

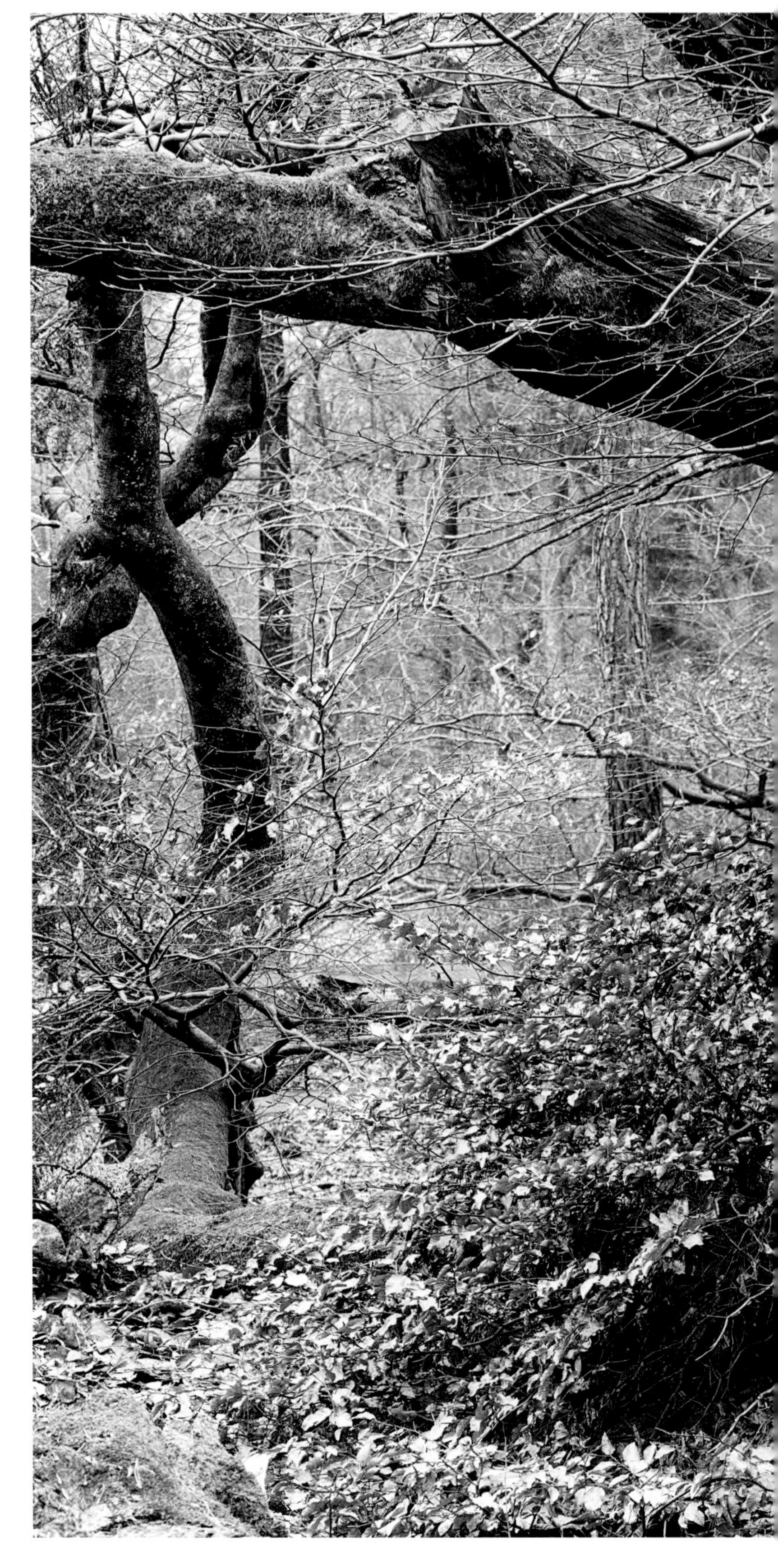

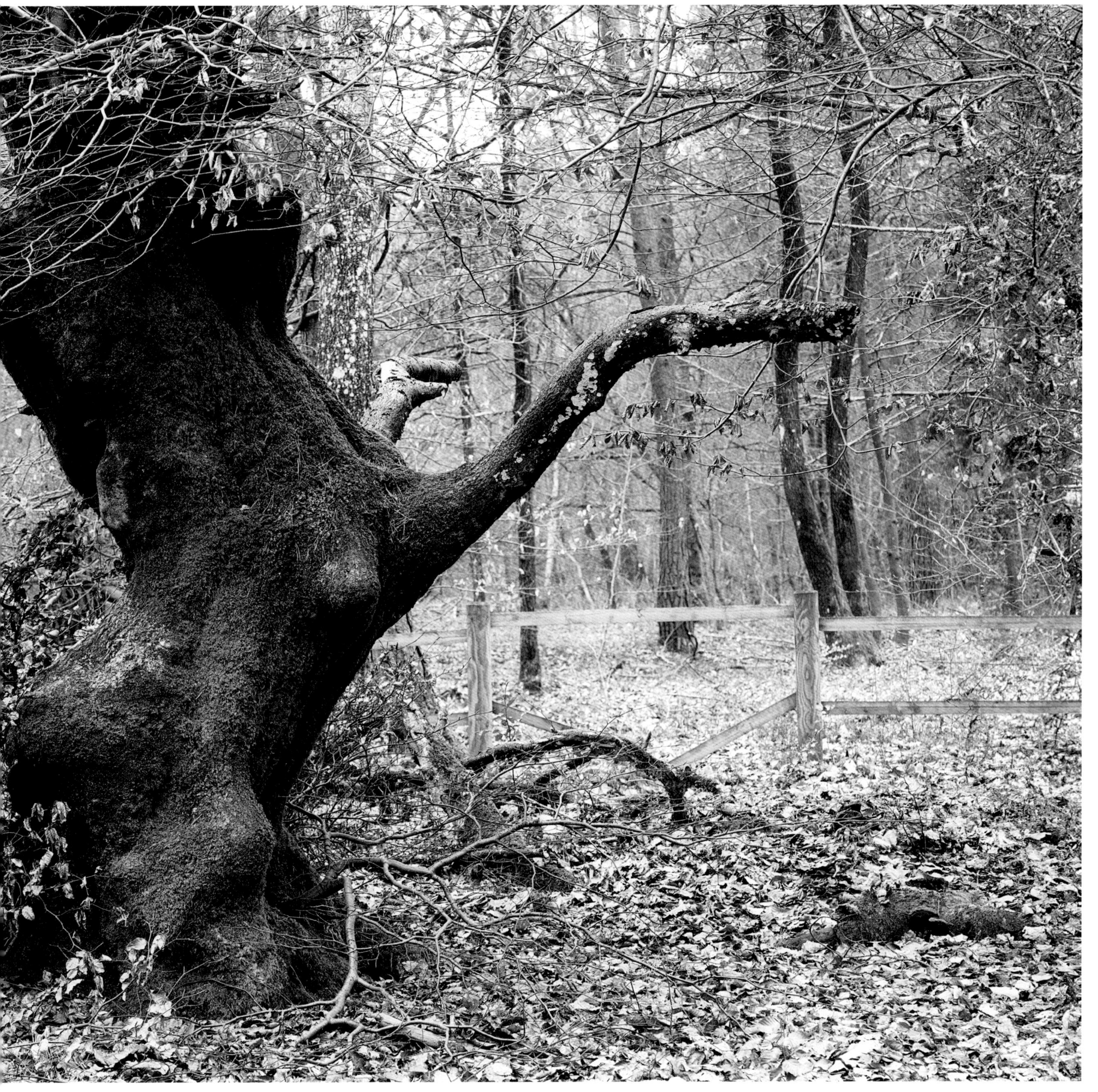

Le cheval cabré [*The Prancing Horse*], 2023. Faux de Verzy, France

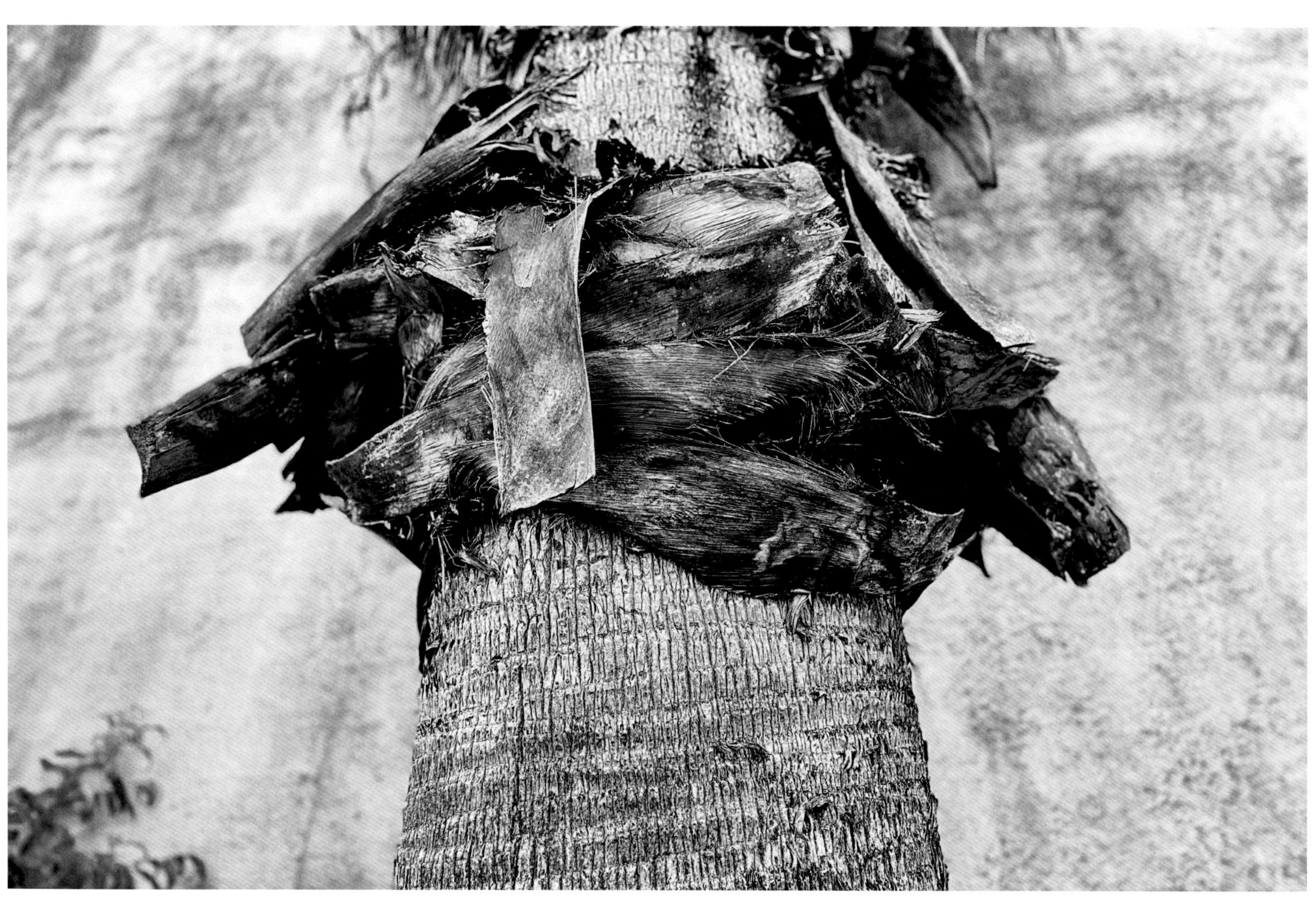

Le sultan [*The Sultan*], 2022. Corfou, Grèce / Corfu, Greece

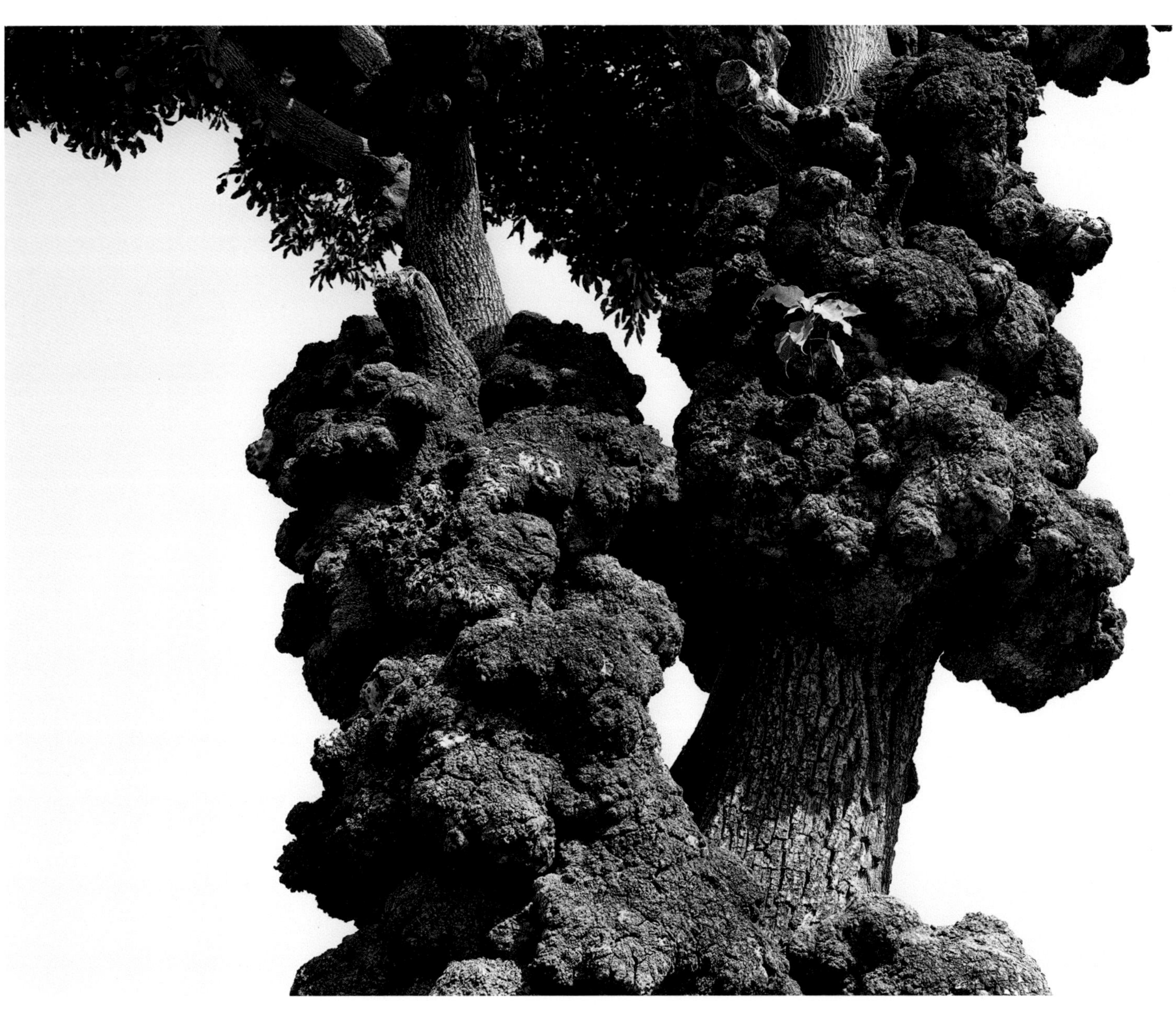

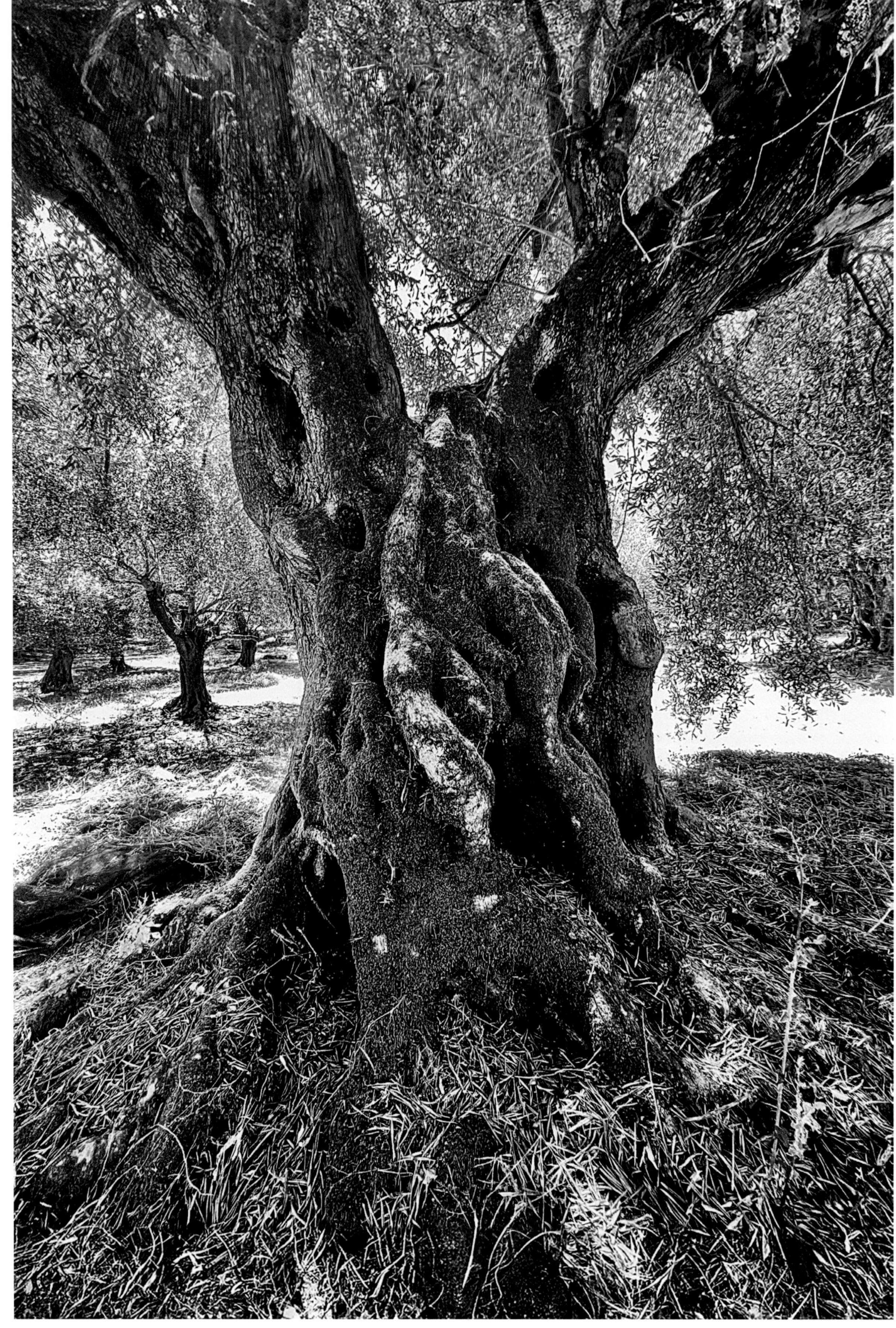

Millénaire [*Millennium*], 2022. Corfou, Grèce / Greece

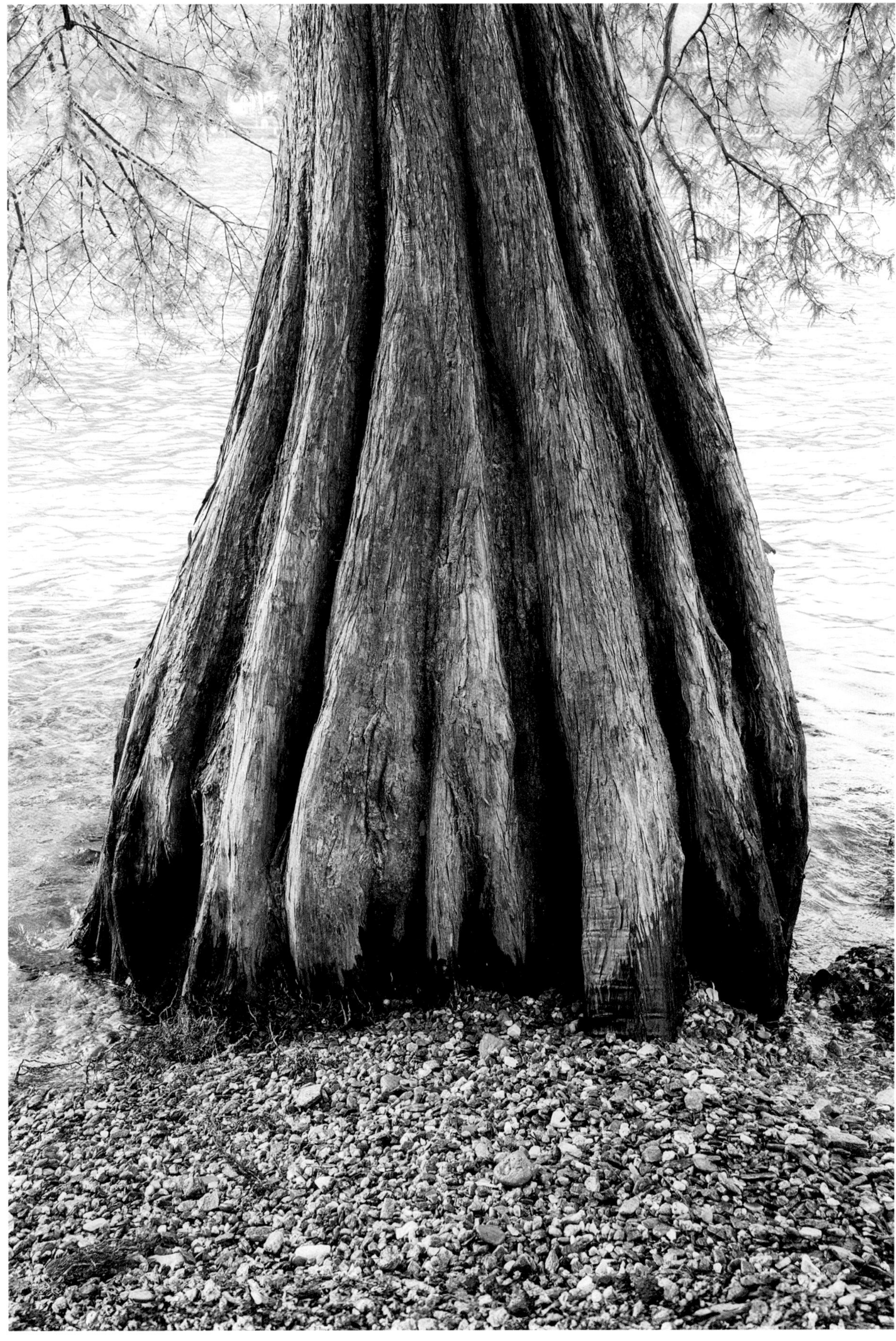

Colonnade [*Colonnade*], 2023. Lac Majeur, Italie / Lake Maggiore, Italy

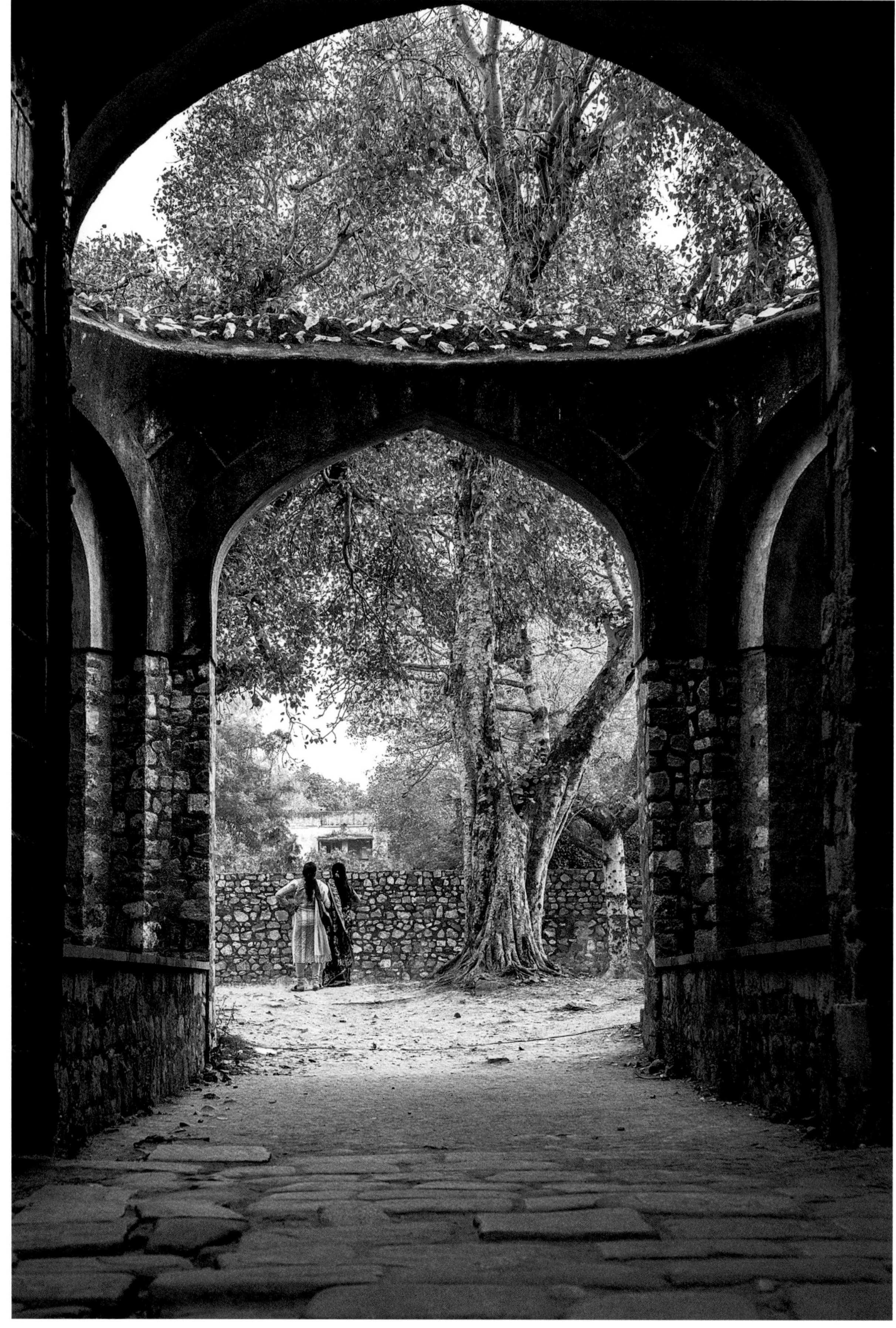

 Nous honorons la vie [*We Honour Life*], 2024. Rajasthan, Inde / India

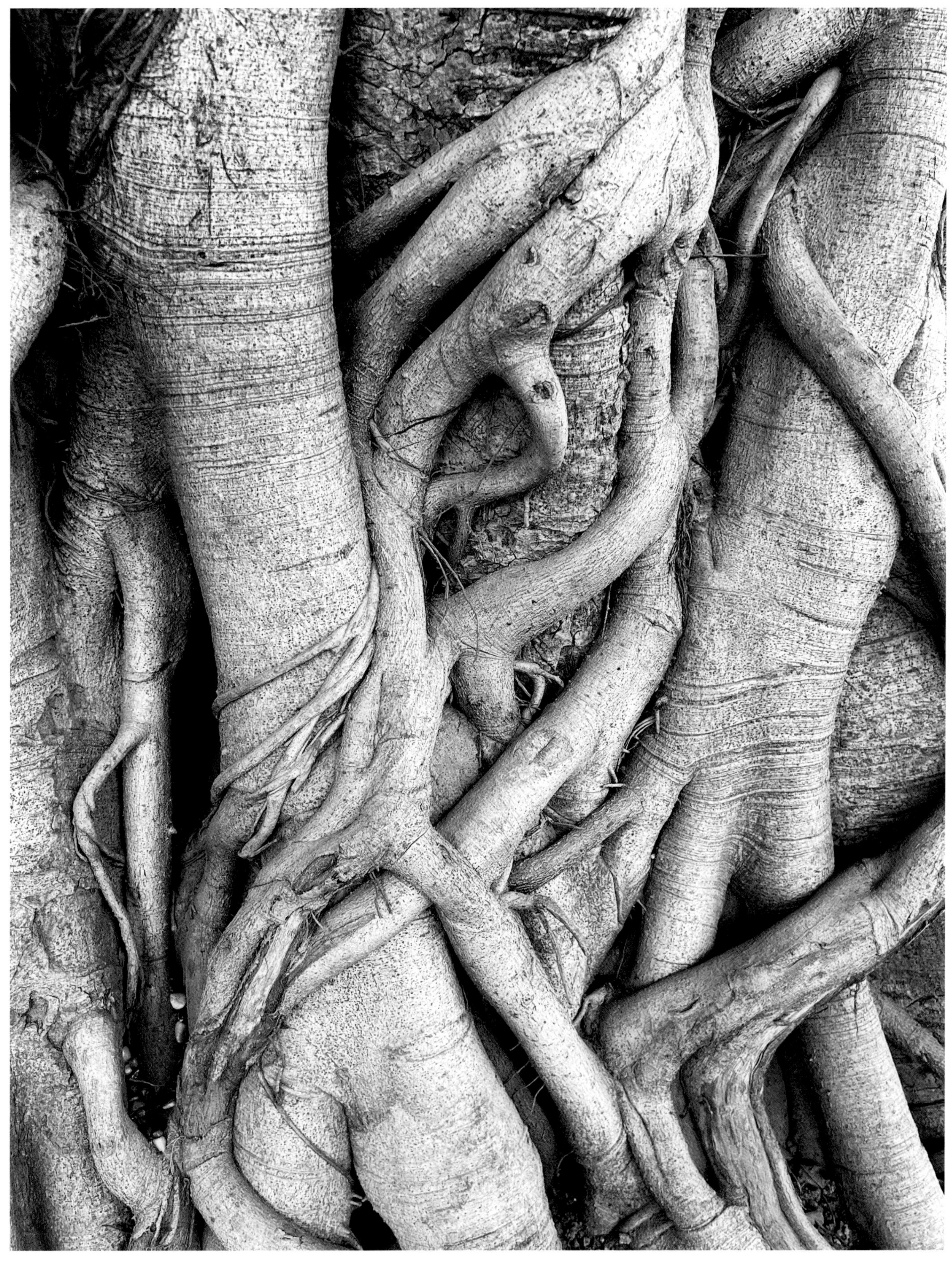

Étreinte [*Embrace*], 2024. Rajasthan, Inde / India

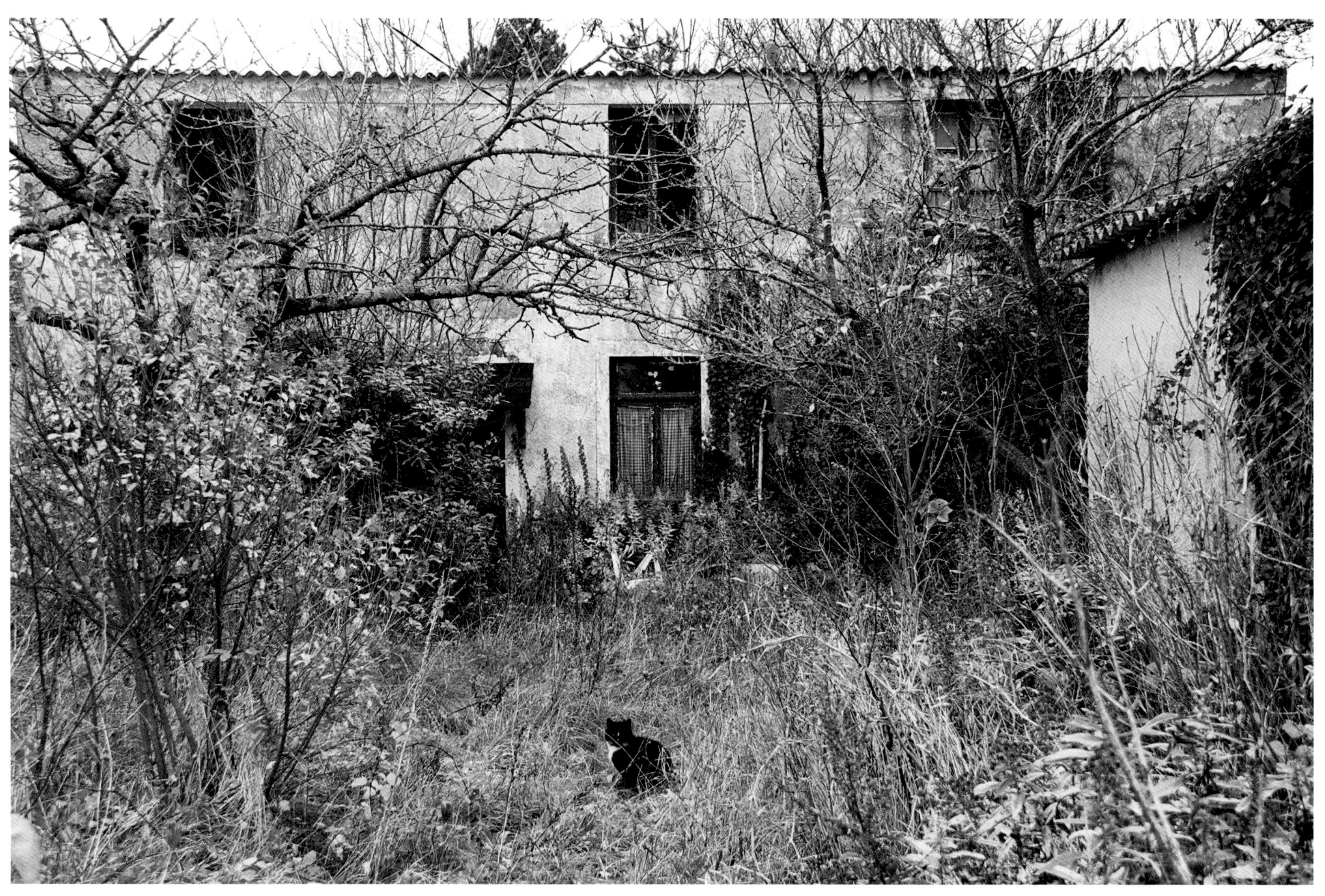

 Autant en emporte le temps [*Carried Away by Time*], 2016. Baie de Somme, France

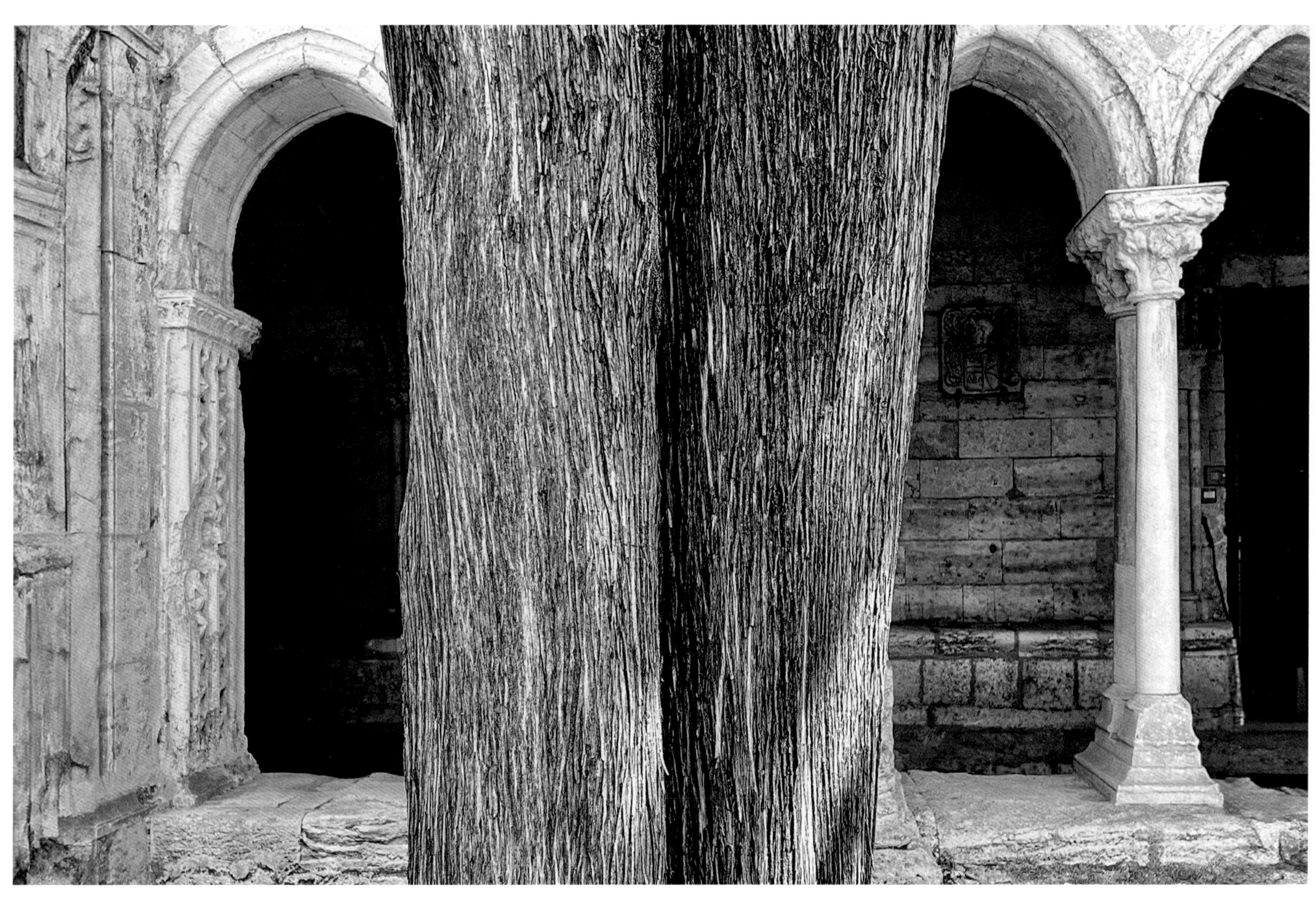

Le cloître [*Cloister*], 2022. Arles, France

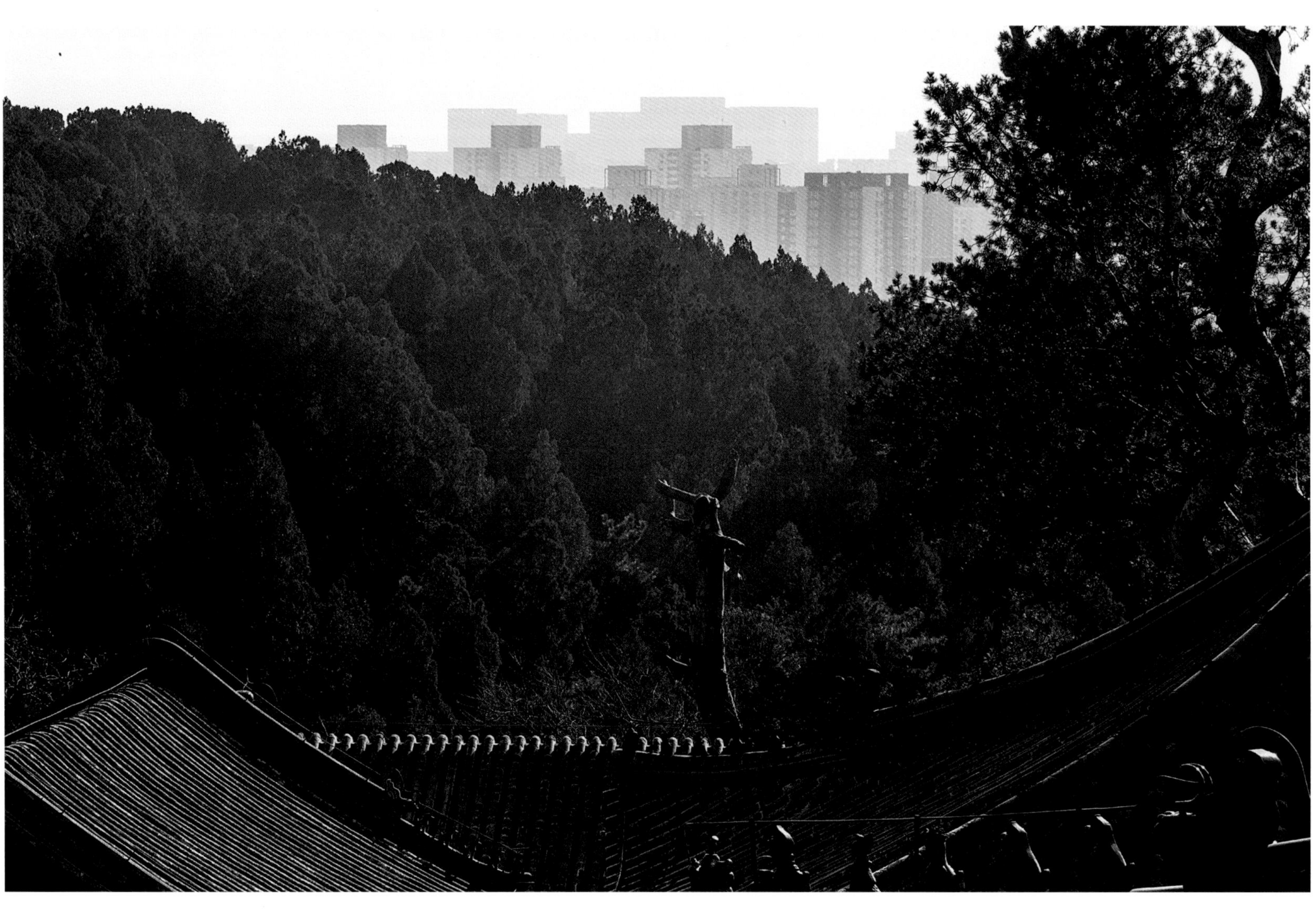

 La forêt ou la ville ? [*The Forest or the City?*], 2016. Pékin, Chine / Beijing, China

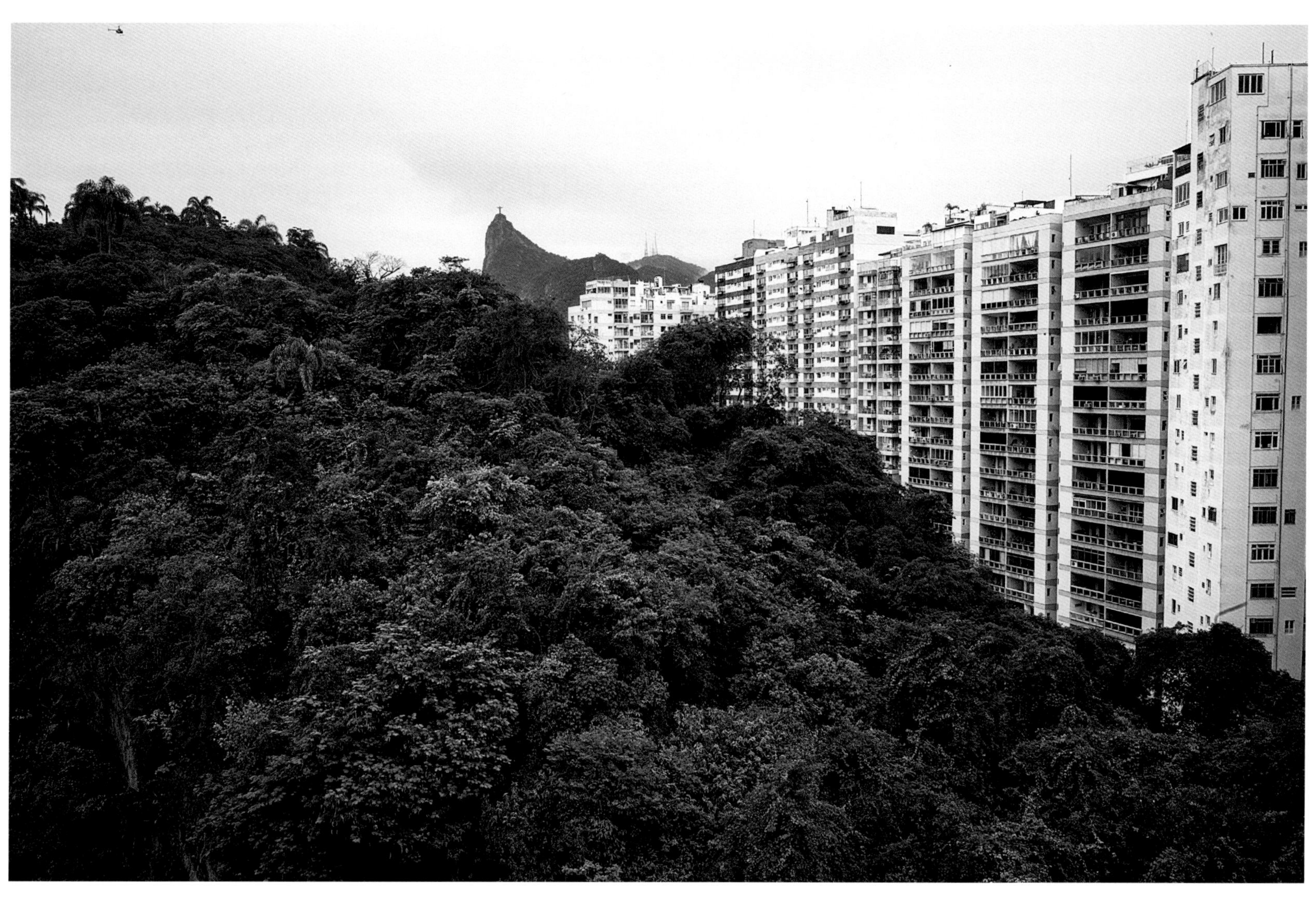

Réconciliation ? [*Reconciliation?*], 2015. Rio de Janeiro, Brésil / Brazil

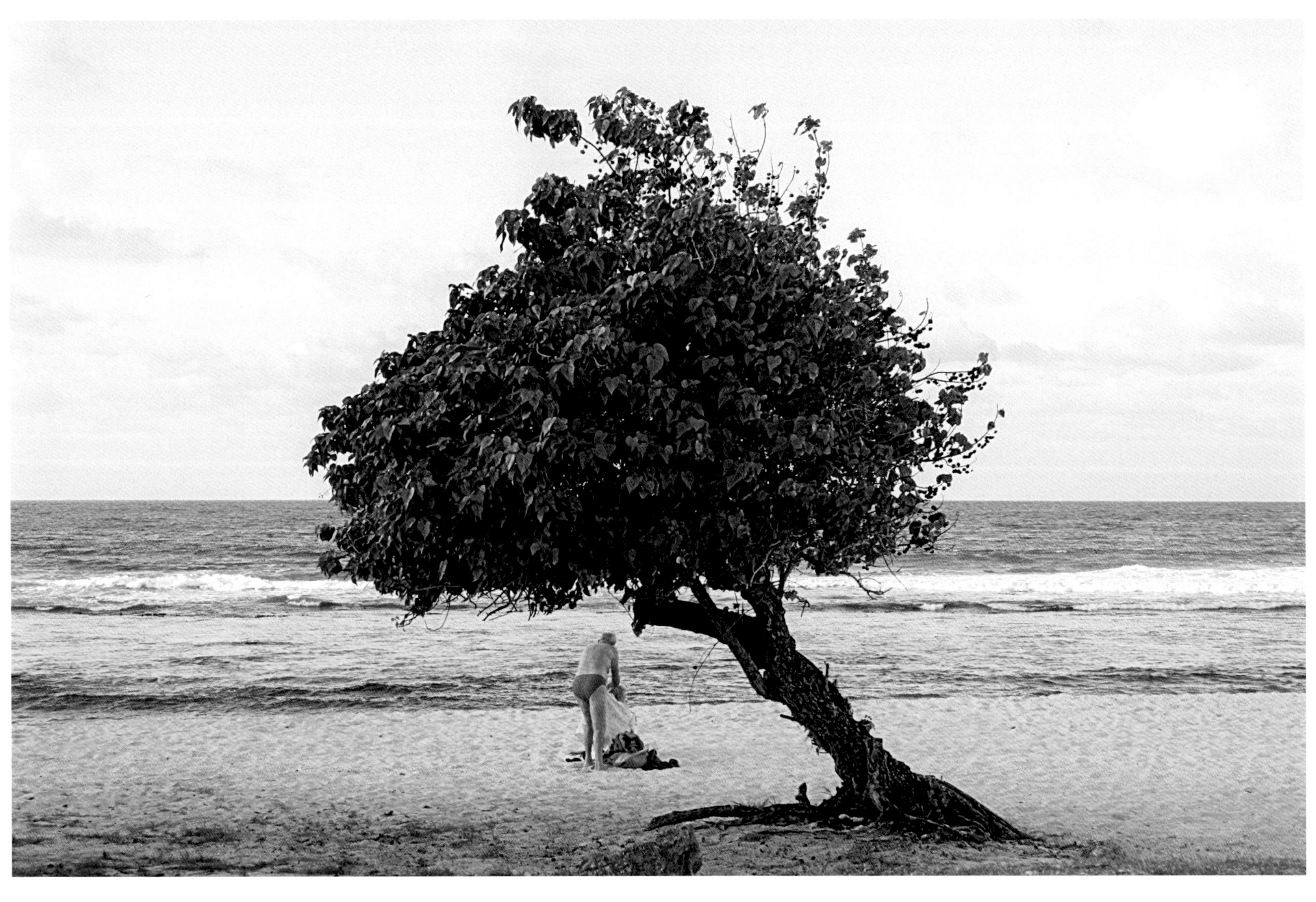

Le vieil homme et l'arbre [*The Old Man and the Tree*], 2008. Guadeloupe, France

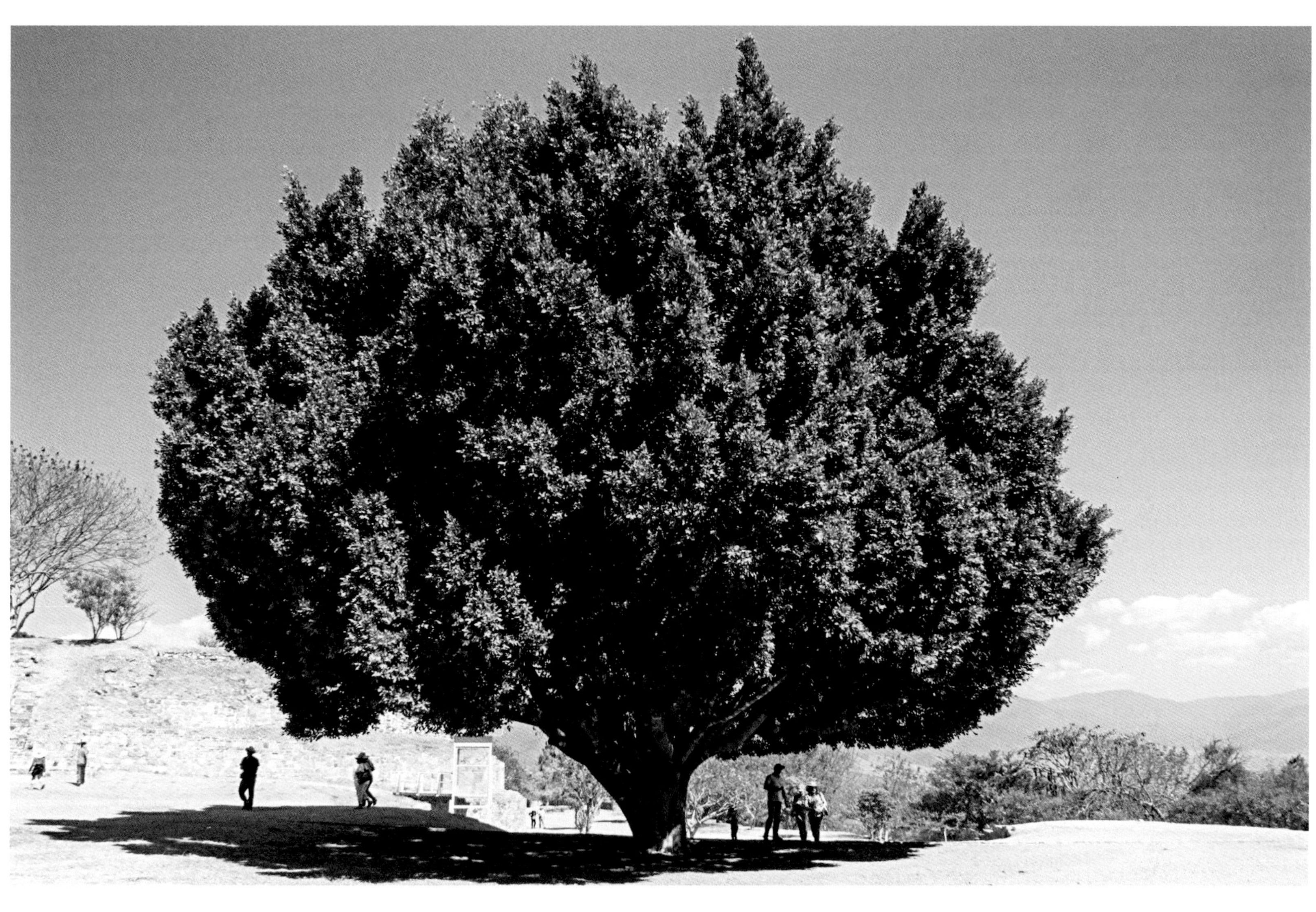

Générosité immémorielle [*Immemorial Generosity*], 2014. Mexique / Mexico

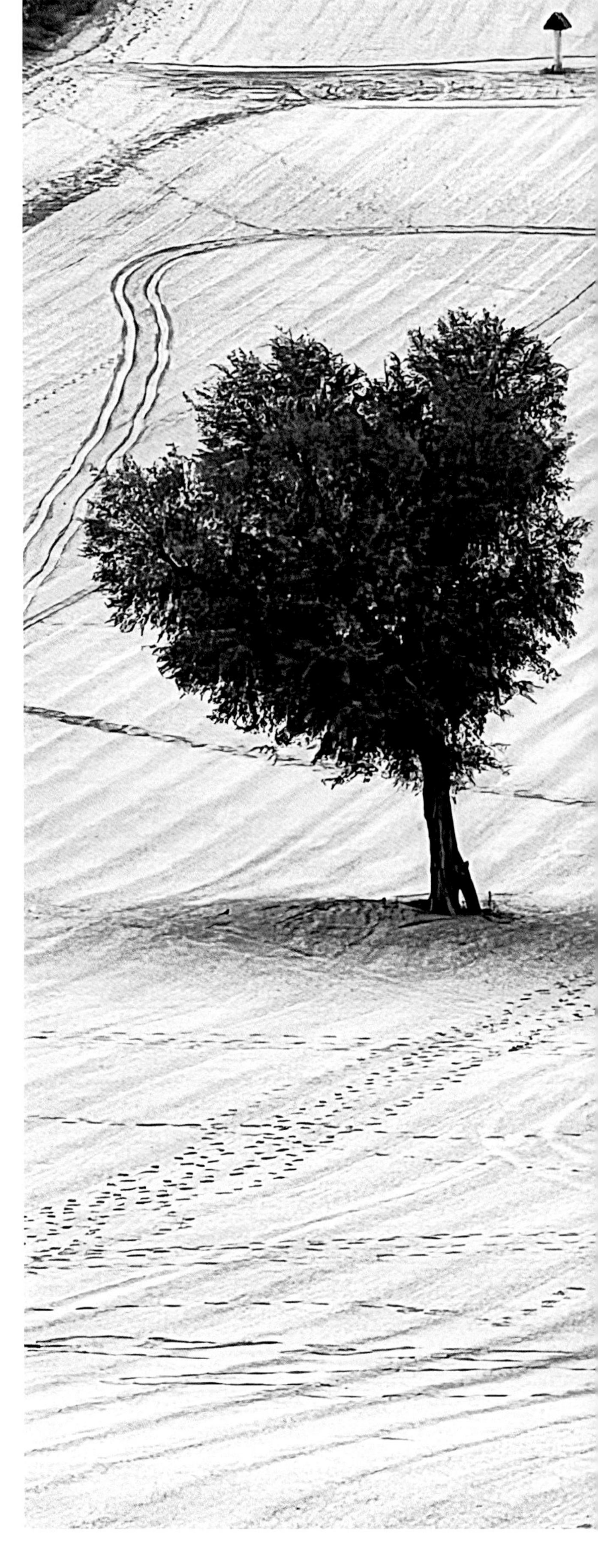

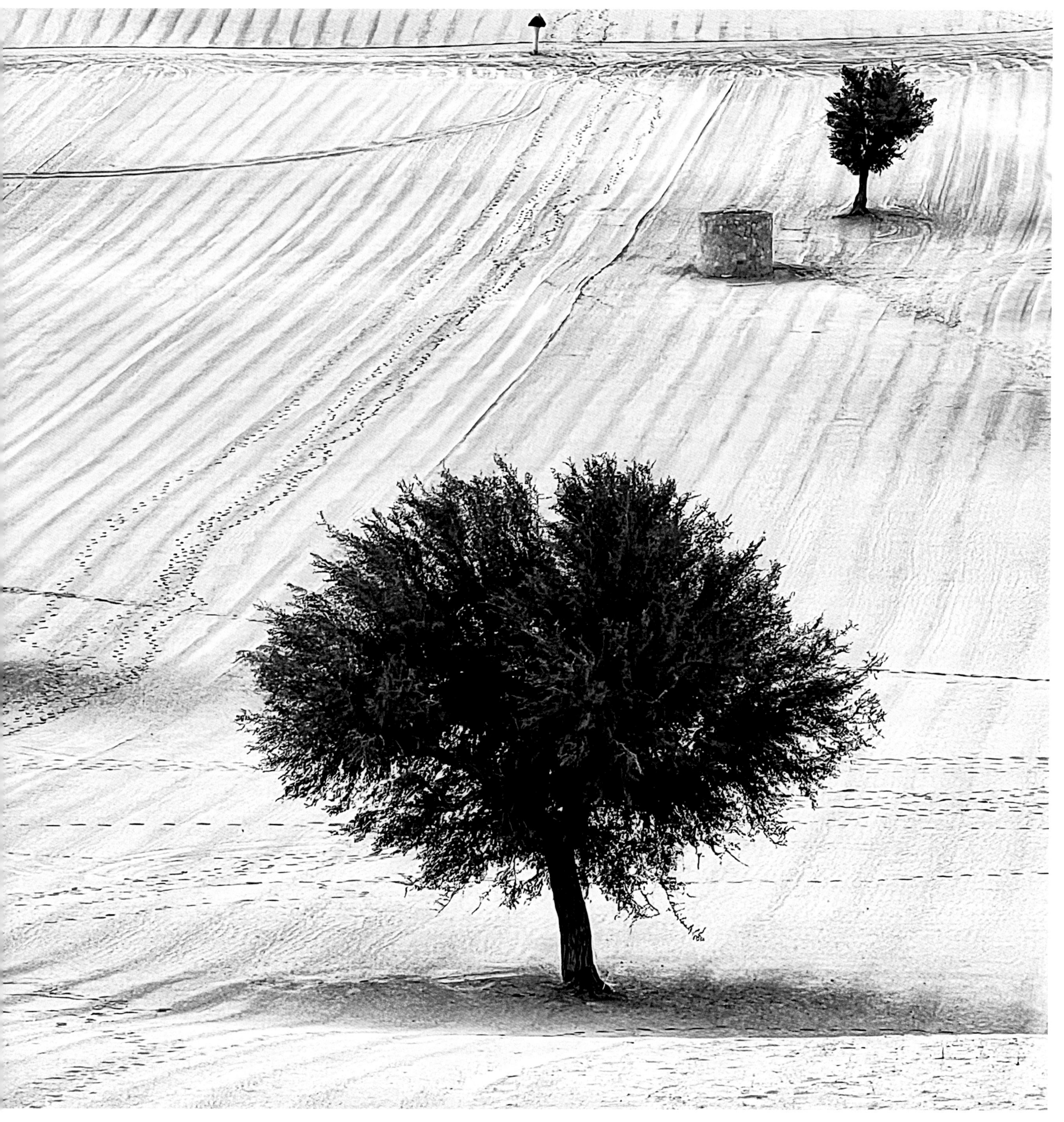

Le chemin de l'arbre [*The Path of the Tree*], 2024. Rajasthan, Inde / India

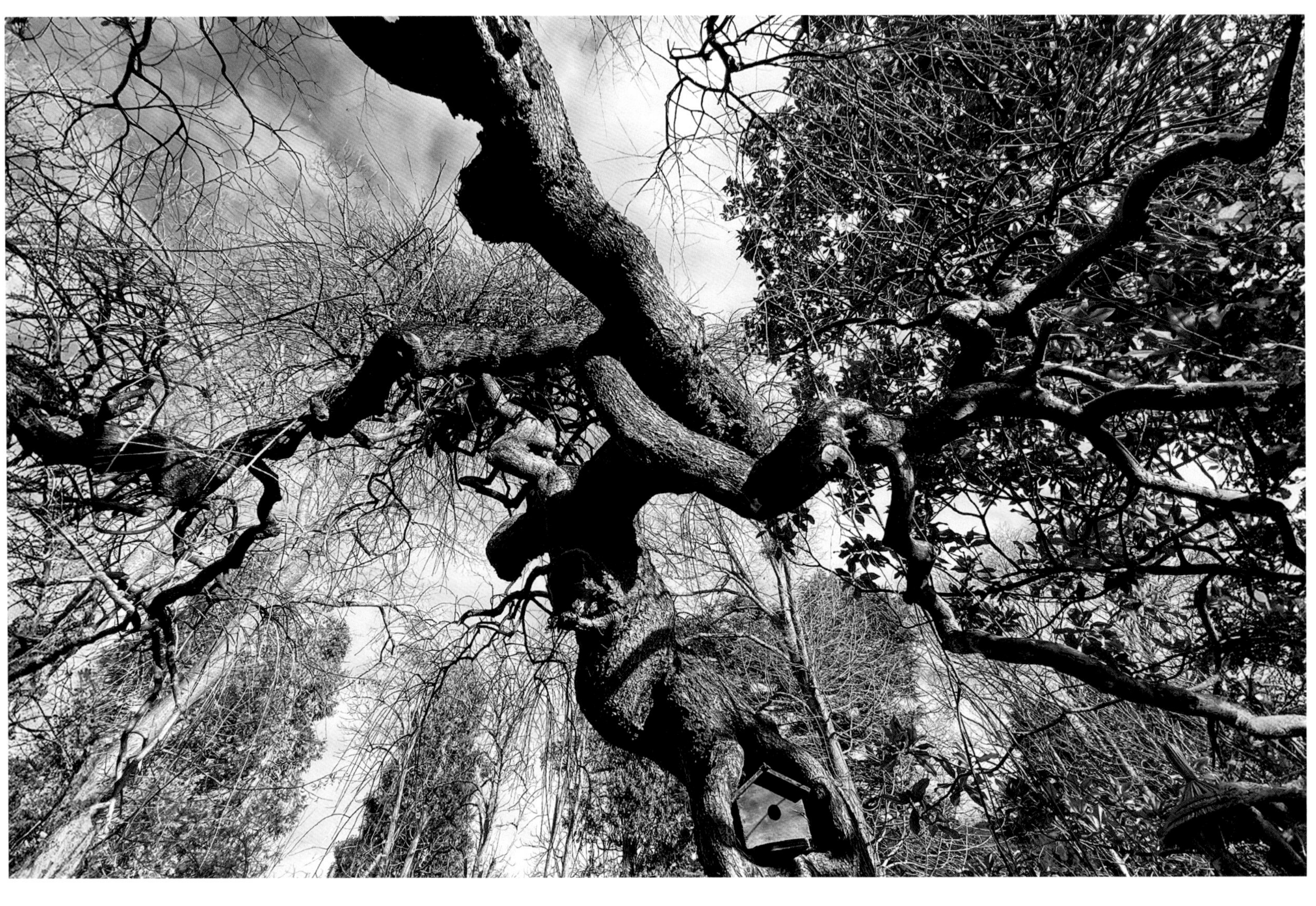

Entrelacs [*Interlacings*], 2023. Aude, France

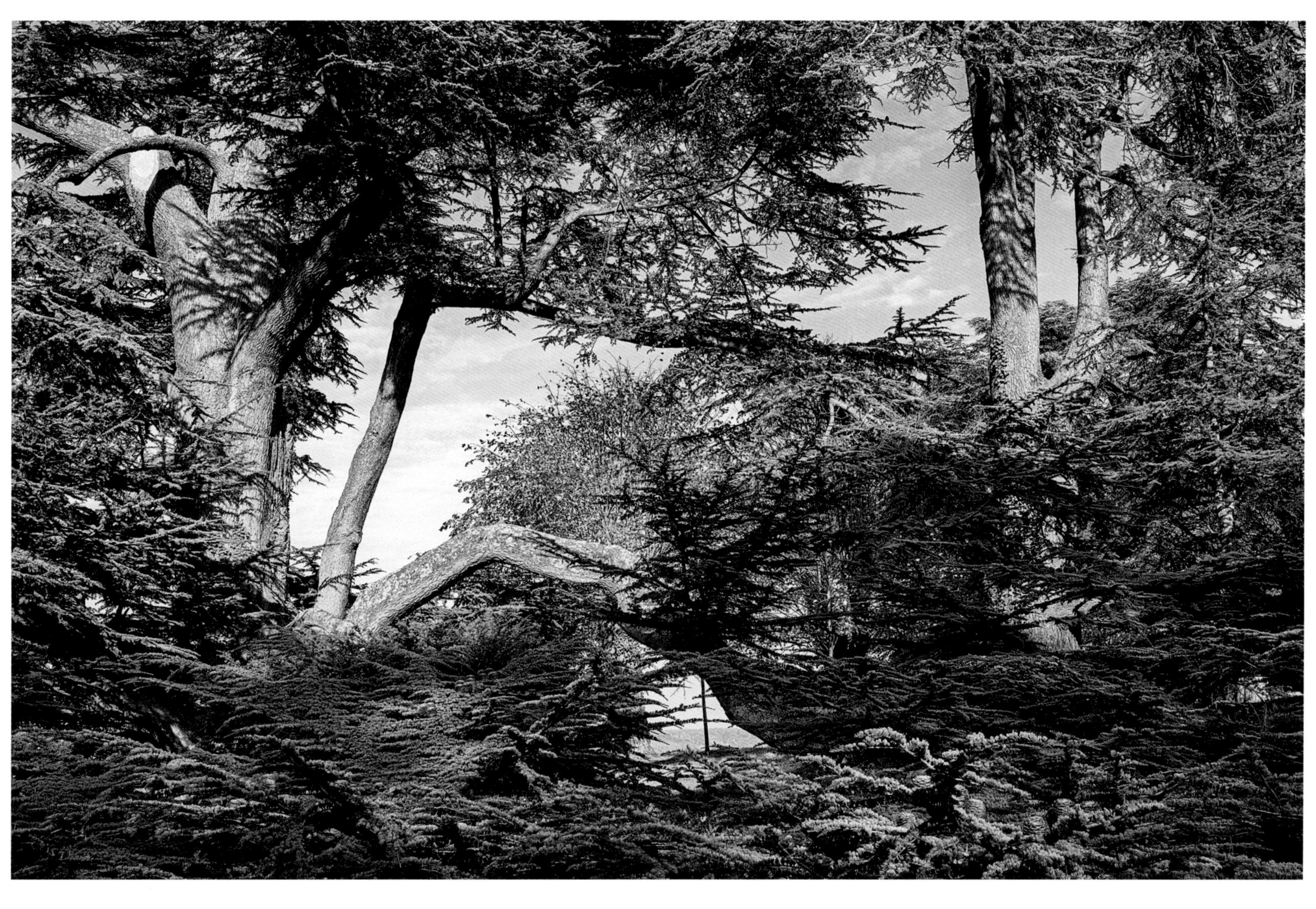

Fenêtre [*Window*], 2023. Chaumont-sur-Loire, France

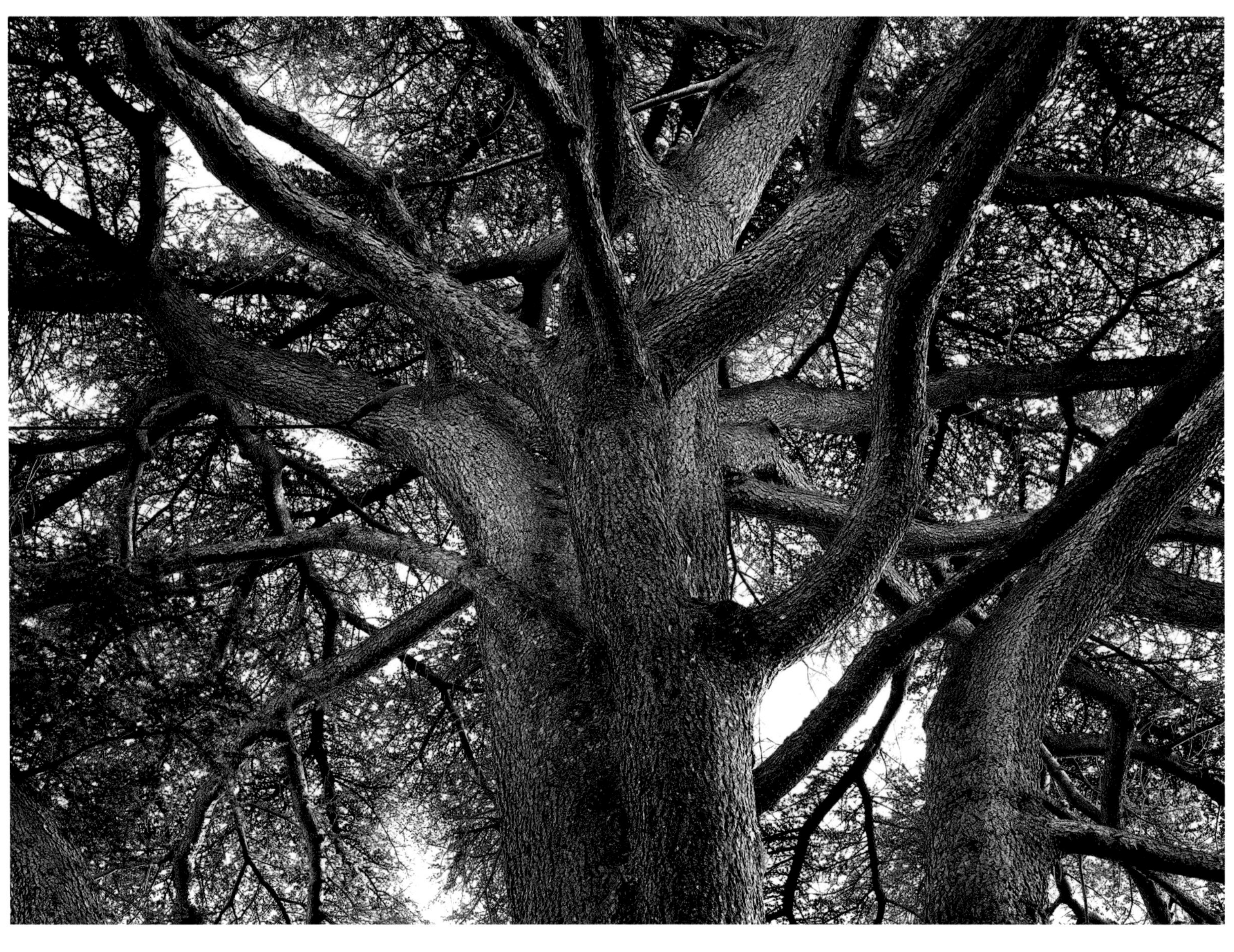

 L'arbre-lianes [*Liana Tree*], 2022. Père-Lachaise, Paris, France

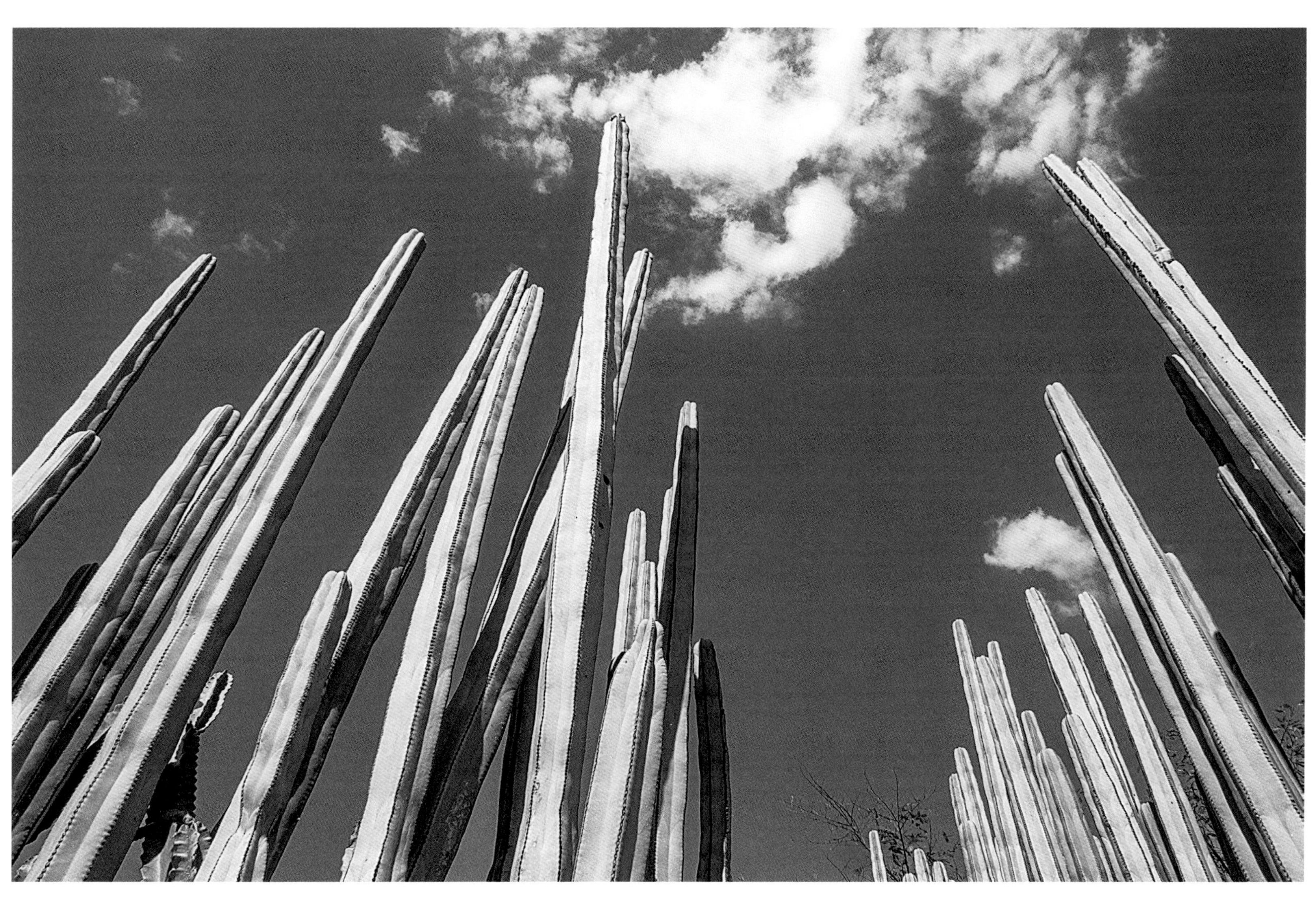

Cathédrale [*Cathedral*], 2014. Mexique / Mexico

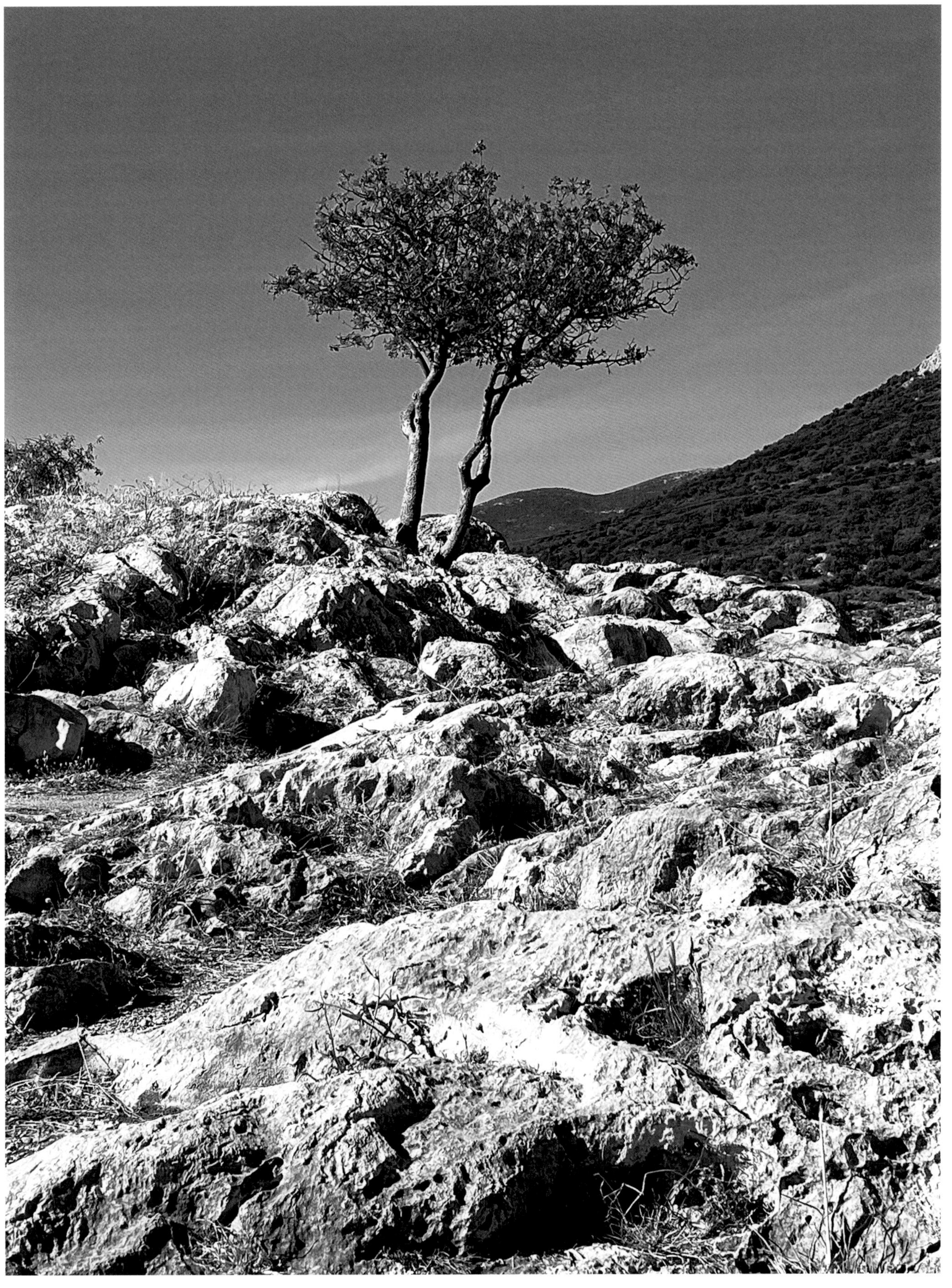

Soif de vie [*Thirst for Life*], 2024. Mycènes, Grèce / Mycenae, Greece

Touch & Feel

Les constructions, les matières et les choses sont le reflet de l'âme. Cela a toujours été une évidence pour moi. Quand dans mon enfance je donnais un prénom à mon tourne-disque, mon cactus, ma trousse d'écolière, ma maison de poupées. Quand plus tard j'ai découvert la puissance symbolique et rituelle des objets depuis des dizaines de milliers d'années.

Quand aujourd'hui je vois les lignes de force, la lumière, la densité de toute chose, créées par la nature ou par l'homme. Et si nous regardions autrement ? La beauté n'a pas besoin de justification.

Structures, materials and things are reflections of the soul. That has always been obvious to me: as a child, I used to give names to my record player, my cactus, my school bag, and my doll's house. Later, I discovered the symbolic, ritual power of objects that have been around for tens of thousands of years.

And today, I see the key elements, the light, the density of everything, whether in nature or created by humans. What if we were to look at things differently? Beauty needs no justification.

L'empreinte de l'homme [*Human Footprint*], 2014. Baie de Somme, France

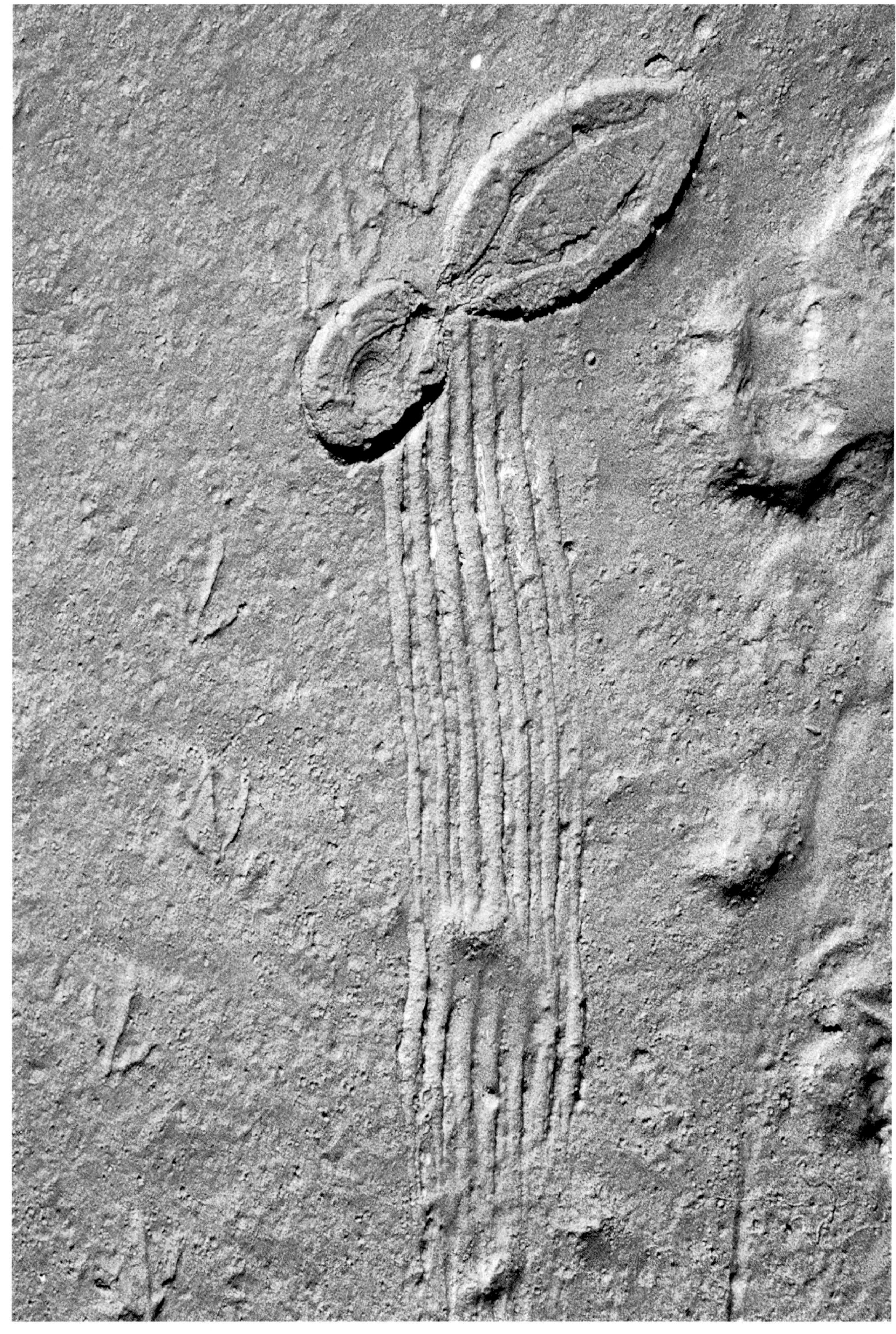

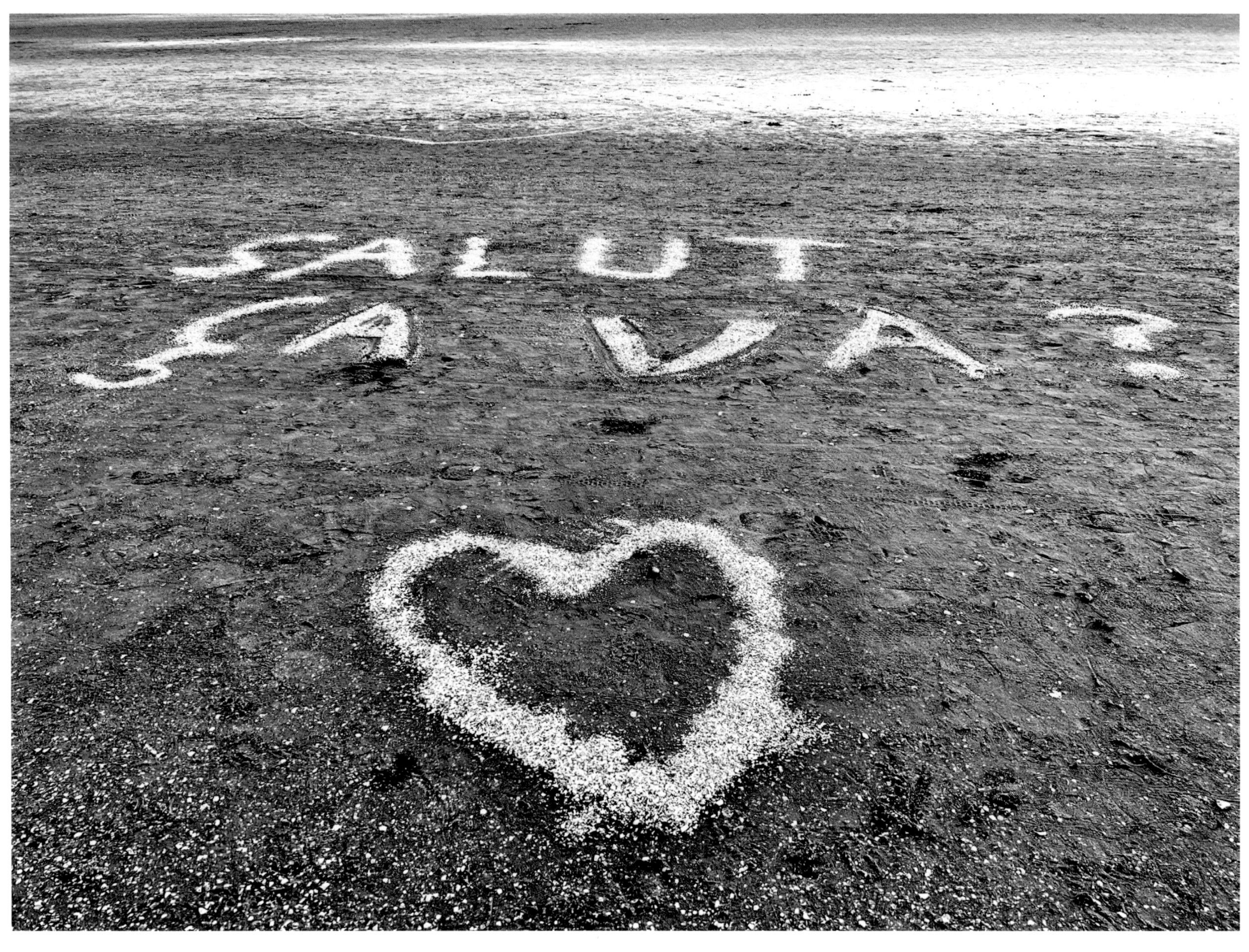

 Salut ça va ? [*Hey, all right?*], 2022. Baie de Somme, France

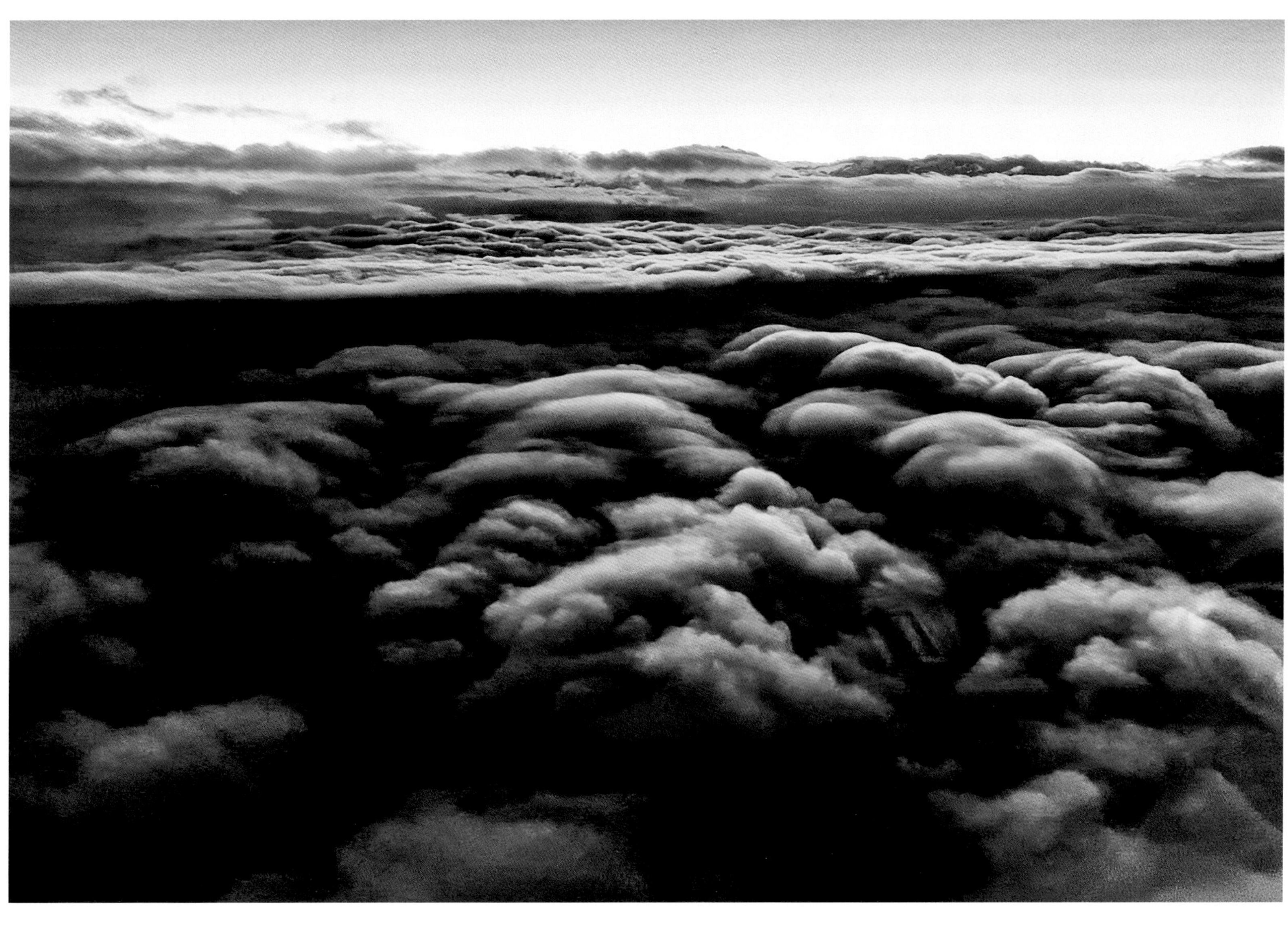

Au-dessus [*Above*], 2023. Quelque part / Somewhere

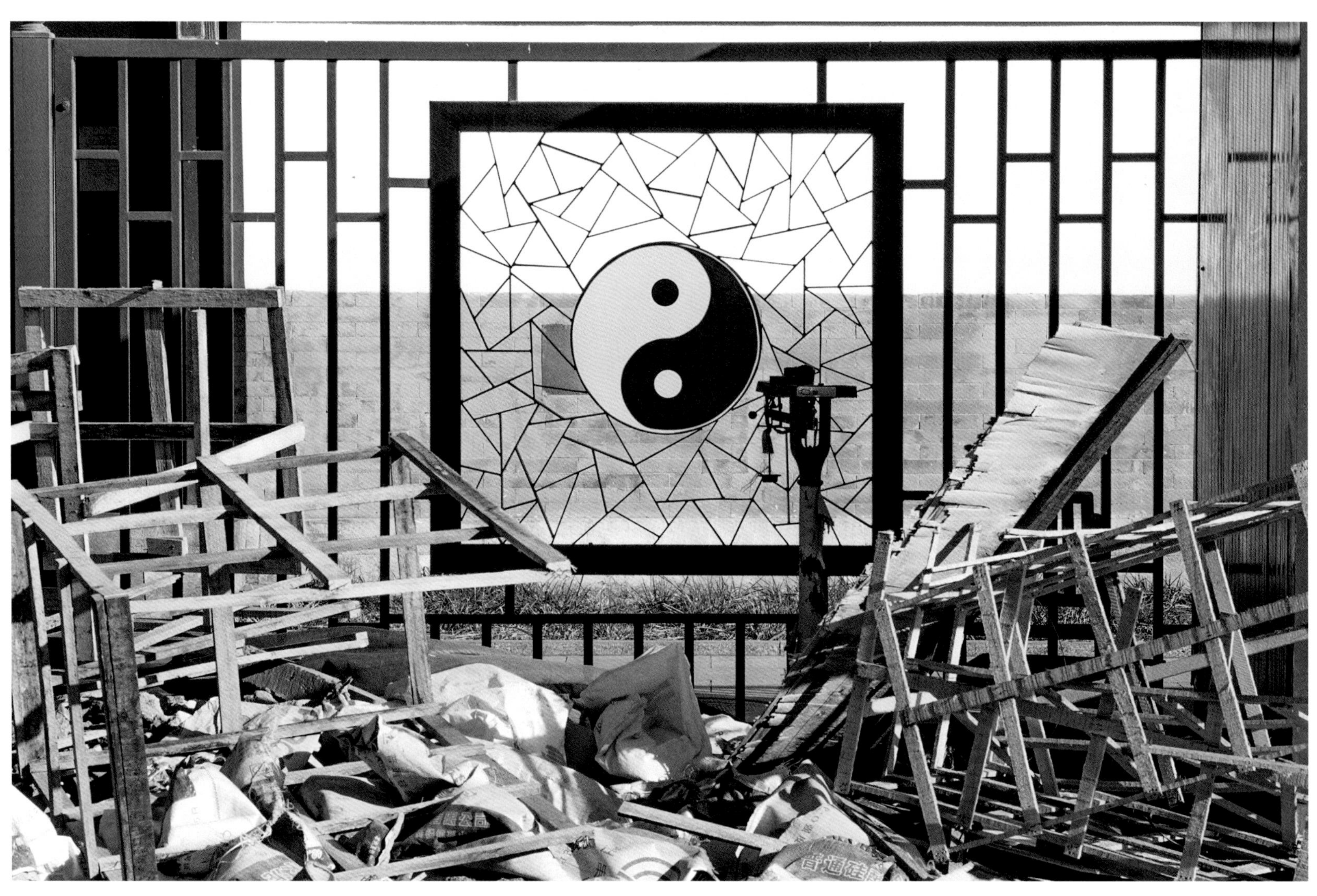

Yin et Yang [*Yin and Yang*], 2016. Pékin, Chine / Beijing, China

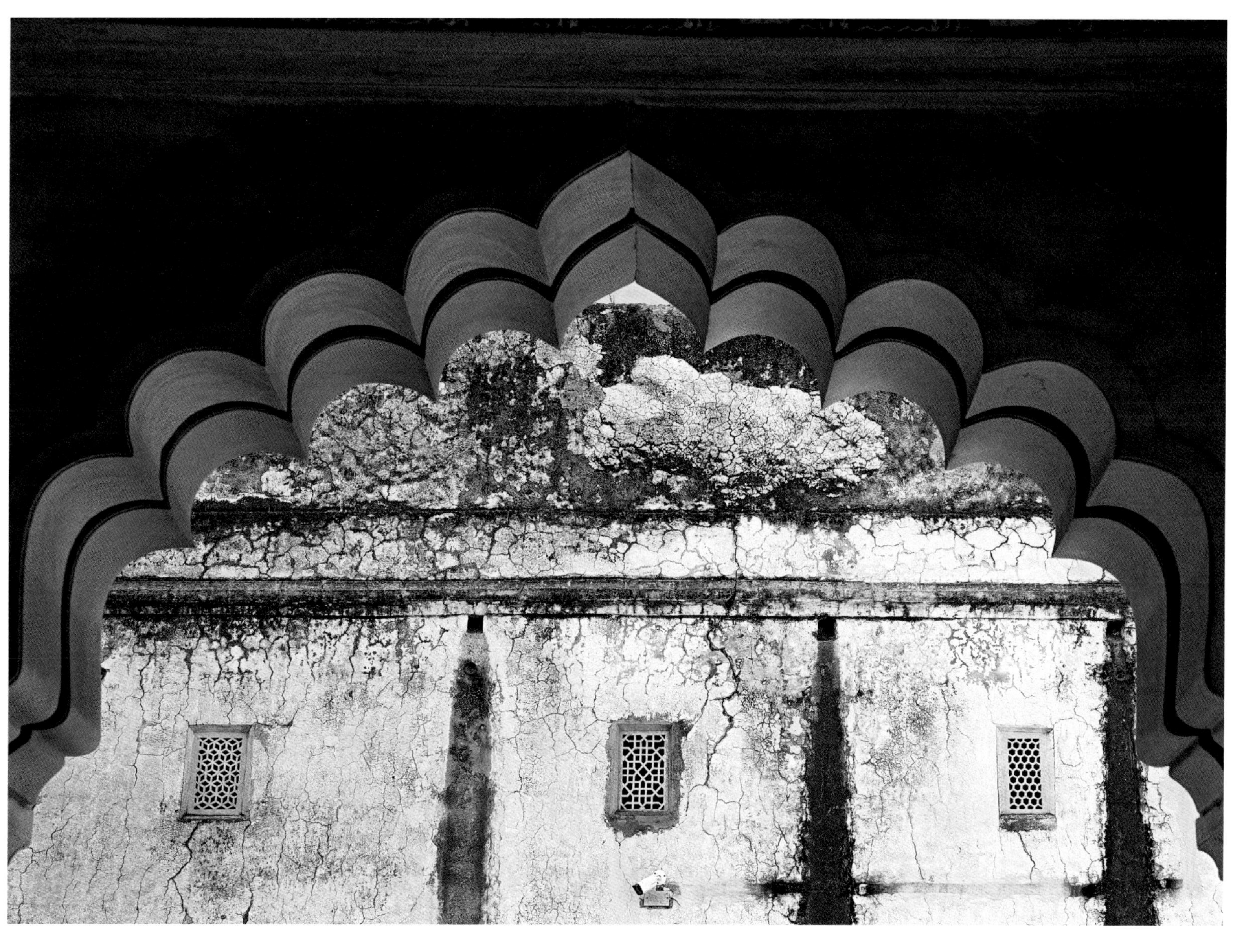

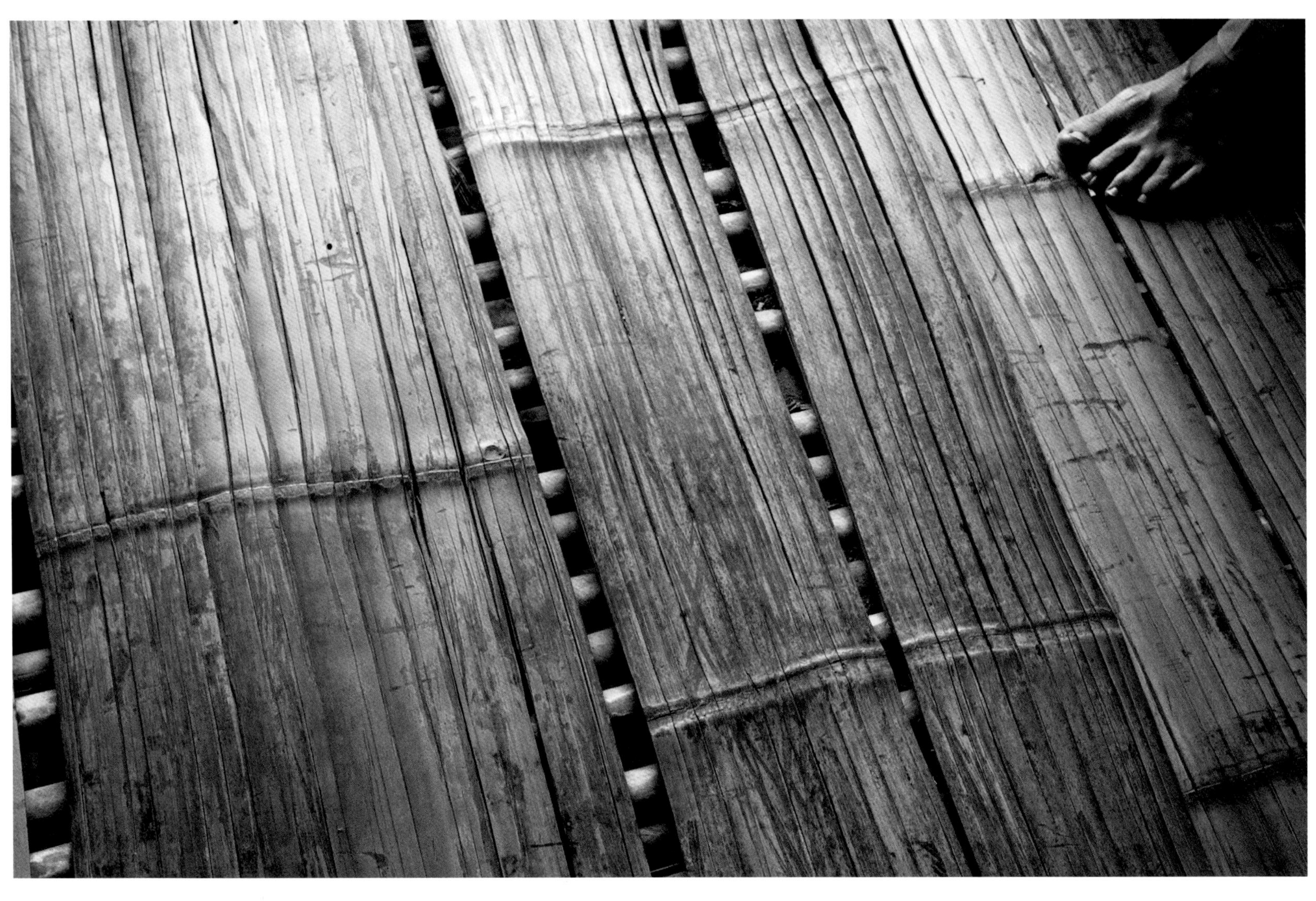

Le pas l'homme [*The Step of Man*], 2016. Vietnam

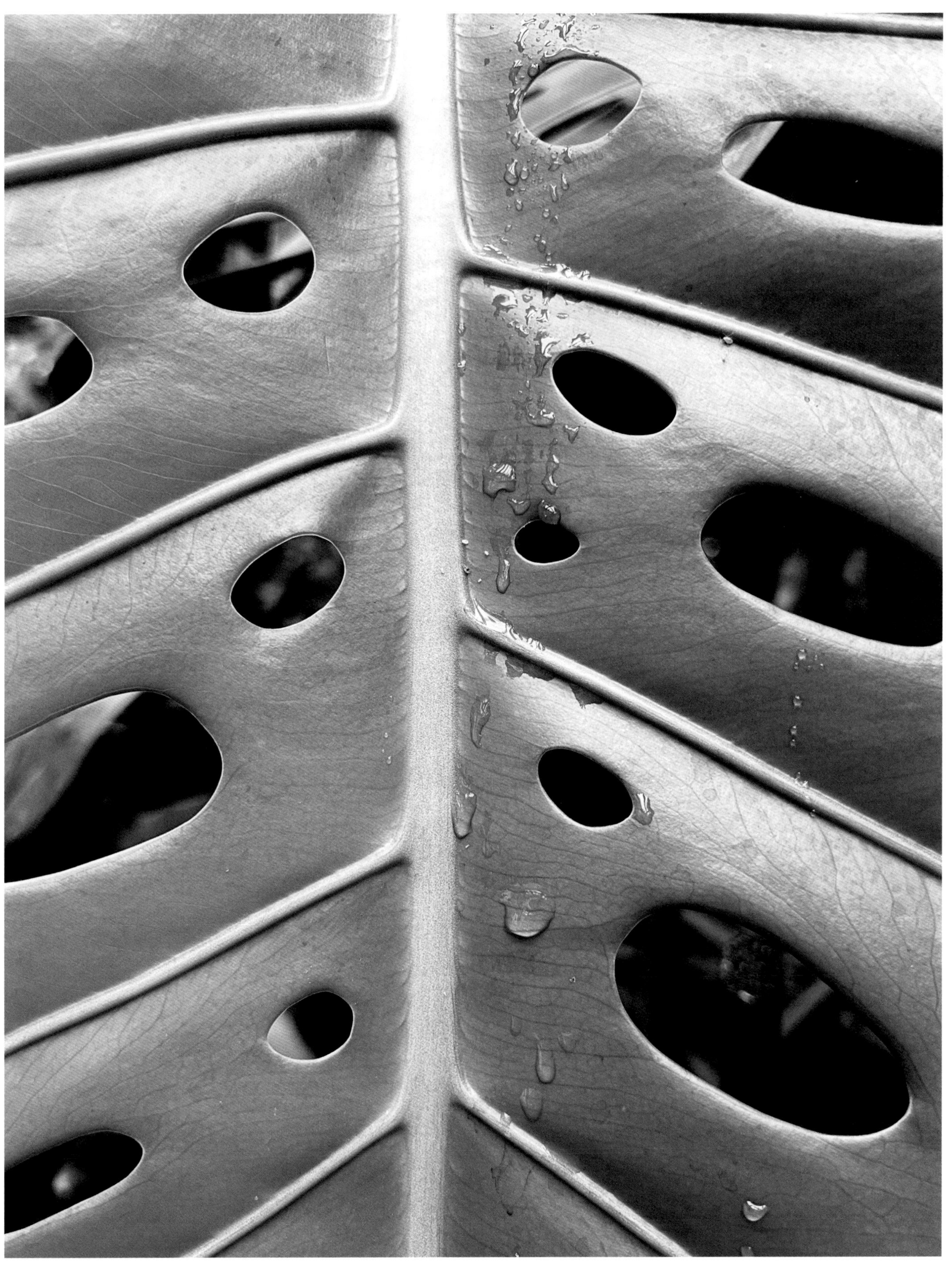

Quand la feuille respire [*When the Leaf Breathes*], 2023. Chaumont-sur-Loire, France

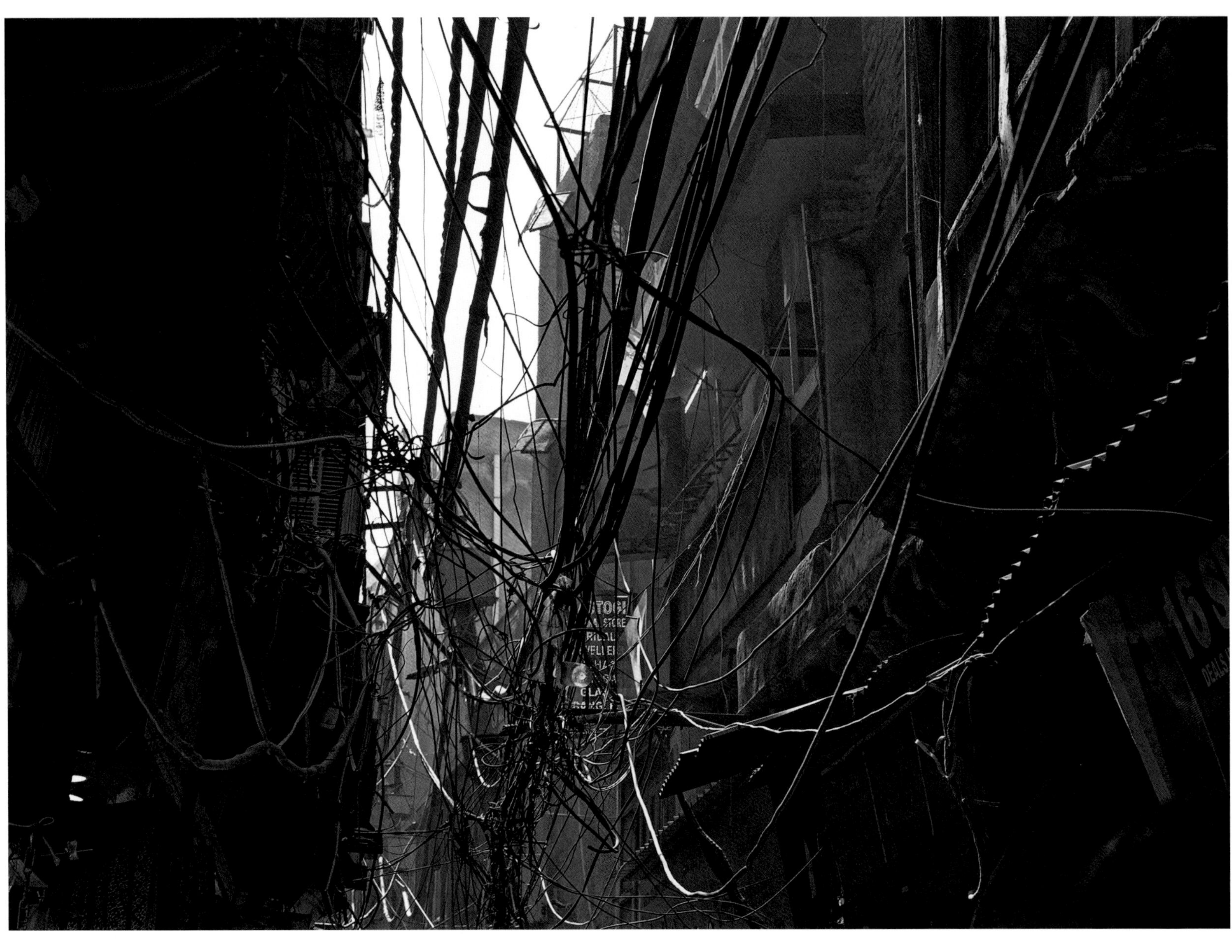

Ville connectée [*Connected City*], 2024. Rajasthan, Inde / India

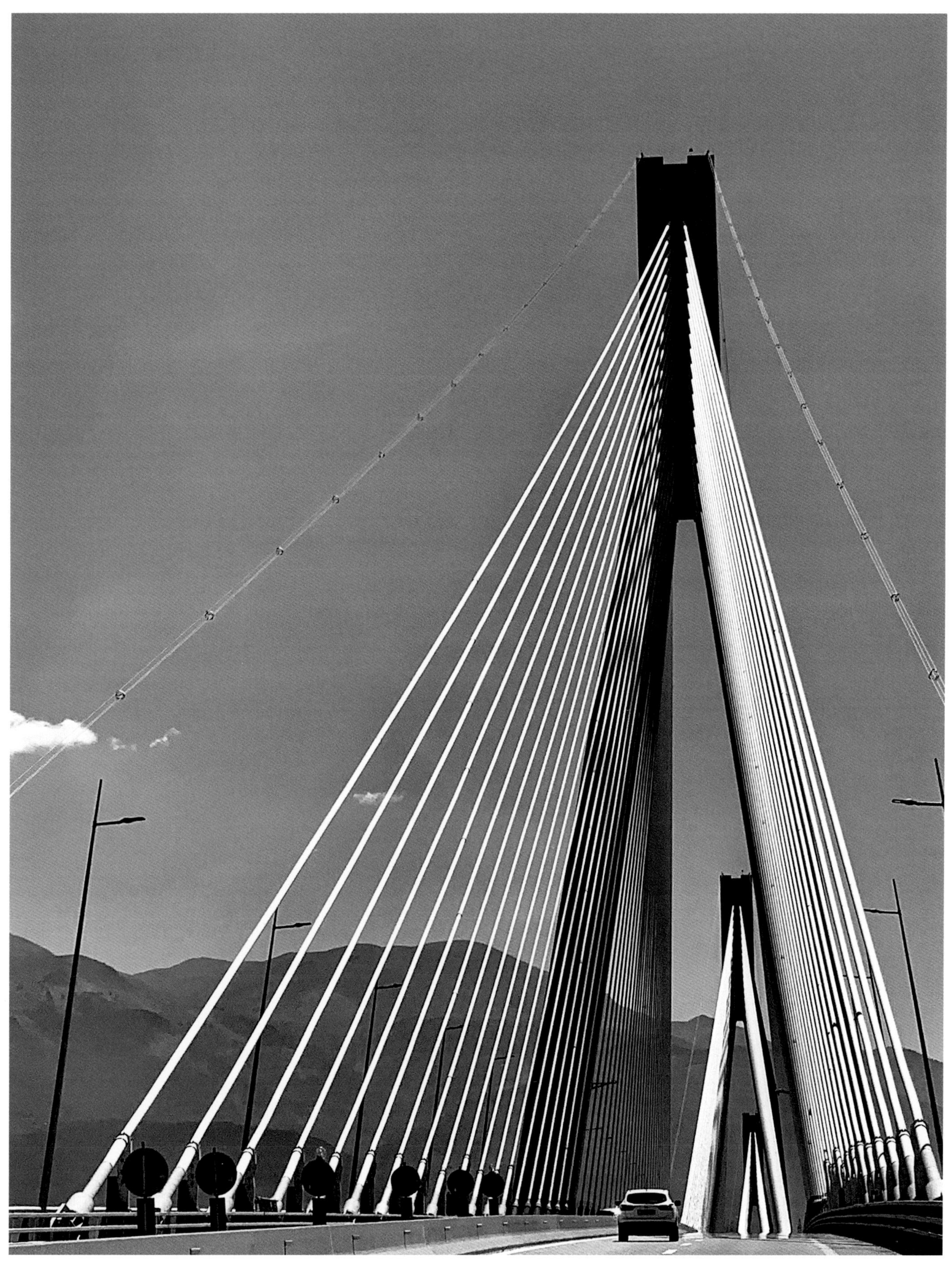

Un pont entre nous [*A Bridge Between Us*], 2024. Golfe de Corinthe, Grèce / Gulf of Corinth, Greece

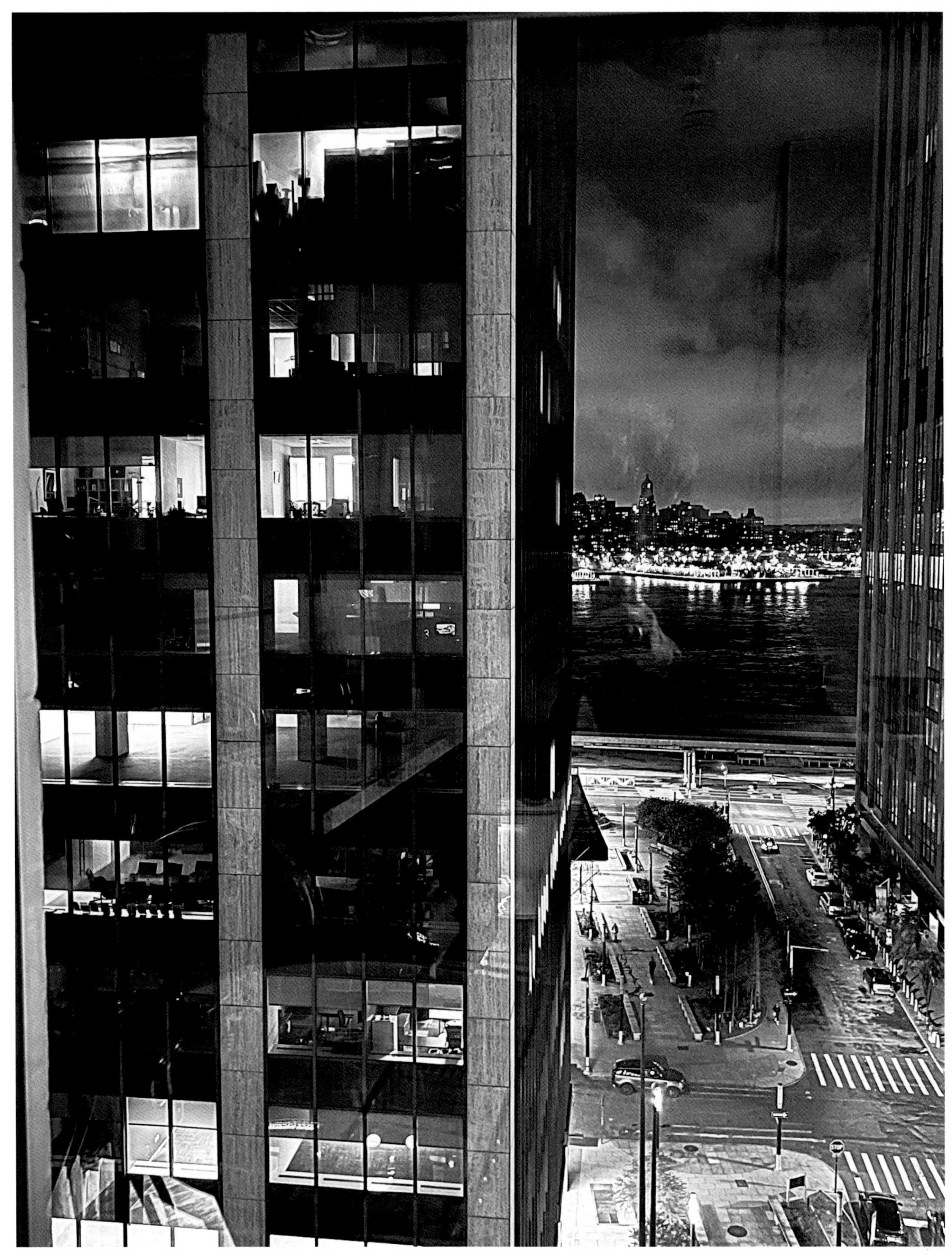

Lumière dans la nuit [*Light in the Night*], 2024. New York, États-Unis / USA

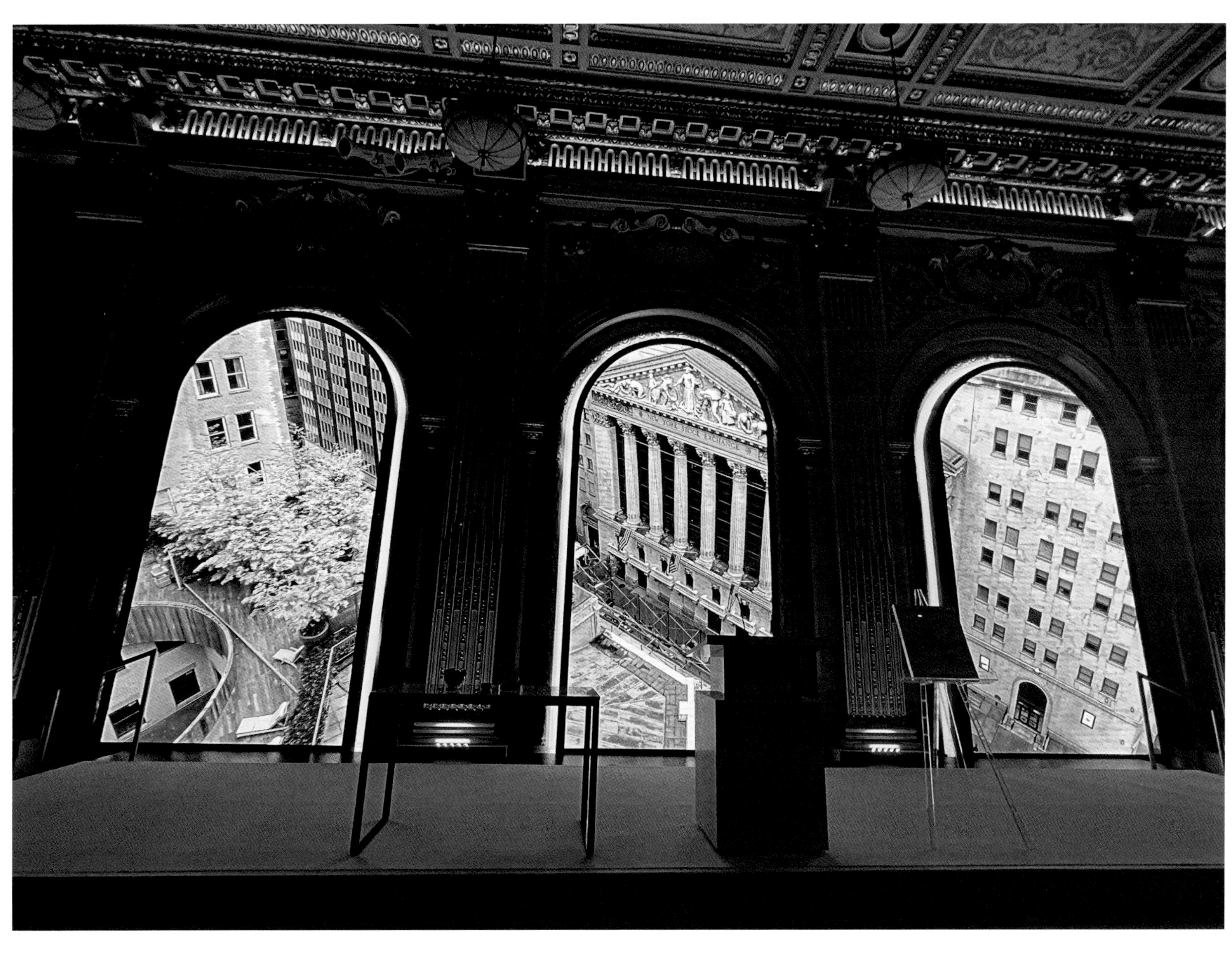

Wall Street [*Wall Street*], 2024. New York, États-Unis / USA

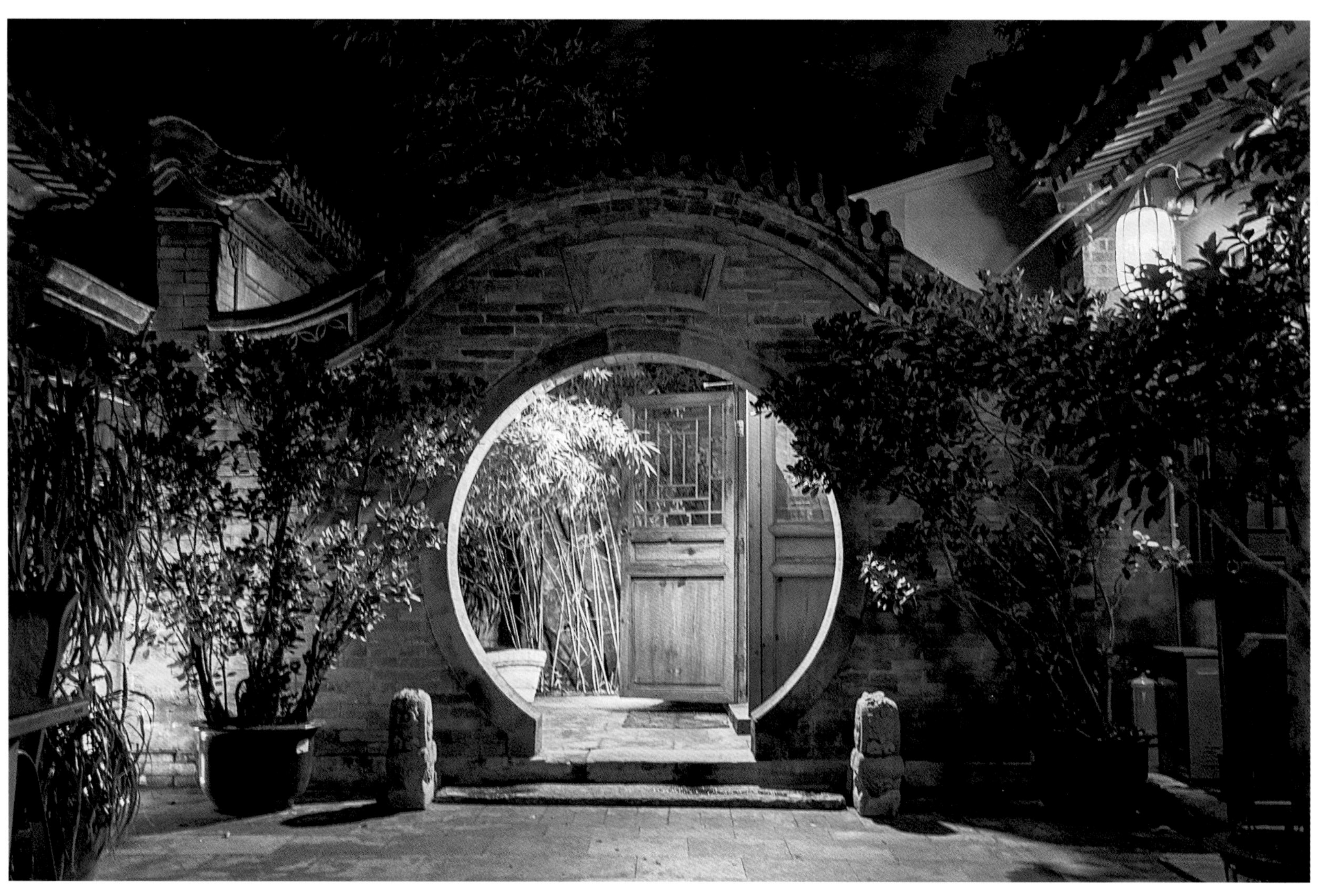

Intérieurs [*Interiors*], 2014. Chine / China

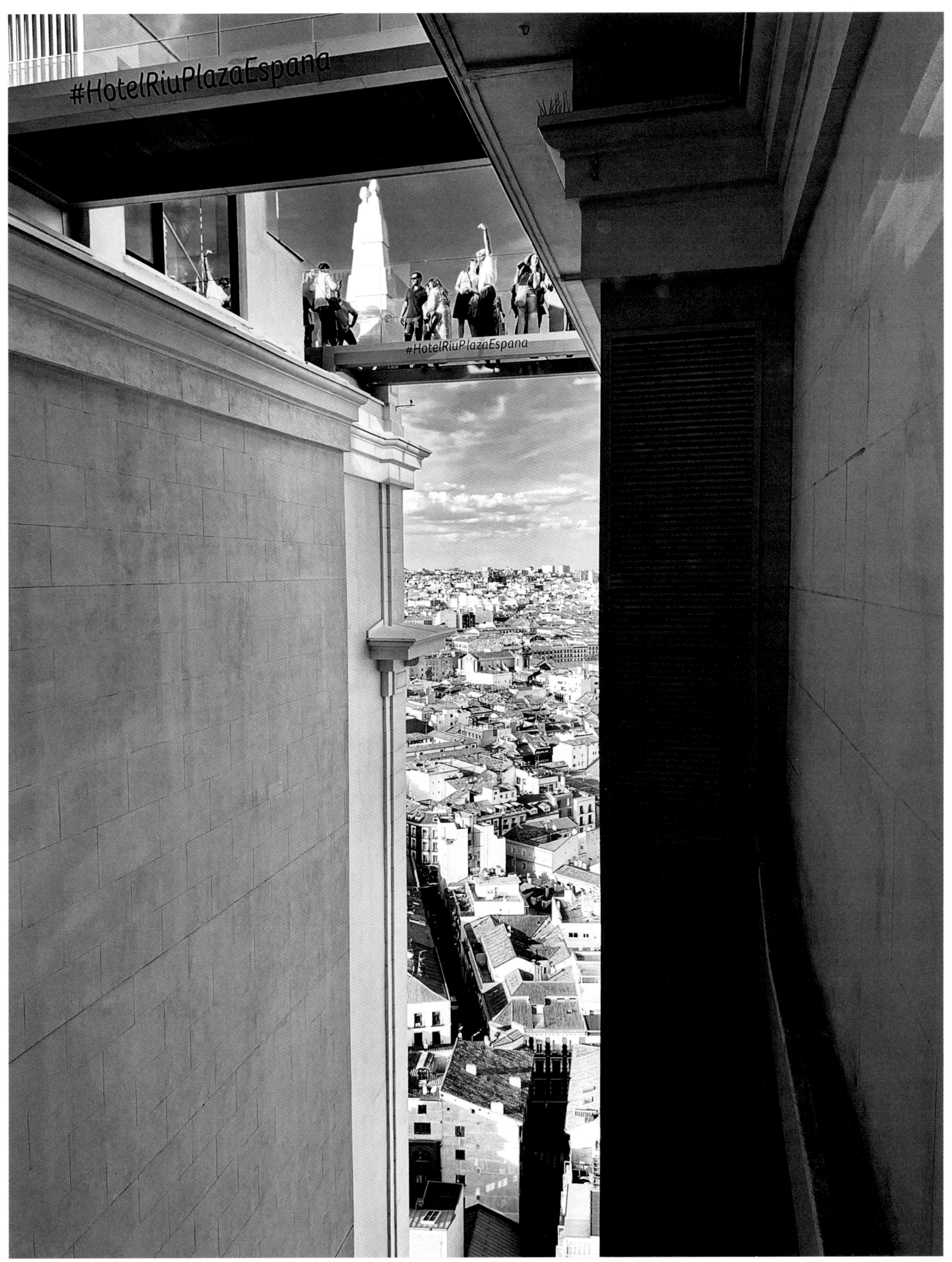

Rendez-vous dans le ciel [*Meeting in the Sky*], 2024. Madrid, Espagne / Spain

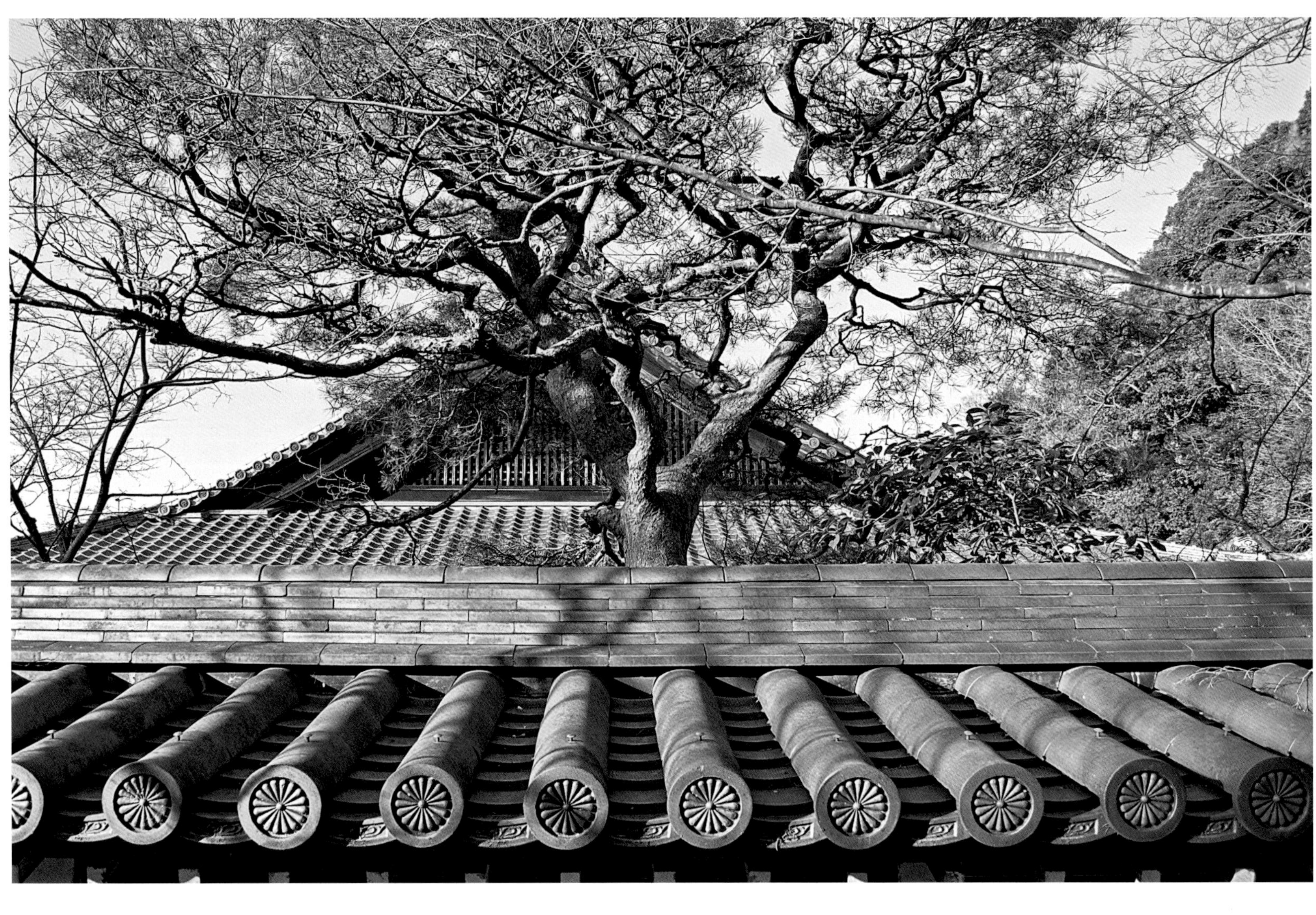

138   *Notre demeure commune* [*Our Shared Home*], 2011. Kyoto, Japon / Japan

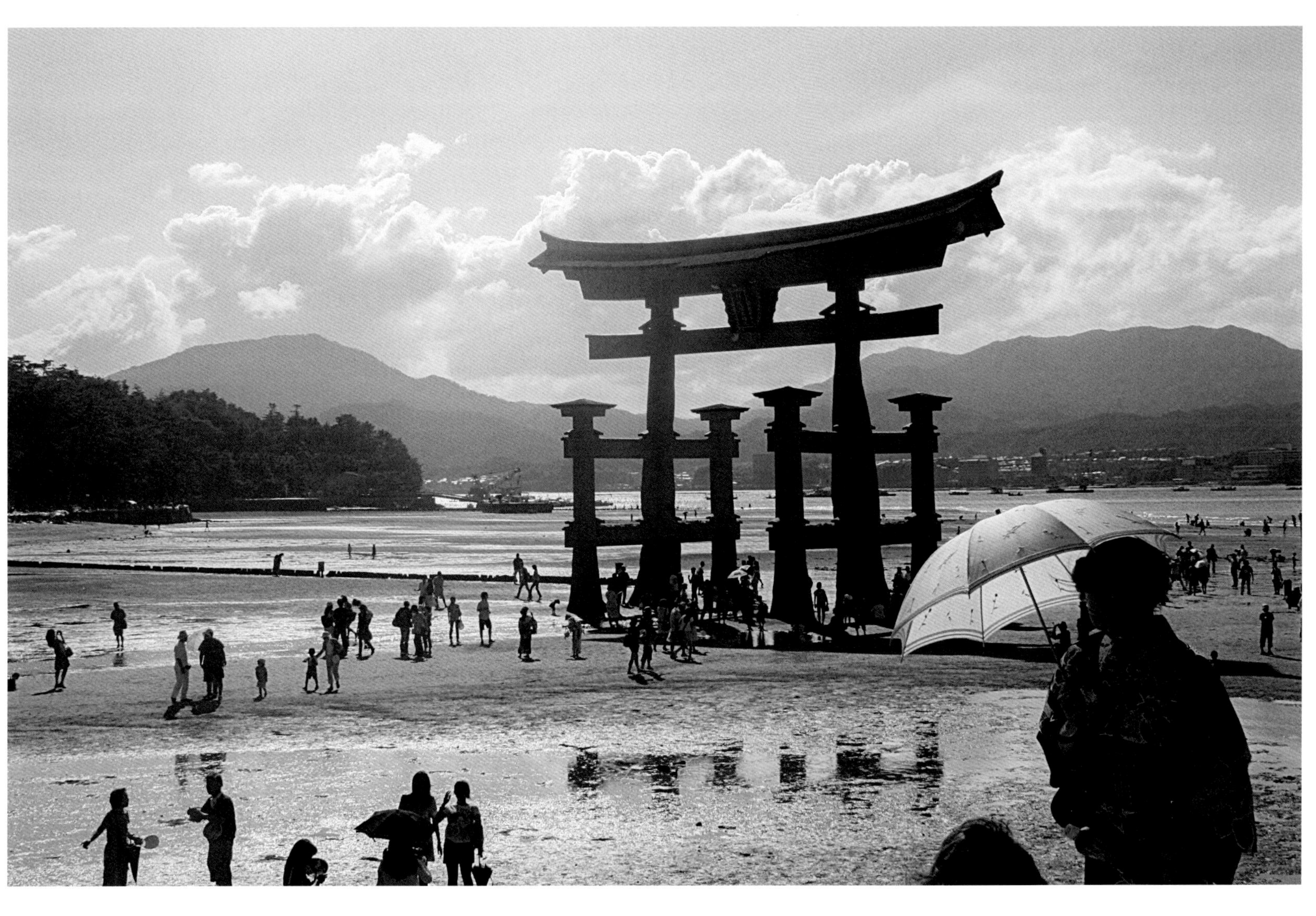

Éternité [*Eternity*], 2007. Japon / Japan

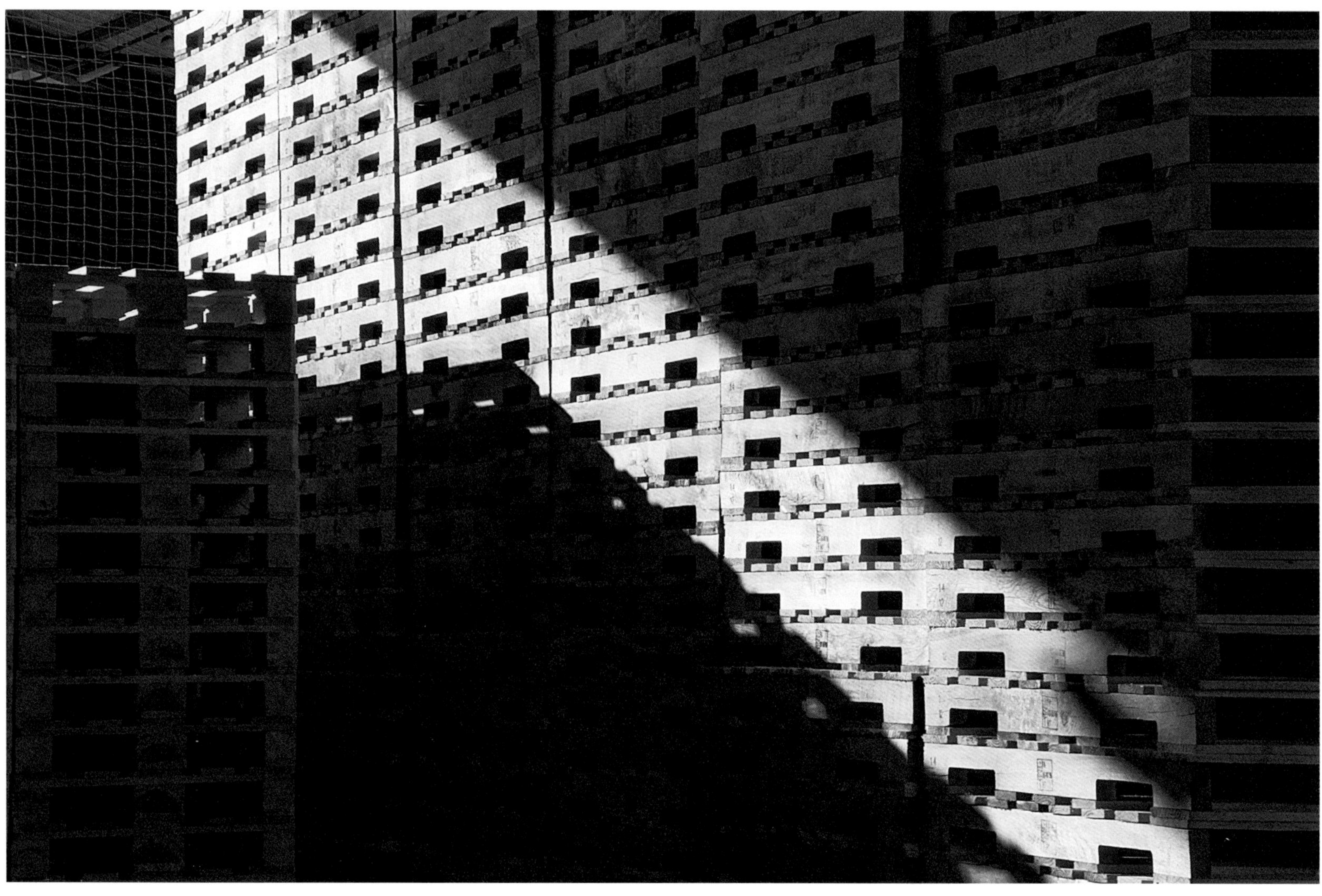

Le bâtisseur [*The Builder*], 2014. Usine d'Évian / Evian factory, France

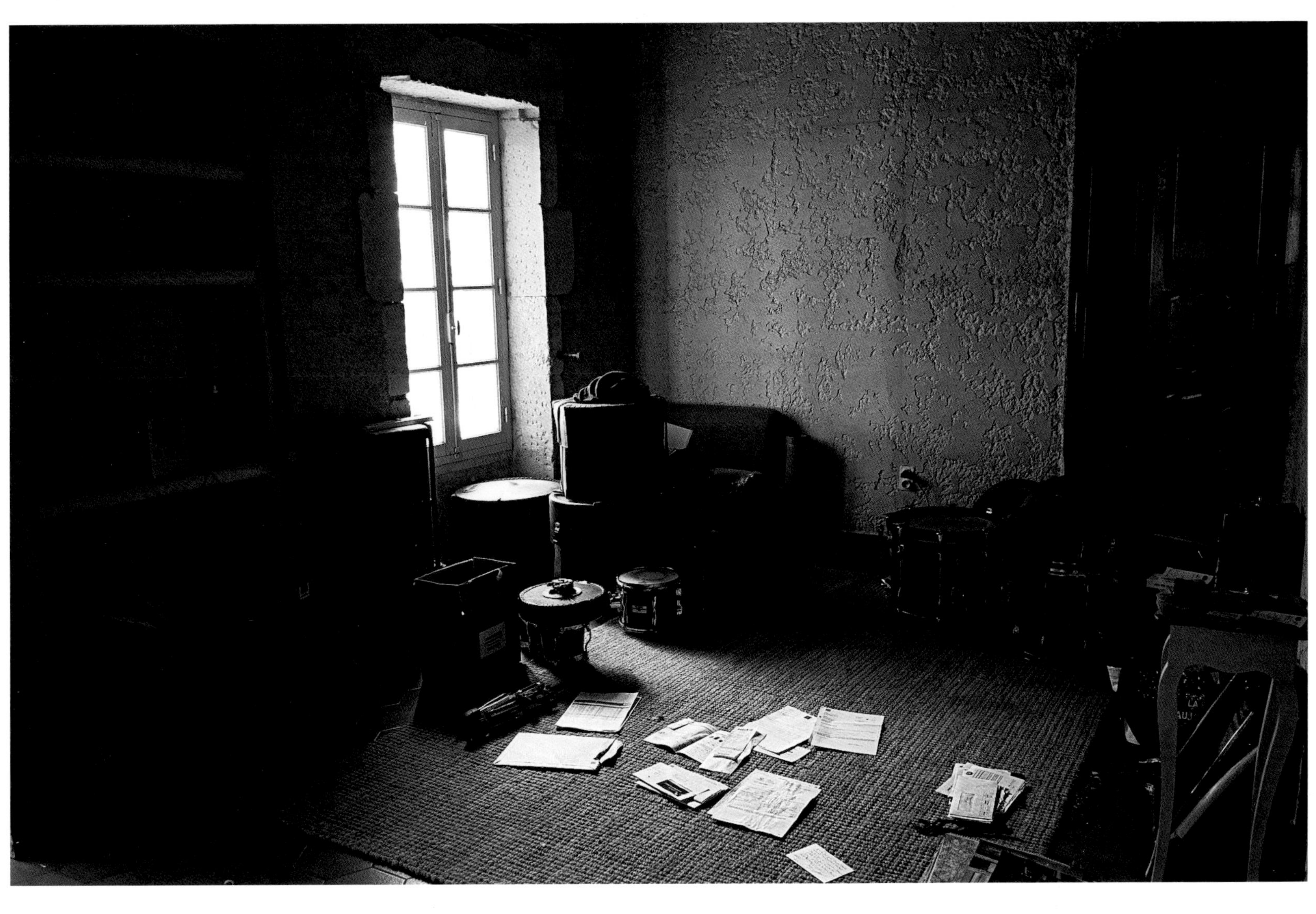

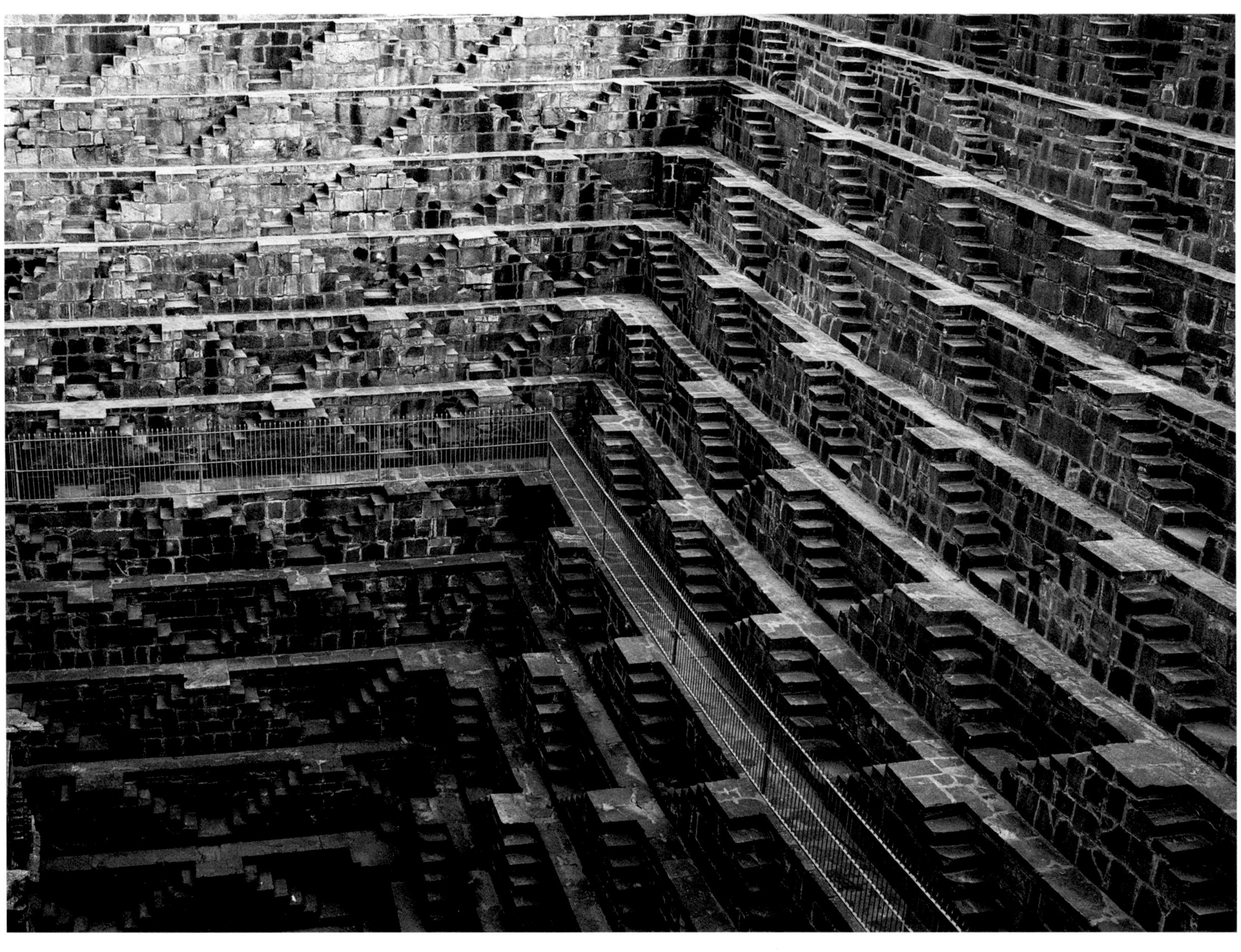

 Sans fin [*Endless*], 2024. Chand Baori, Rajasthan, Inde / India

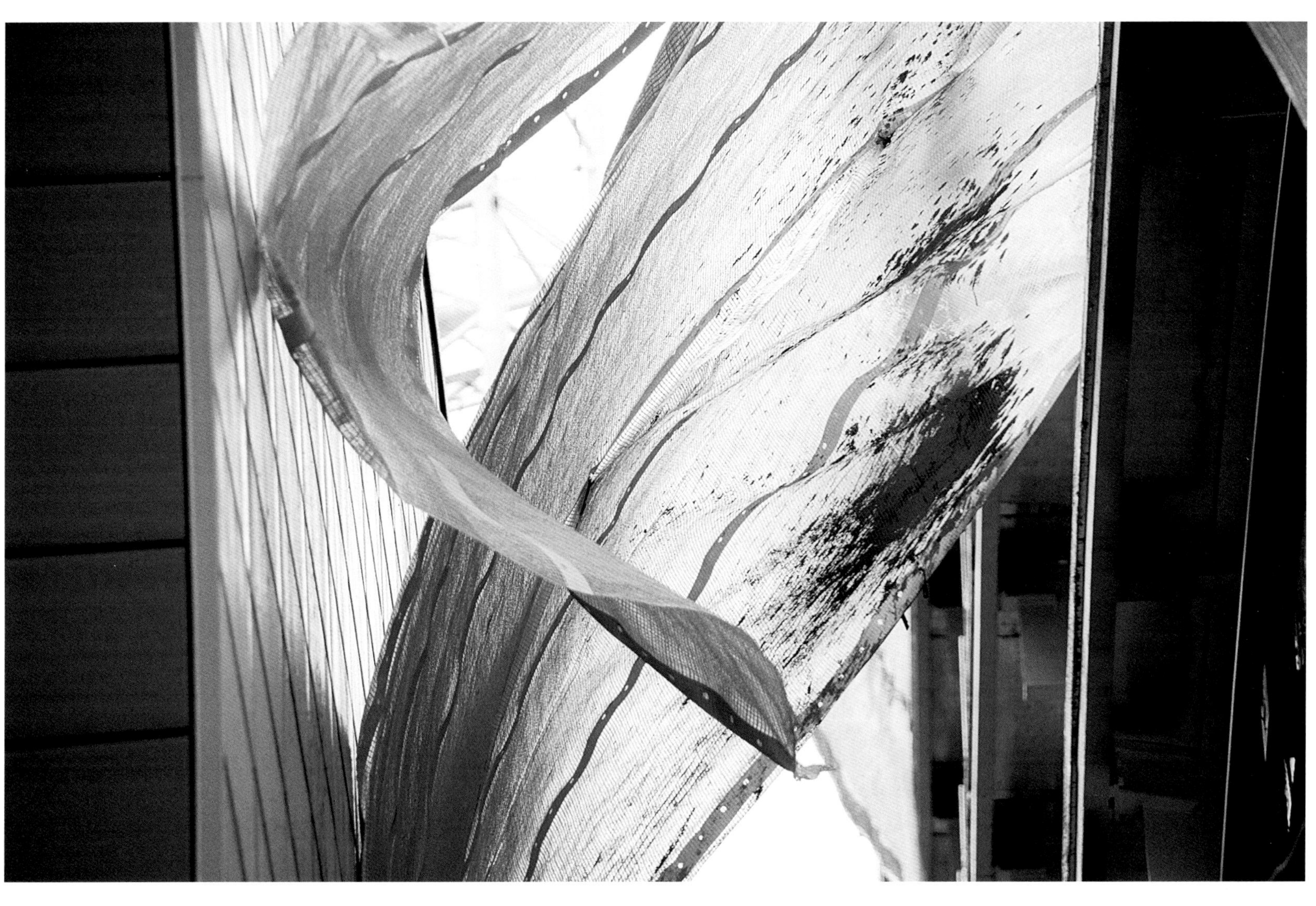

Le vent dans la ville [*Wind in the City*], 2014. Londres, Royaume-Uni / London, United Kingdom

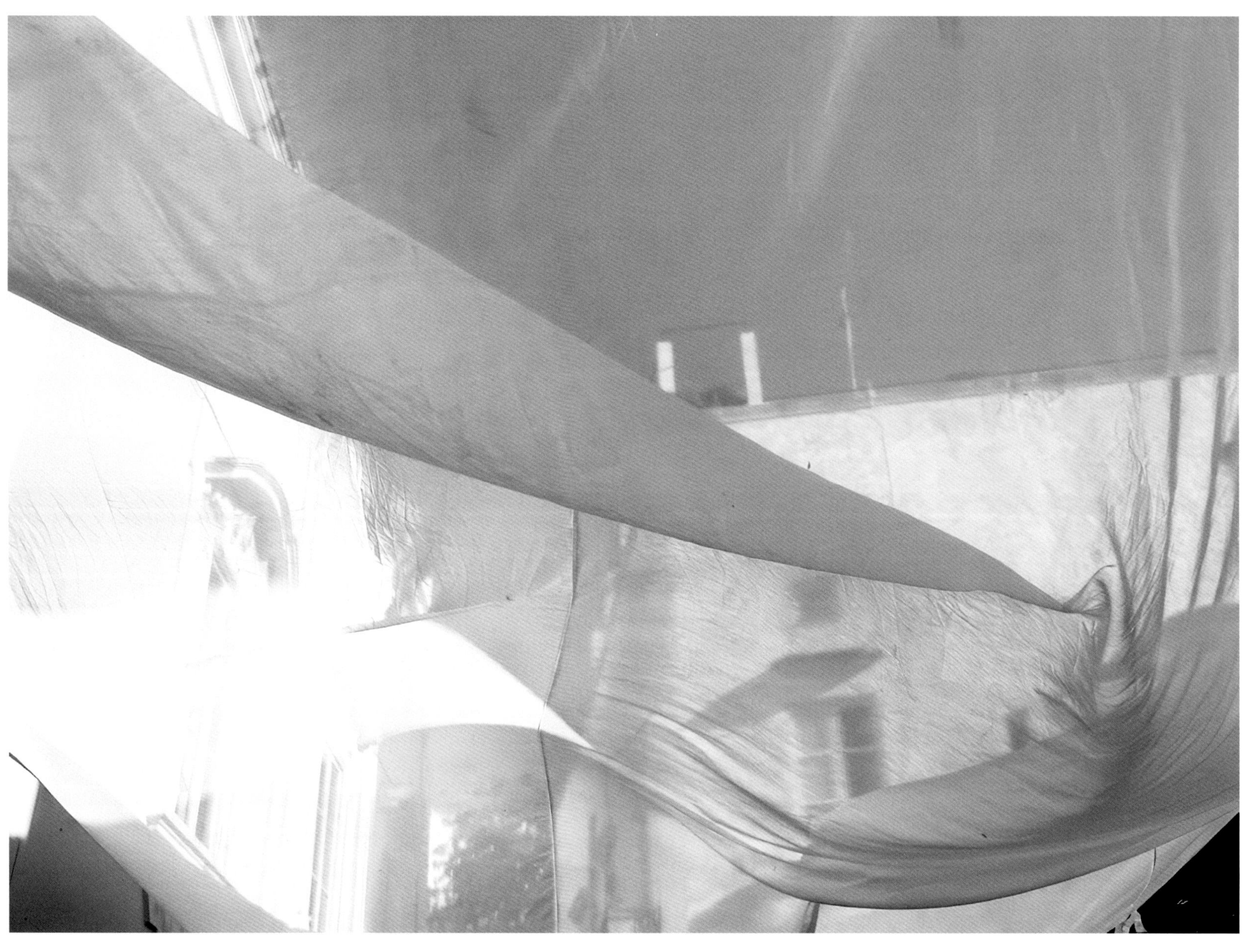

 Le souffle de vie [*Breath of Life*], 2004. Solento, Italie / Italy

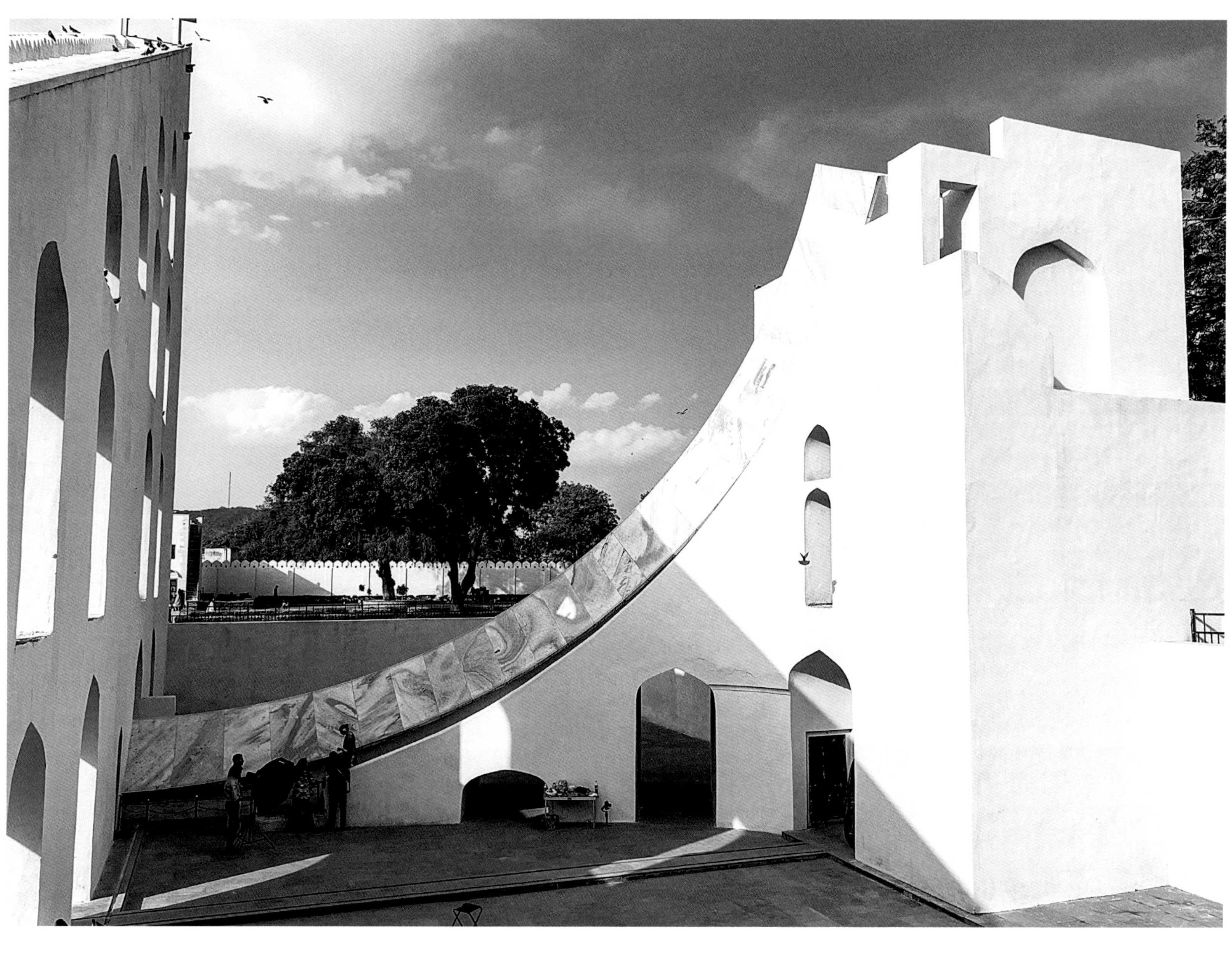

Le cadran solaire [*Sundial*], 2024. Rajasthan, Inde / India

Life is Red

Pour moi, la photographie est par essence
noir et blanc. Plus essentielle, plus épurée, plus
signifiante. Sauf. Sauf quand la couleur est
indispensable, cruciale pour le sens. Et d'abord
le rouge. Rouge comme la souffrance et
l'aliénation, rouge comme l'appel à la liberté,
en particulier pour les femmes.

Chaque femme, c'est moi, ma fille,
ma petite-fille, ma mère, ma sœur, mon ancêtre.
Toutes les générations vivent en moi. Le temps
n'est qu'un passage éphémère.

Je ne regarde pas les femmes de l'extérieur
quand je les photographie, j'essaie de signifier
et partager nos peurs, nos joies, nos peines,
nos désirs, notre impulsion vitale à donner,
protéger et célébrer la vie, et avant tout notre
quête farouche de liberté. La vie est rouge.
Rouge du sang menstruel, rouge de la violence
subie, rouge de la naissance et de la mort,
rouge de la joie indomptable, rouge des drapeaux
qui claquent dans le vent. La vie est rouge,
et les femmes sont les porte-drapeaux de
la Liberté.

For me, photography is by nature black and white.
It is more essential, simpler, more significant.
Except. Except when colour is indispensable,
crucial for meaning. And primarily red.
Red represents suffering and alienation;
red represents the call to freedom, particularly
for women.

Each woman is me, my daughter,
my granddaughter, my mother, my sister,
my ancestor. All generations live in me.
Time is but a passing thing.

I don't look at women from the outside when
I photograph them; I try to express and share
our fears, our joys, our sorrows, our desires,
our vital impulse to give, protect and celebrate life
and, above all, our fierce quest for freedom.
Life is red. The red of menstrual blood, the red
of violence suffered, the red of birth and death,
the red of indomitable joy, the red of flags
flapping in the wind. Life is red and women are
the standard-bearers of Freedom.

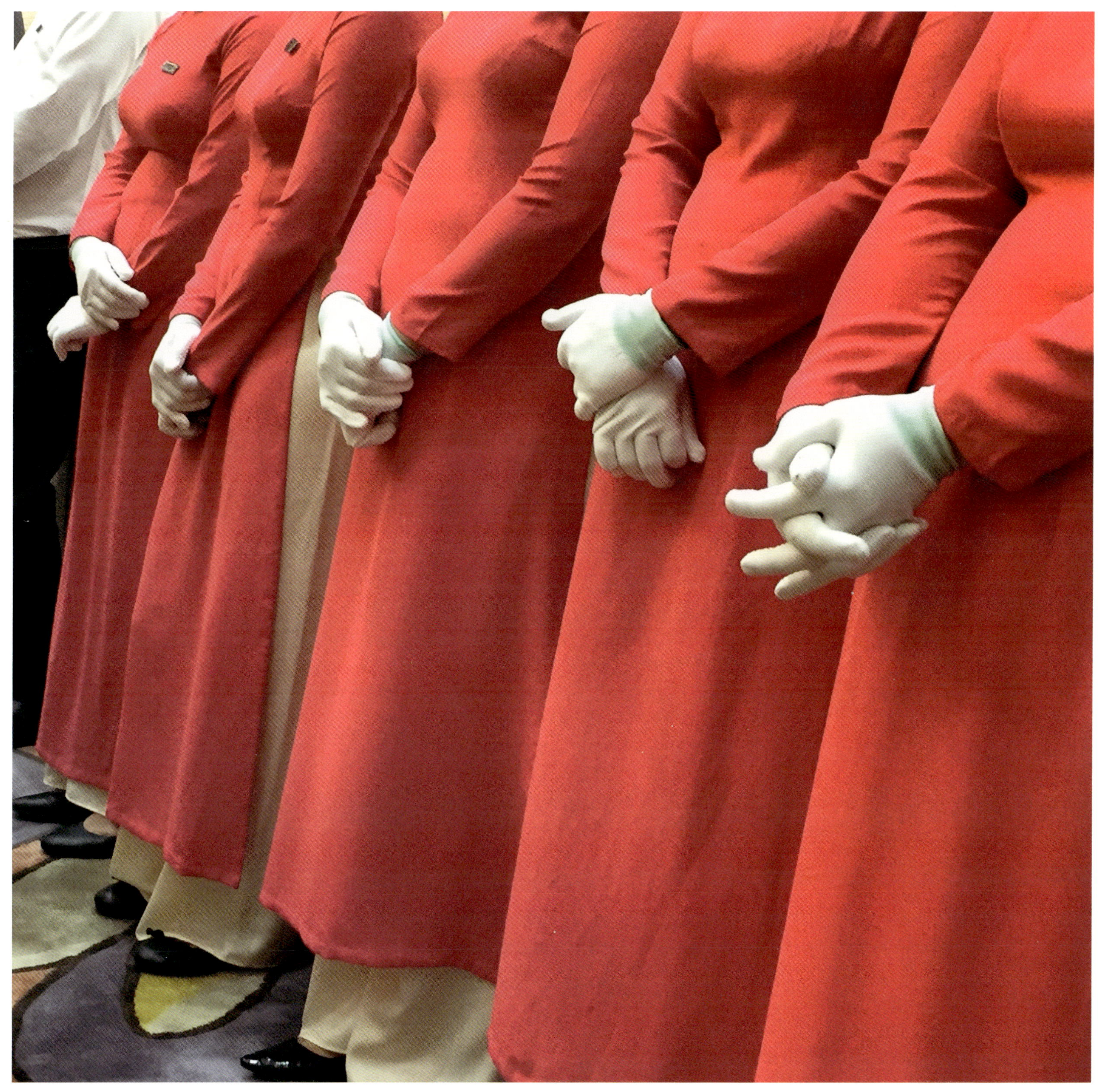

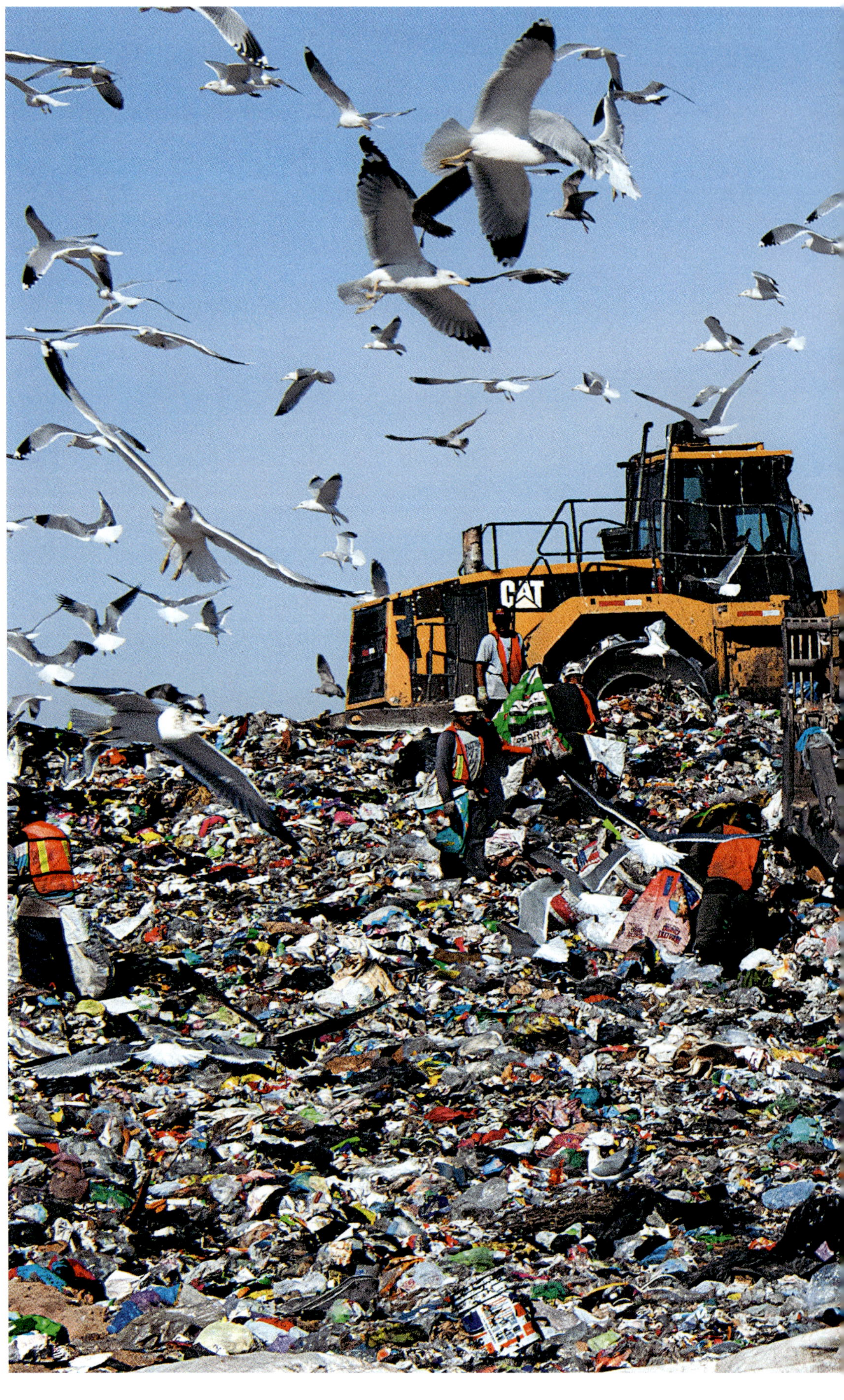

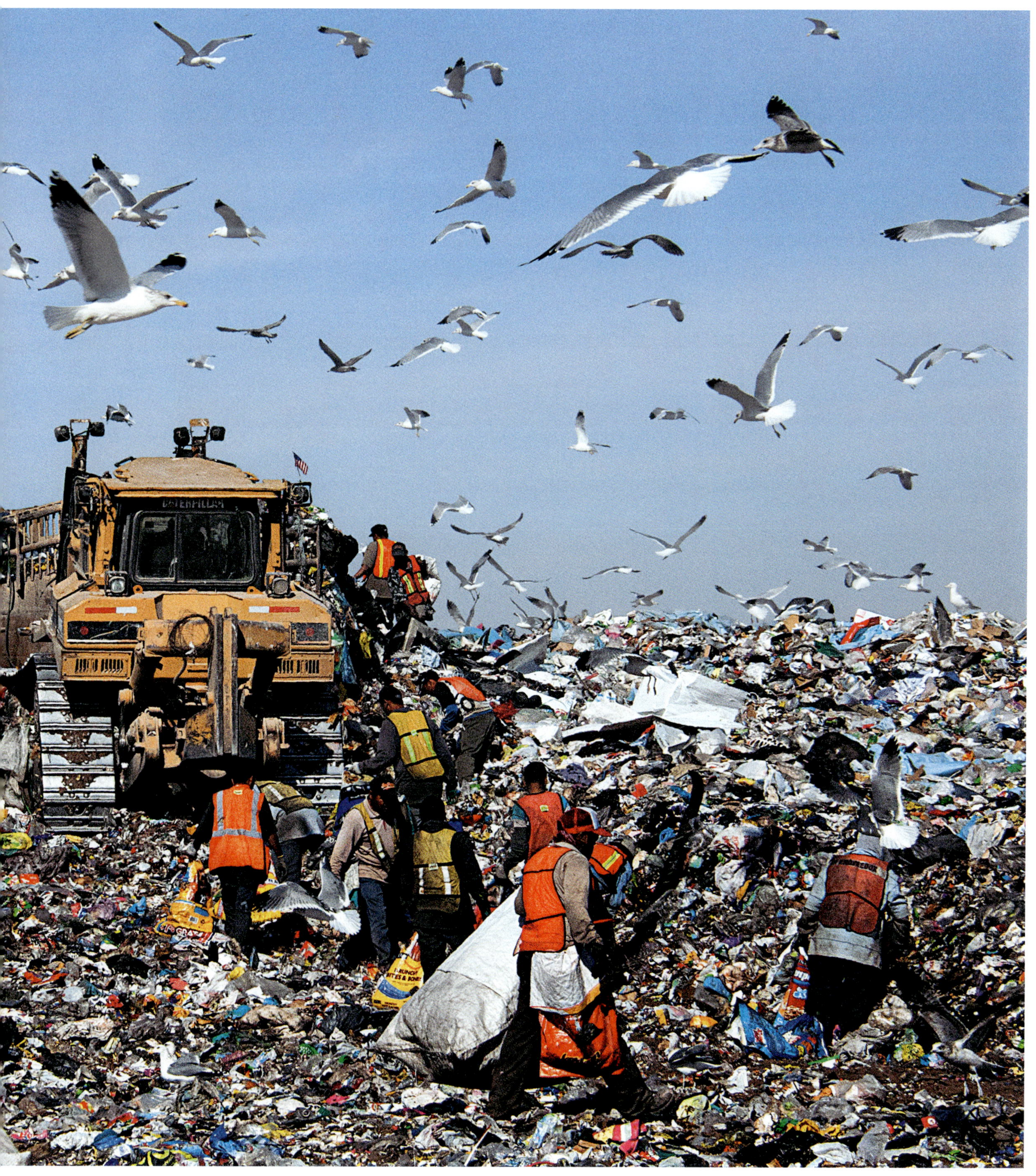

L'homme et la planète en danger [*Man and Planet in Danger*], 2014. Mexique / Mexico

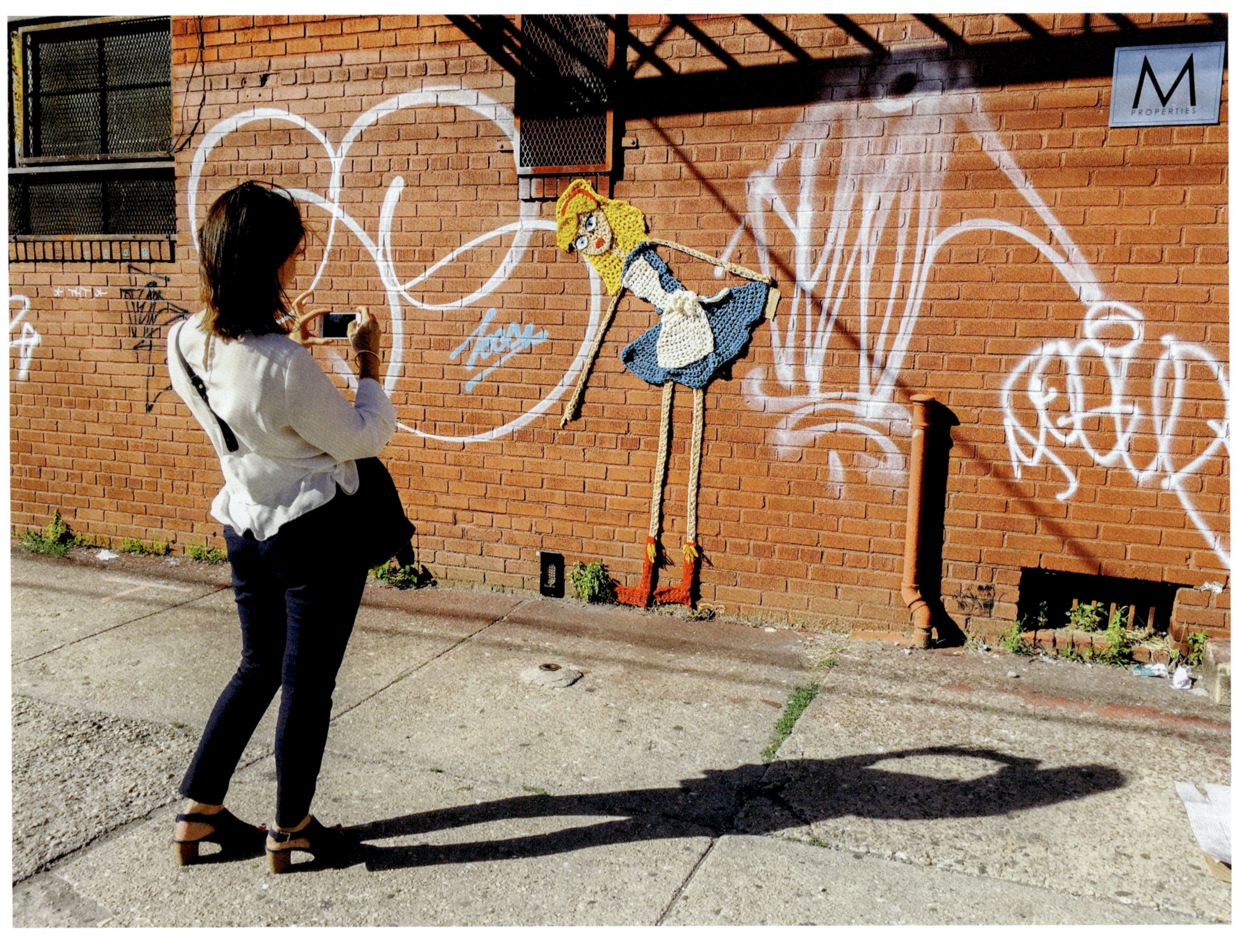

La femme-objet [*Woman-Object*], 2016. New York, États-Unis / USA

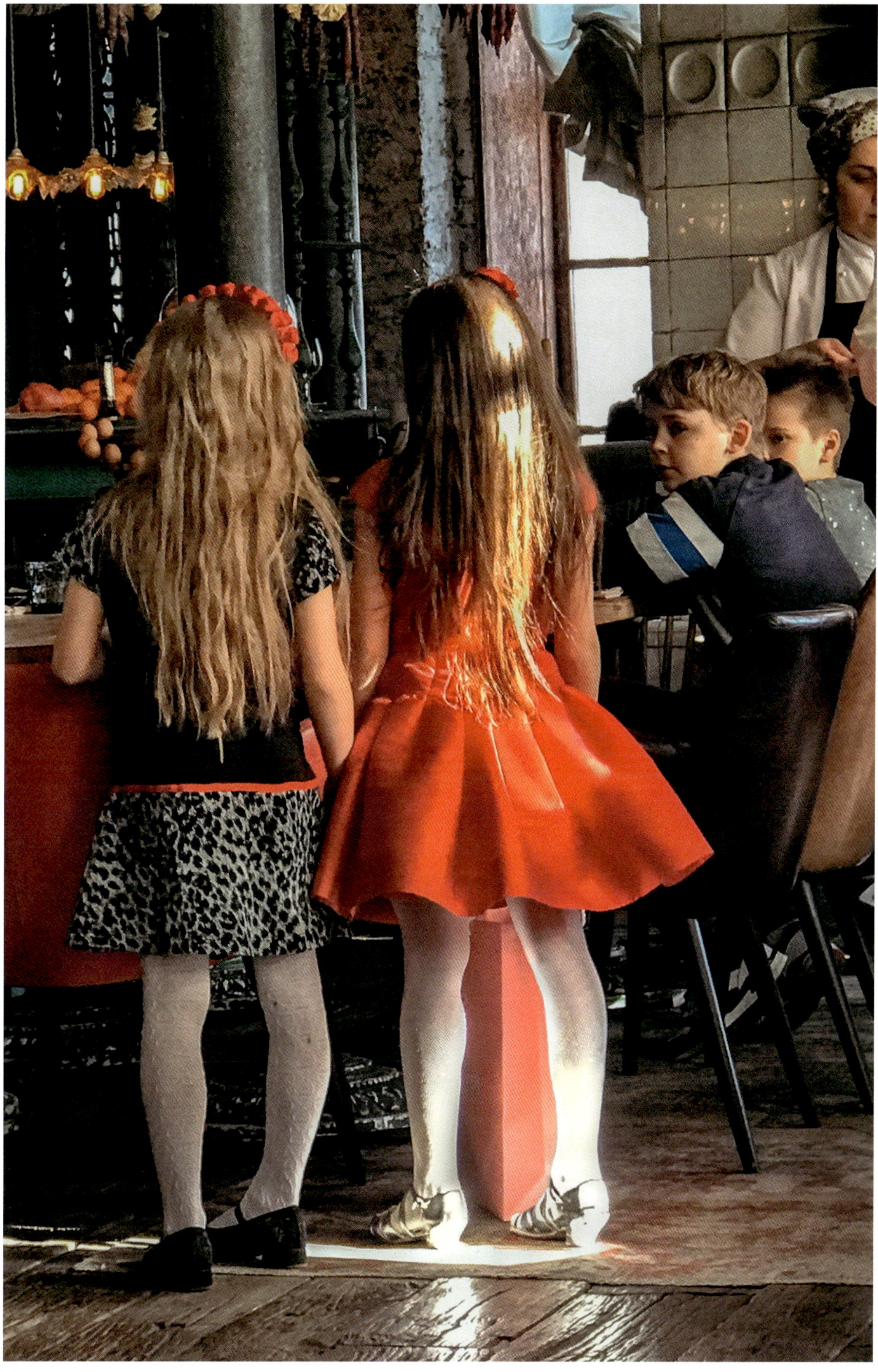

Apprentis machos [*Macho Apprentices*], 2017. Moscou, Russie / Moscow, Russia

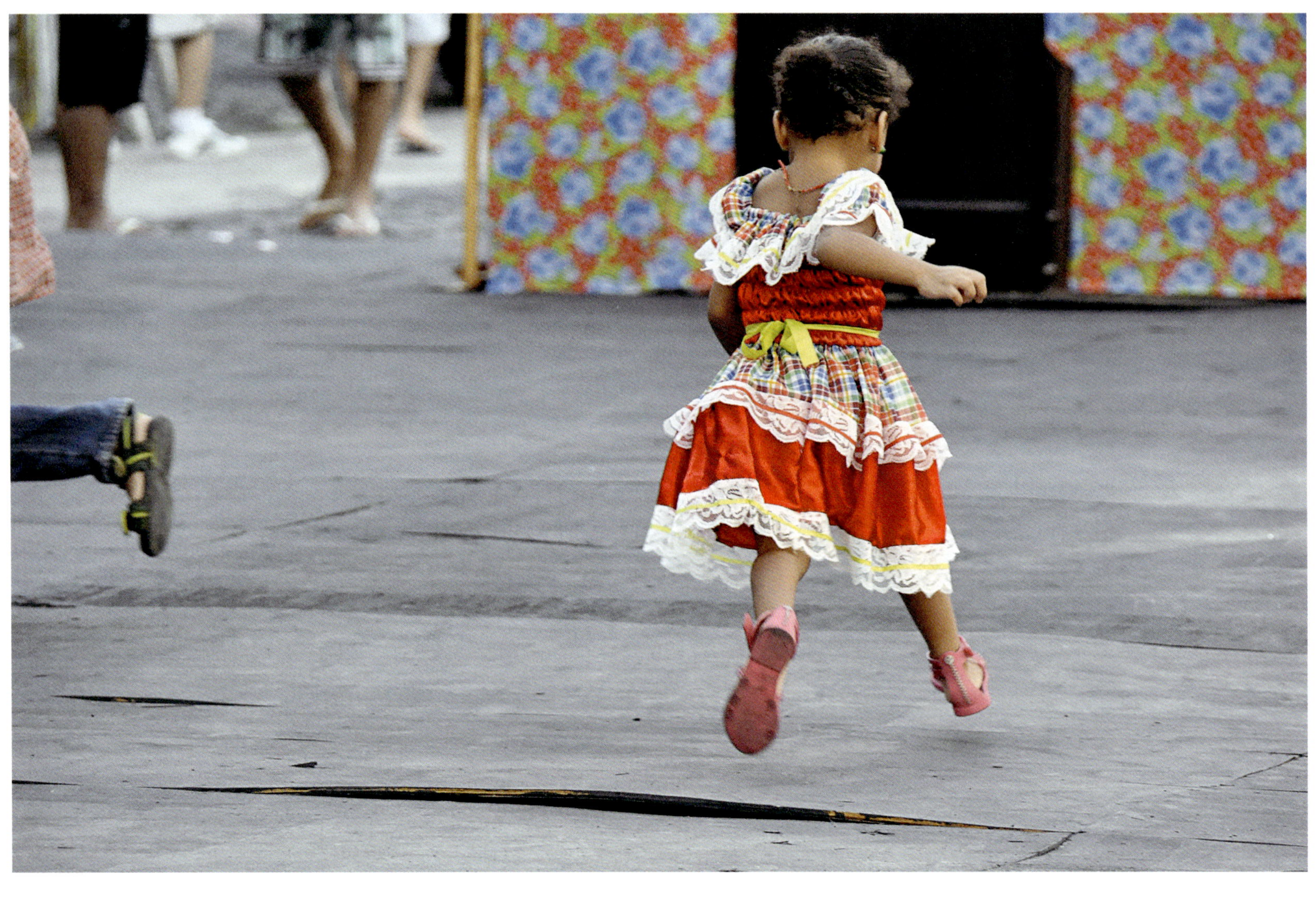

 La fillette volante [*The Flying Girl*], 2013. Salvador de Bahia, Brésil / Brazil

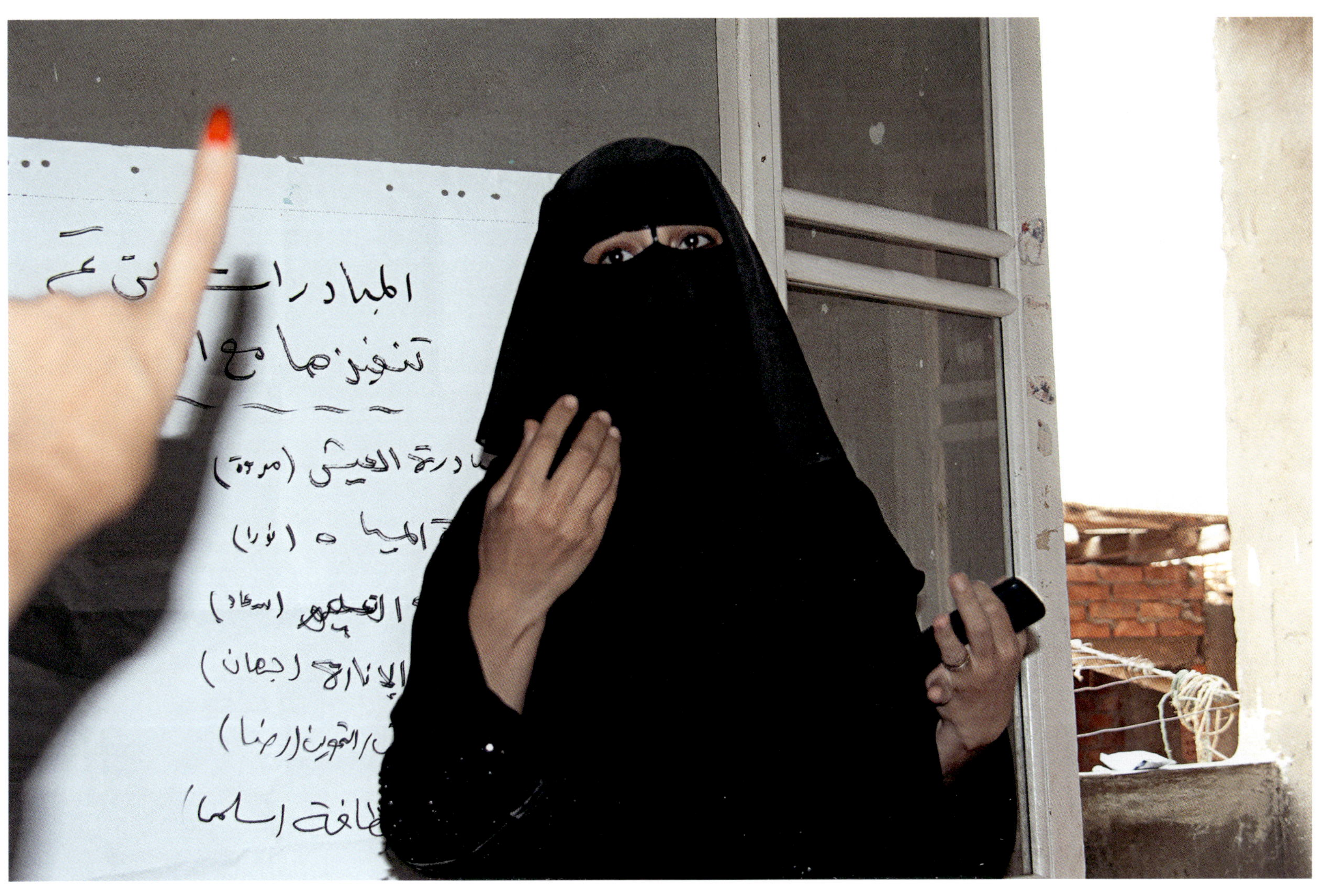

Deux mondes [*Two Worlds*], 2013. Égypte / Egypt

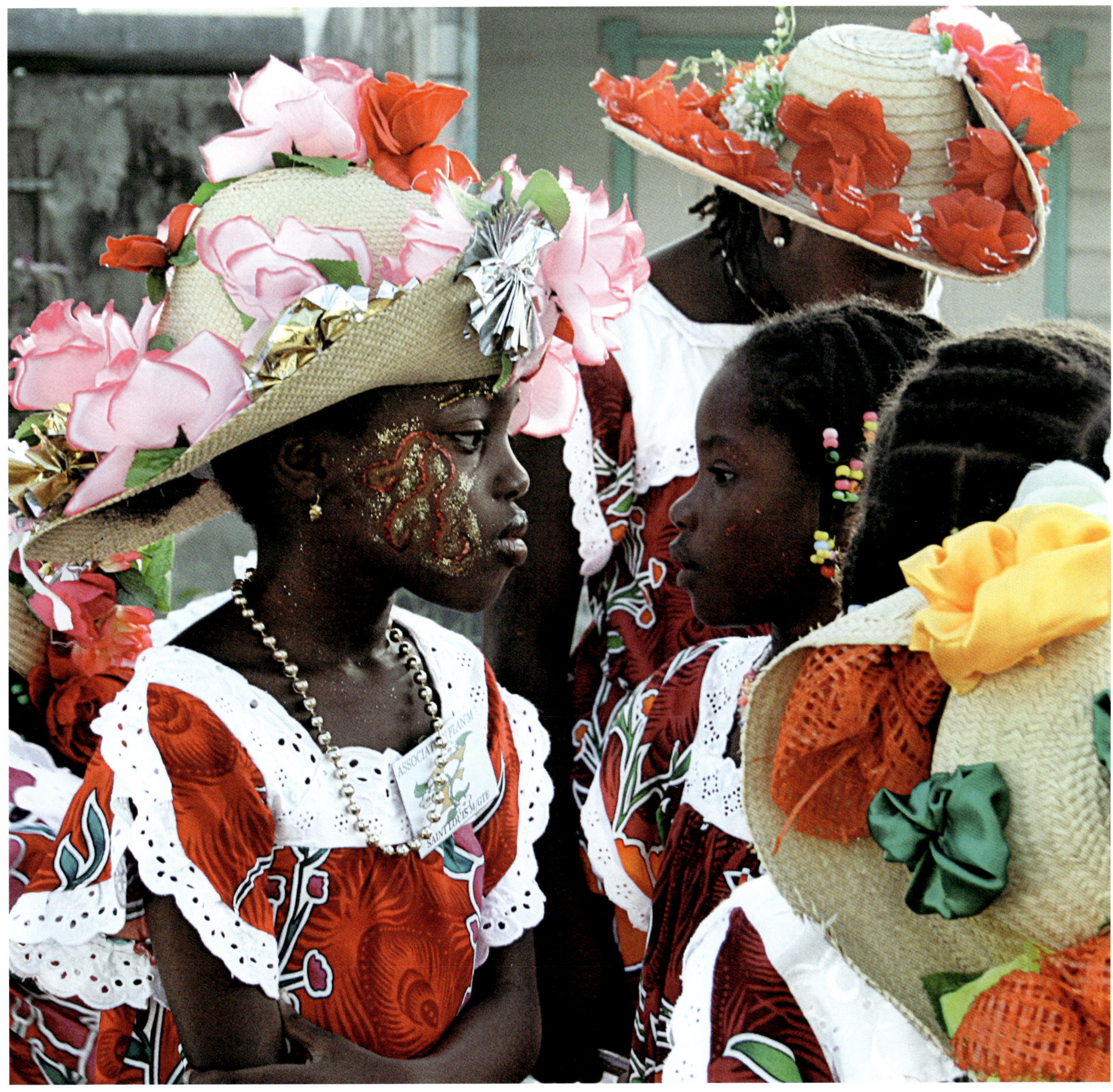

Magiciennes [*Magicians*], 2008. Guadeloupe, France

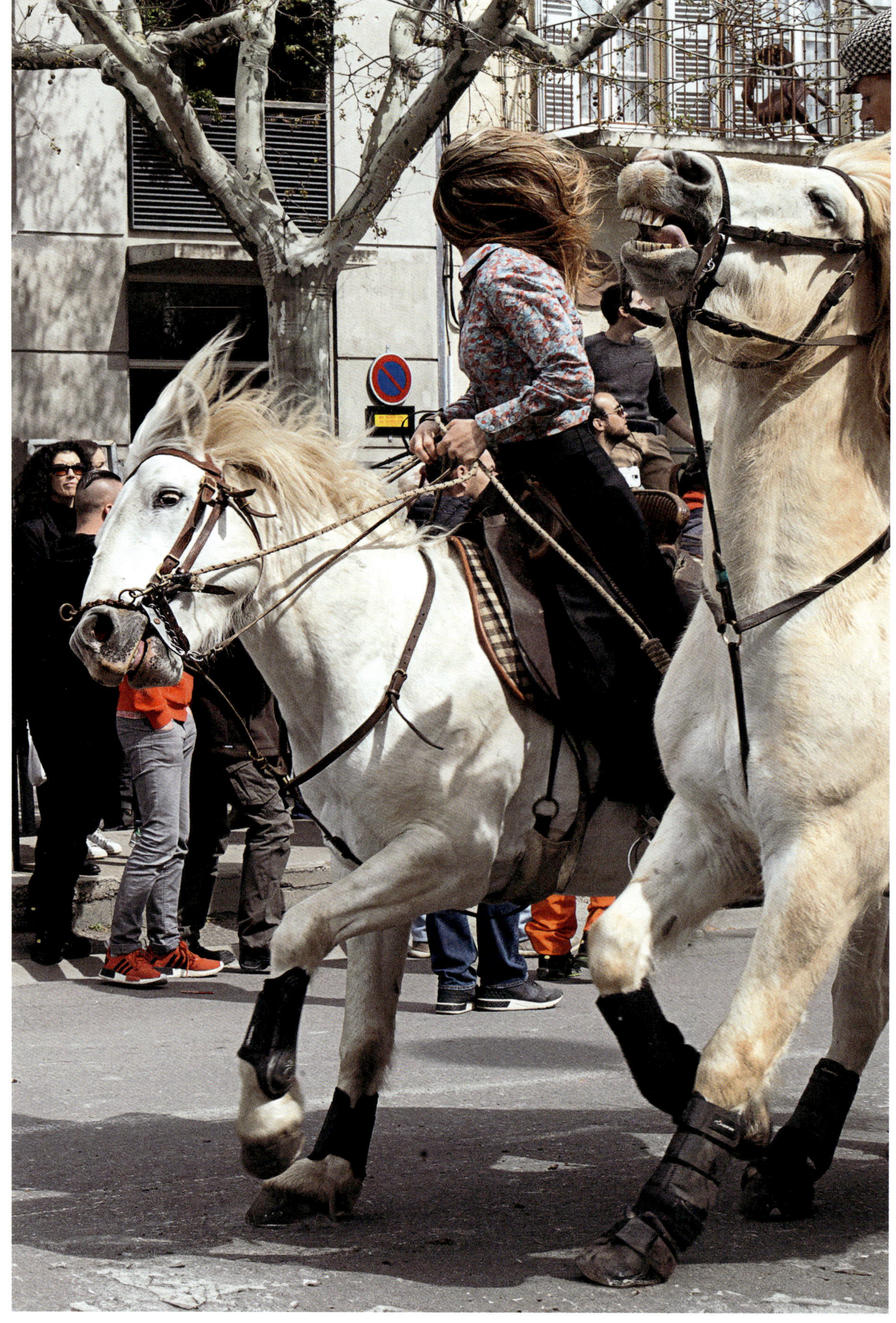

L'Amazone [*The Amazon*], 2019. Arles, France

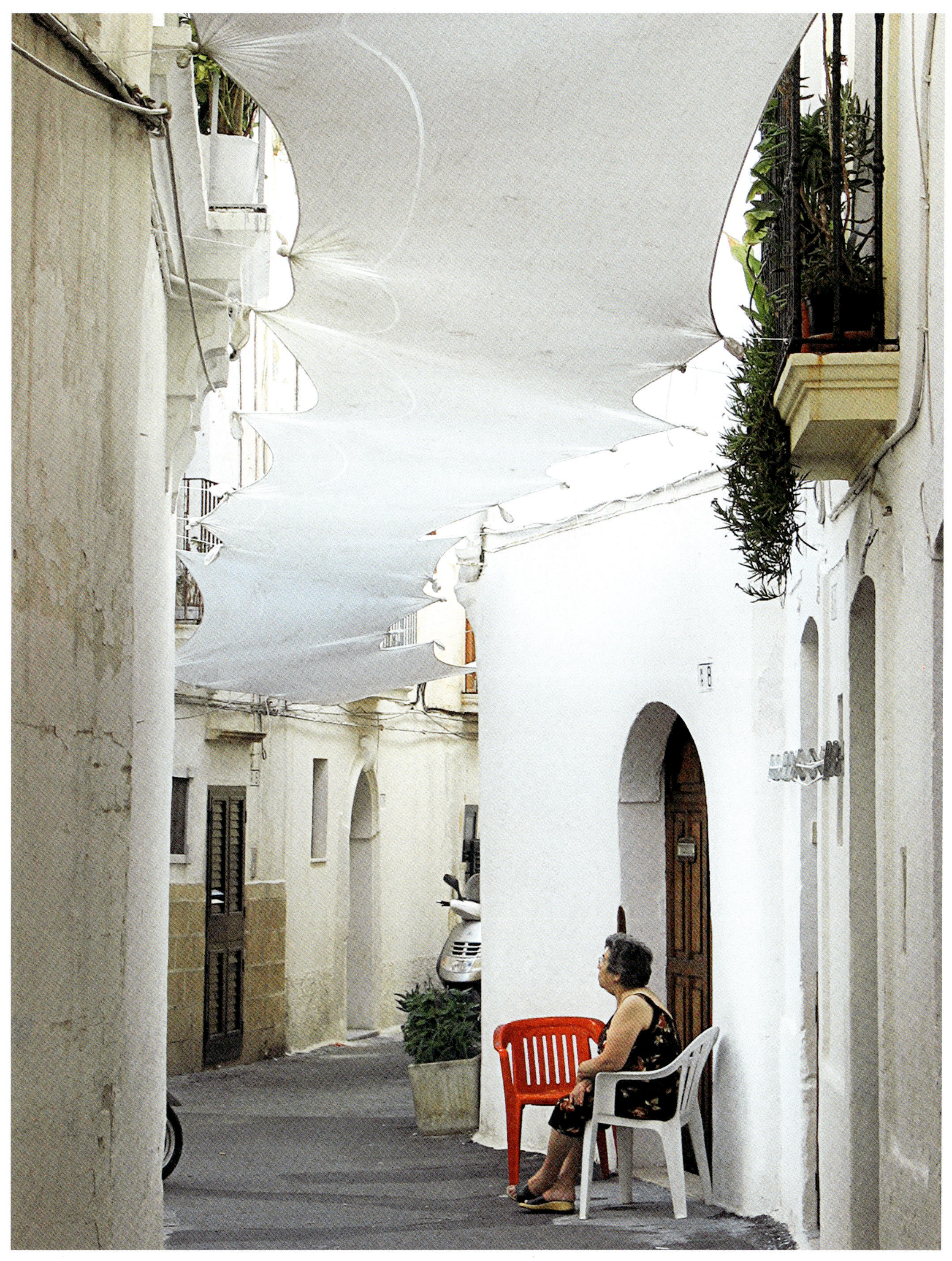

L'après-midi [*Afternoon*], 2004. Solento, Italie / Italy

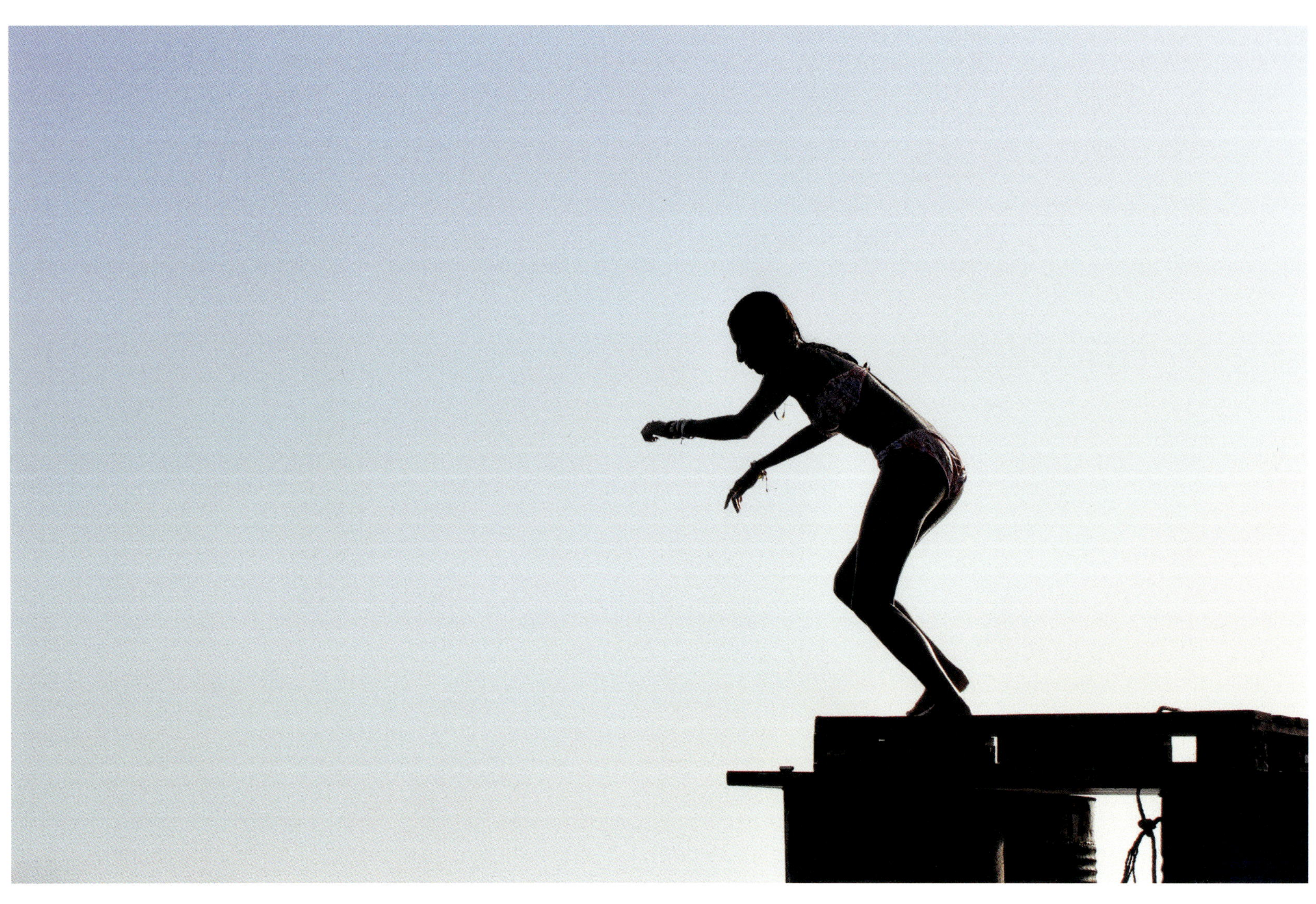

 La plongeuse [*Diver*], 2012. Arles, France

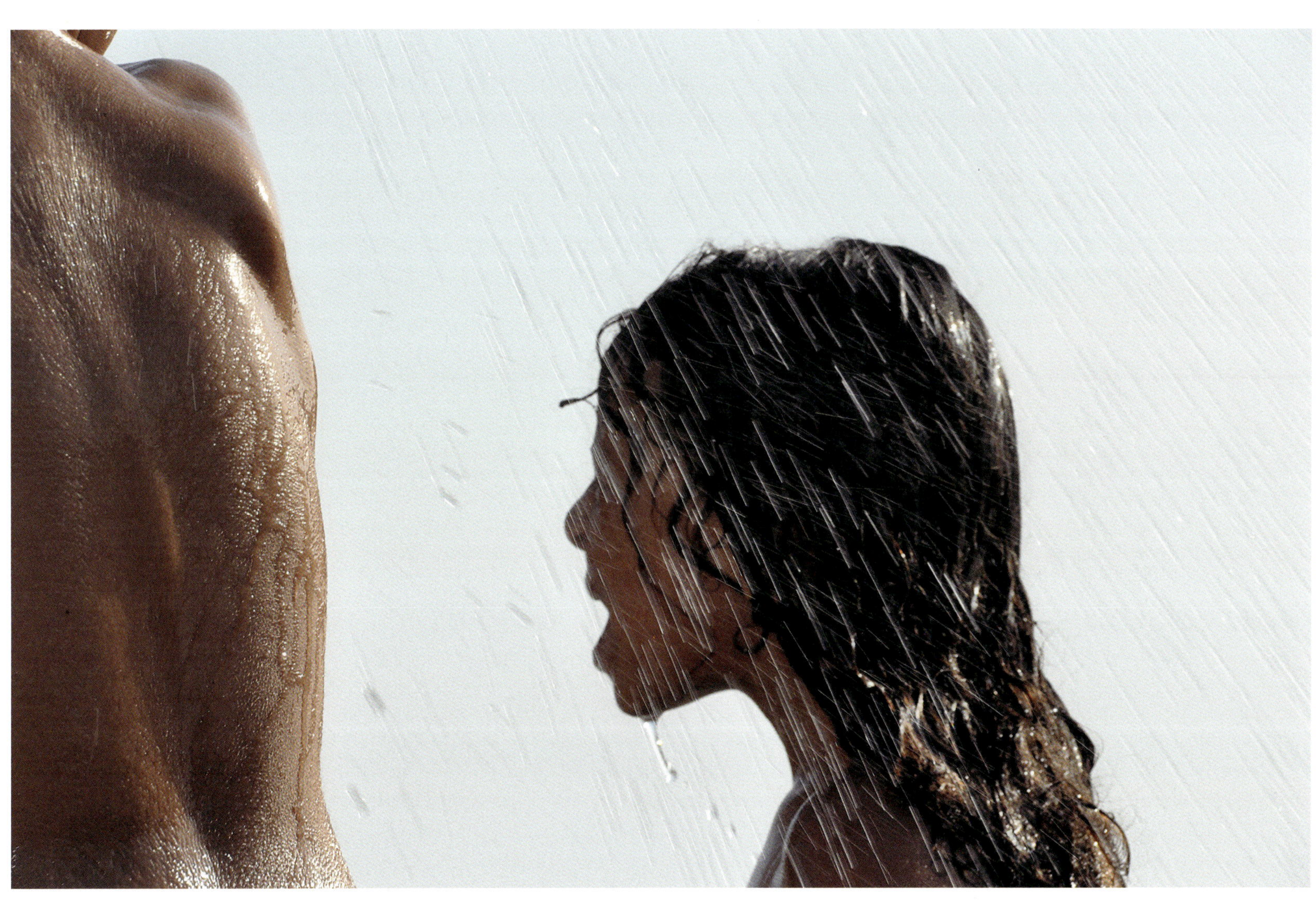

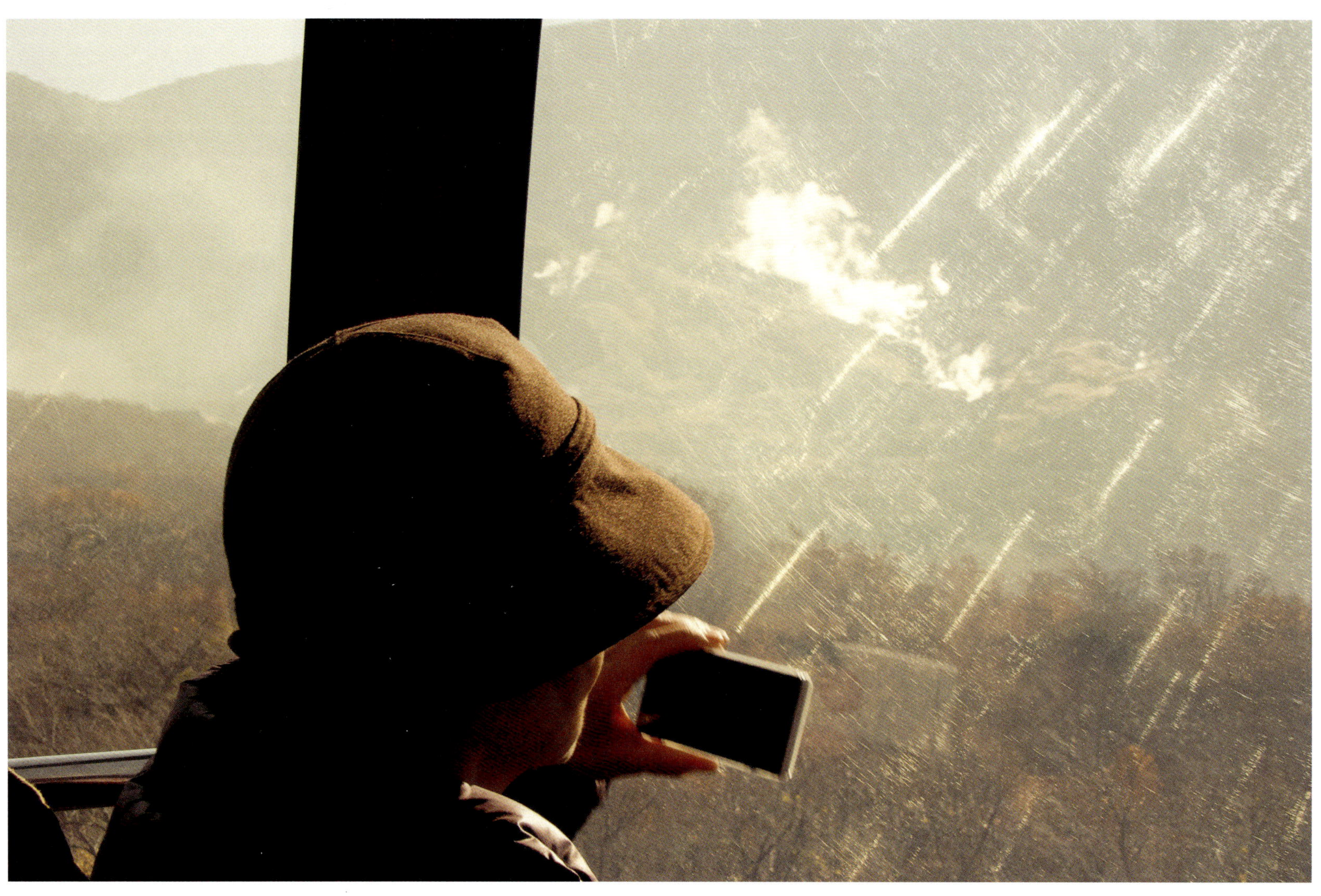

Regard [*Gaze*], 2014. Japon / Japan

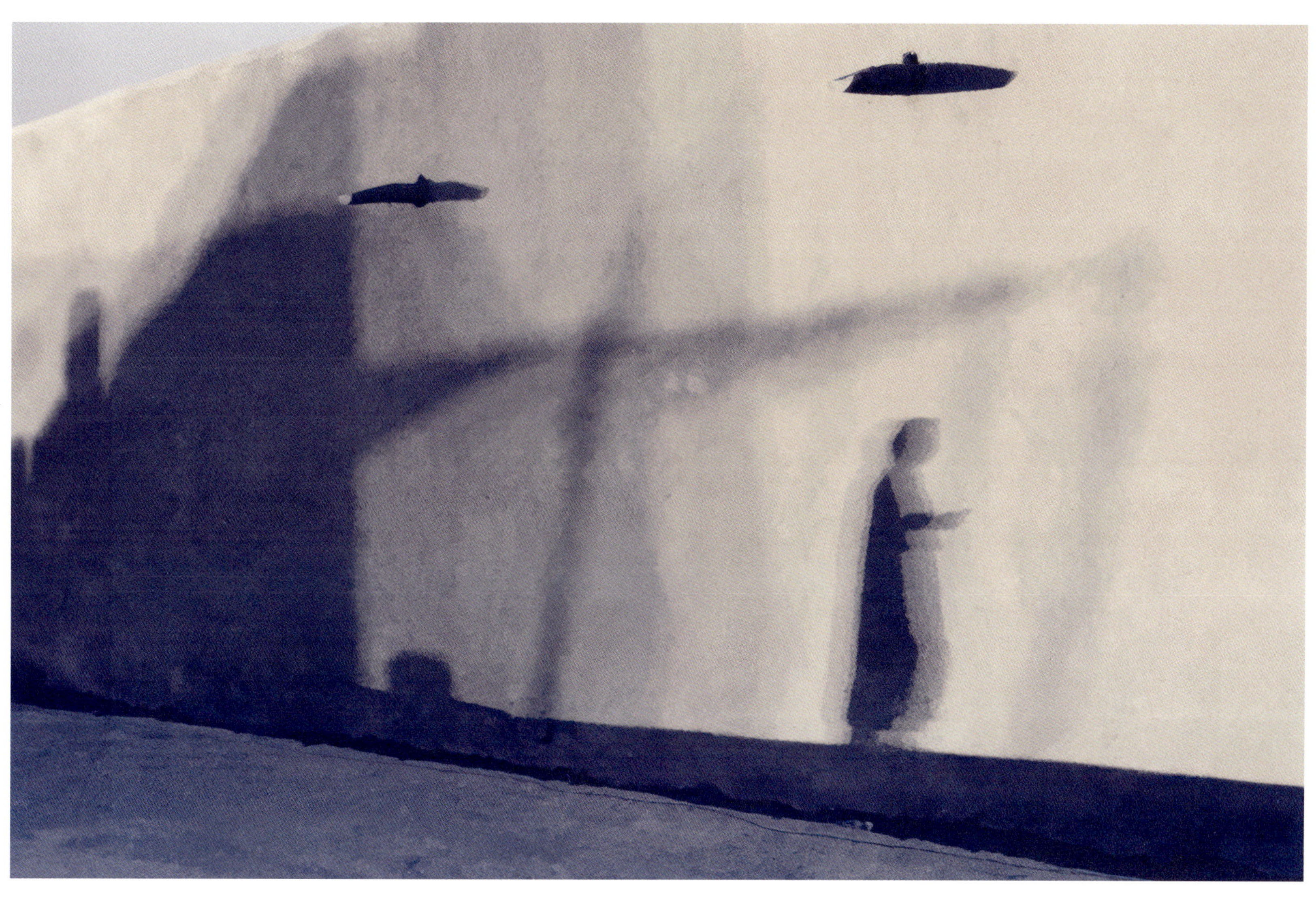

Invisible [*Invisible*], 2015. Arabie Saoudite / Saudi Arabia

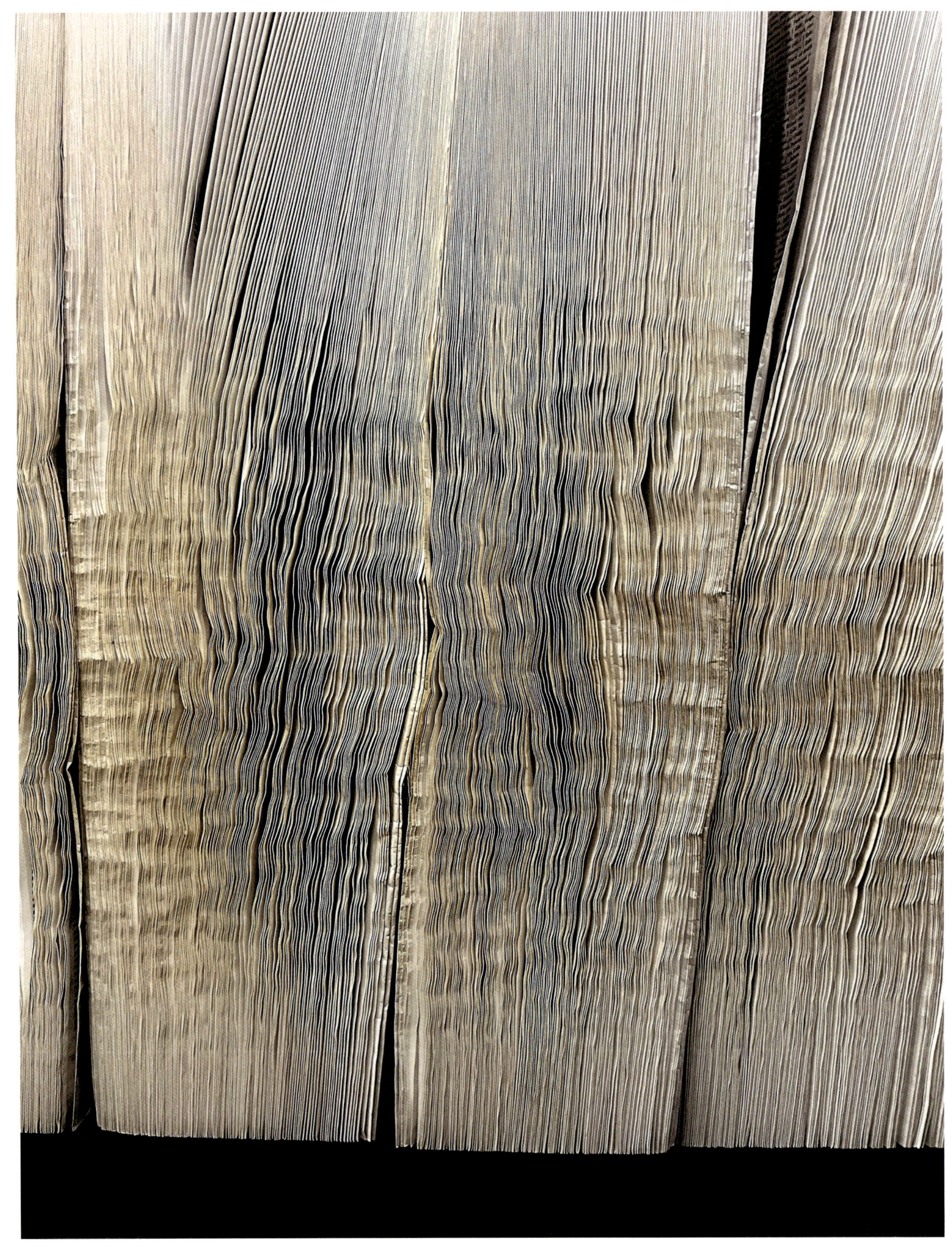

Il ne reste que leurs noms [*Only their Names Remain*]
(Le livre pour la mémoire des millions de morts) / (Book of names of the millions of dead), 2024. Auschwitz-Birkenau, Pologne / Poland

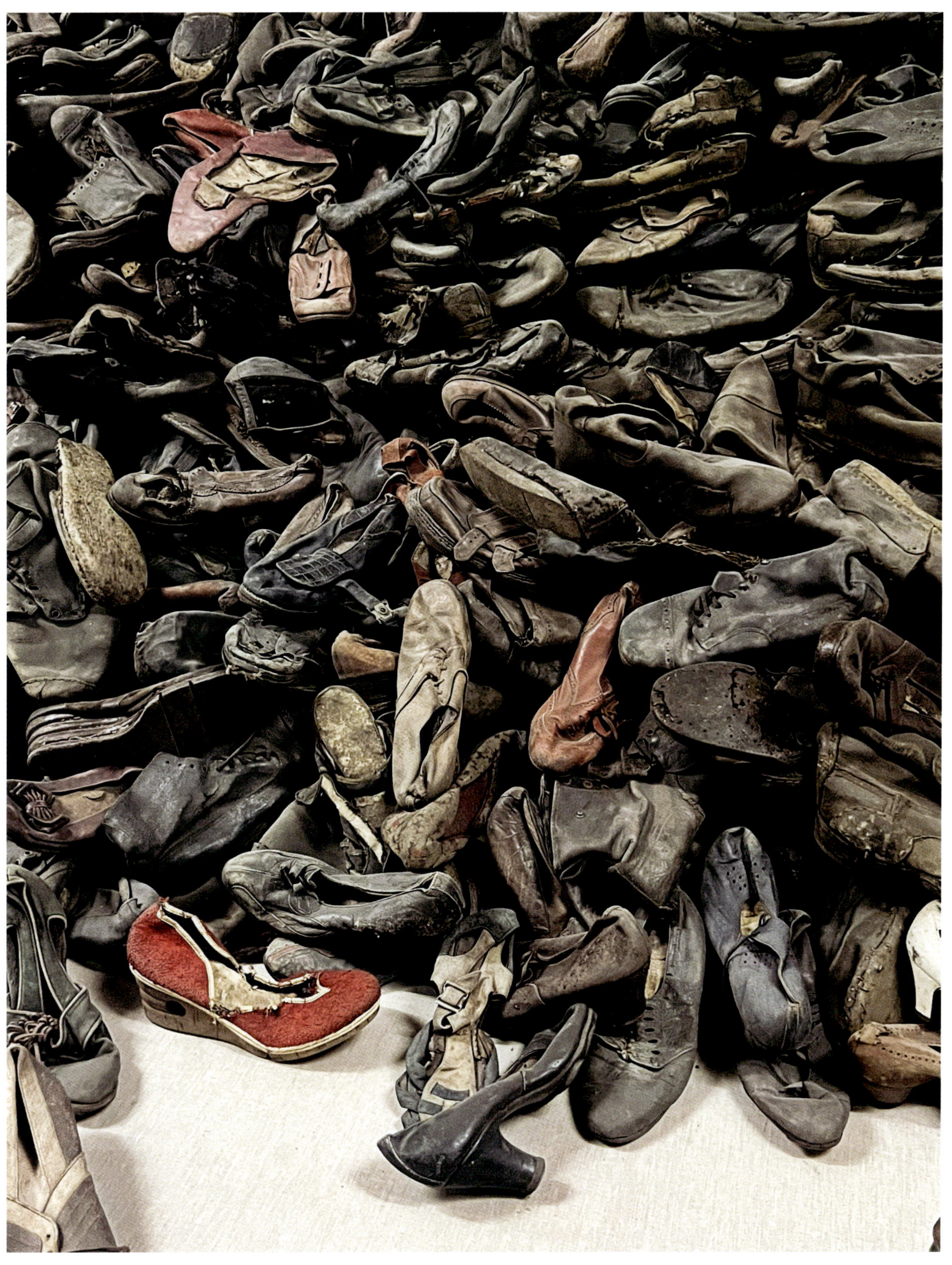

Elle avait un soulier rouge - l'infinie tristesse [*She had a Red Shoe - Infinite Sadness*], 2024.
Auschwitz-Birkenau, Pologne / Poland

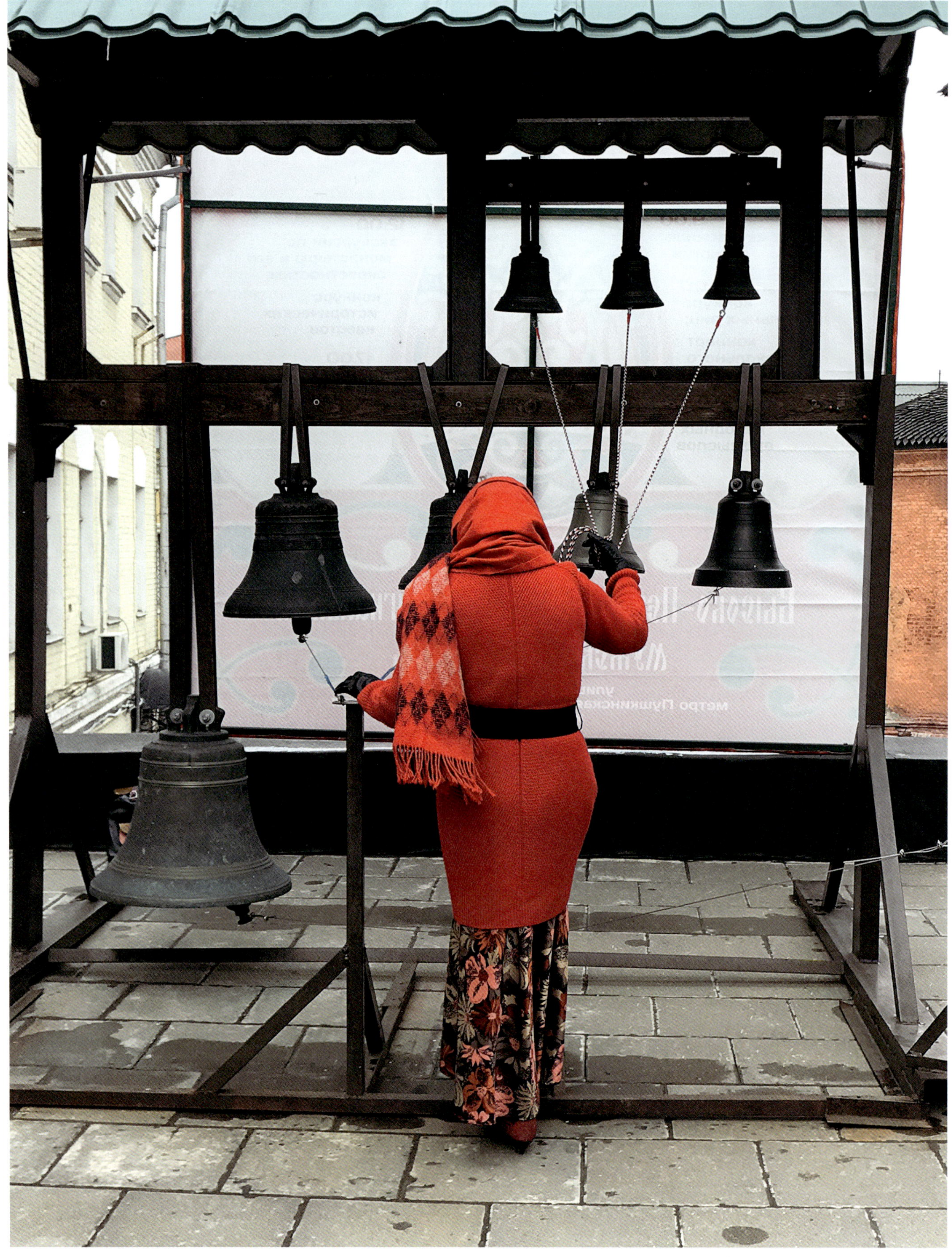

La sonneuse de cloches [*Bell-ringer*], 2017. Moscou, Russie / Moscow, Russia

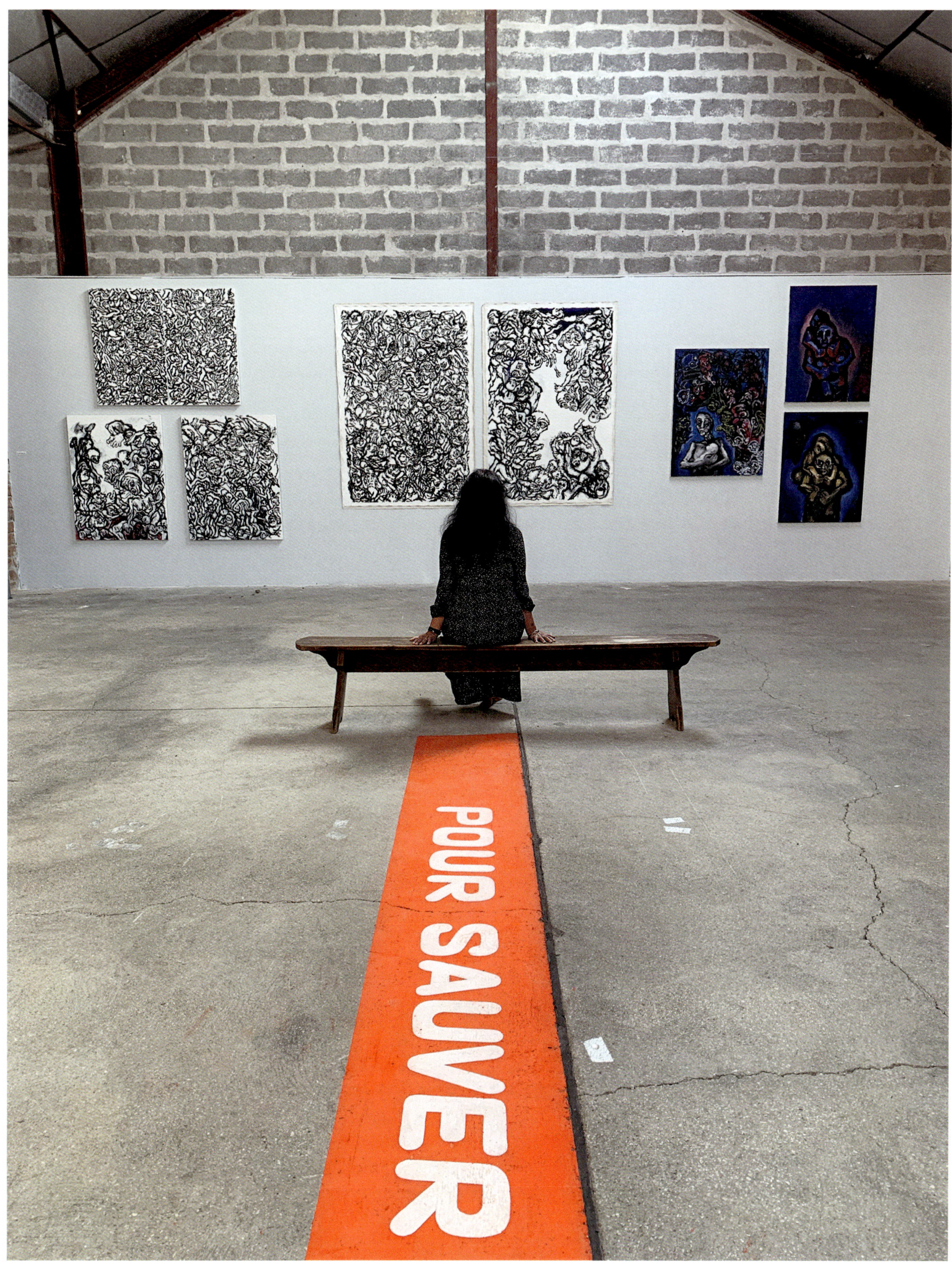

Pour sauver [*To Save*], 2020. Châteauvillain, France

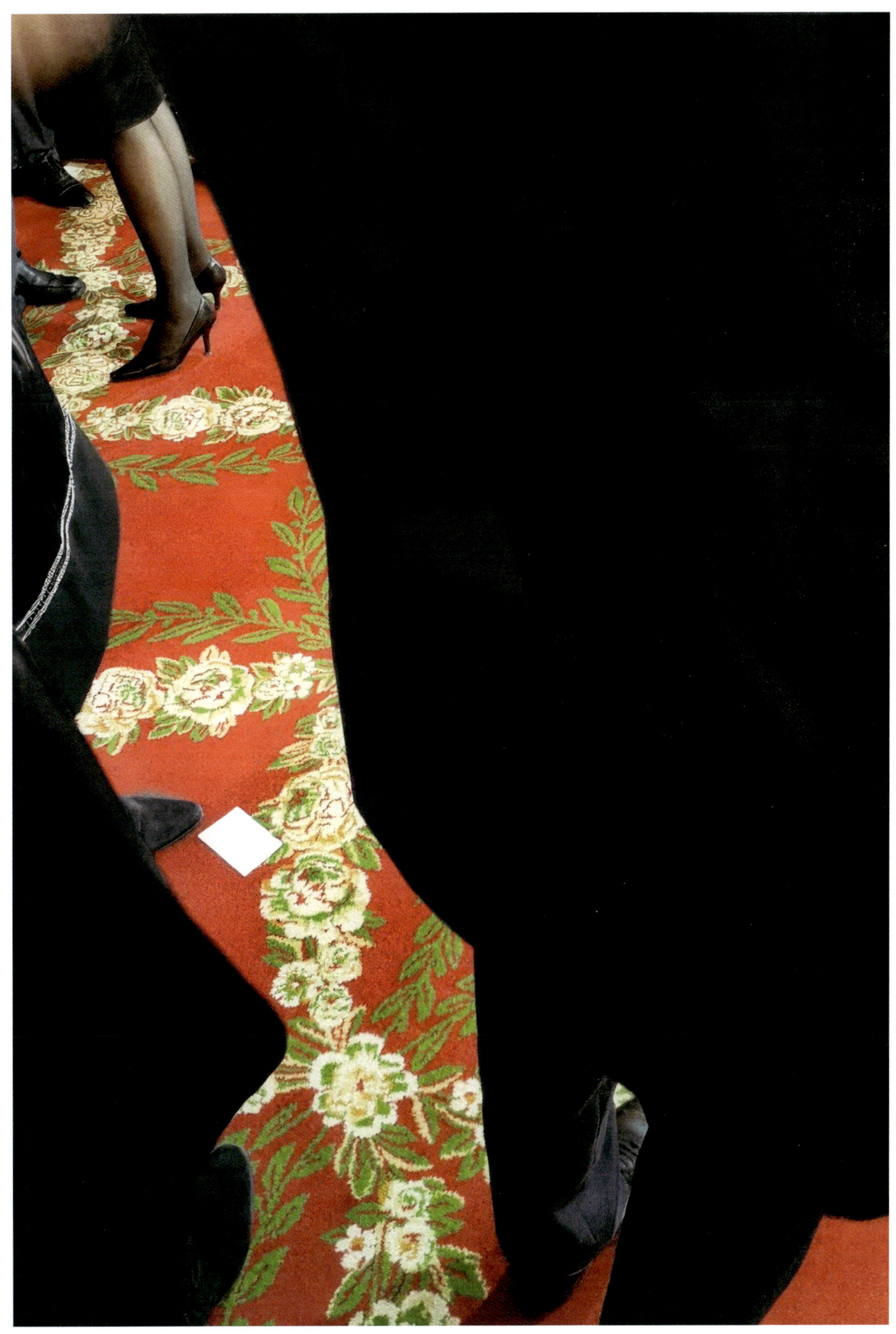

Plafond de verre [*Glass Ceiling*], 2019. Palais de l'Élysée, Paris, France

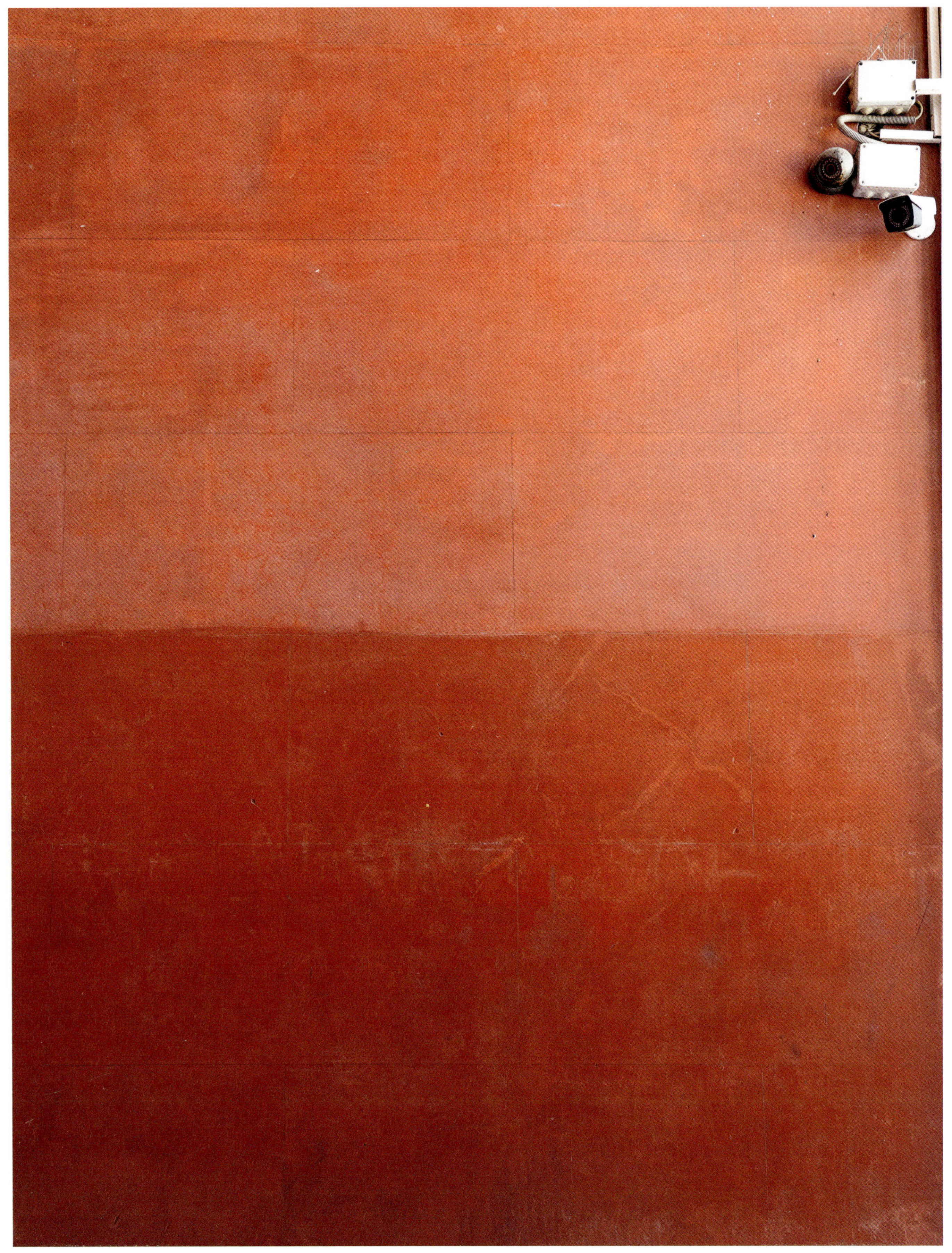

Haute surveillance [*High surveillance*], 2024. Athènes, Grèce / Athens, Greece

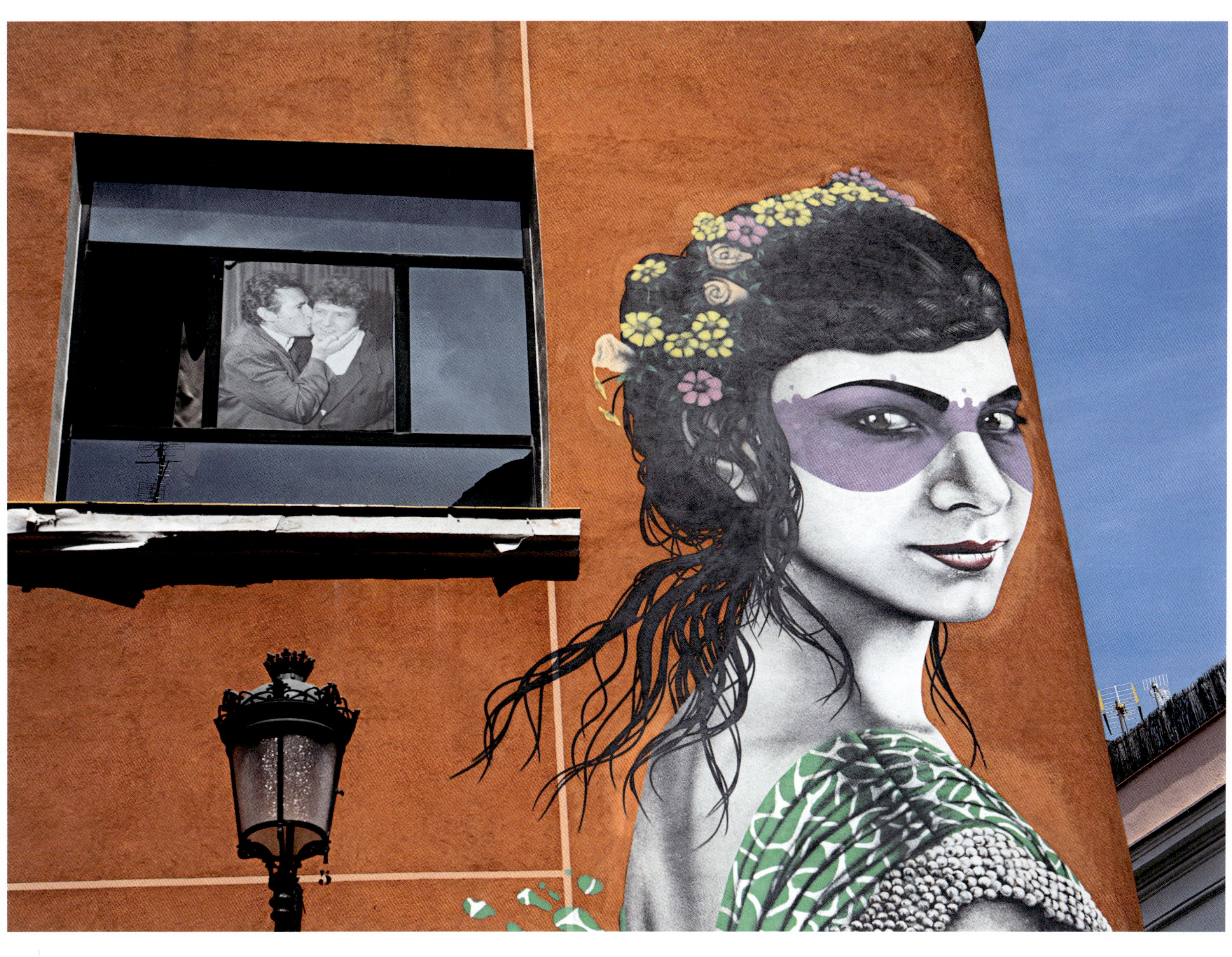

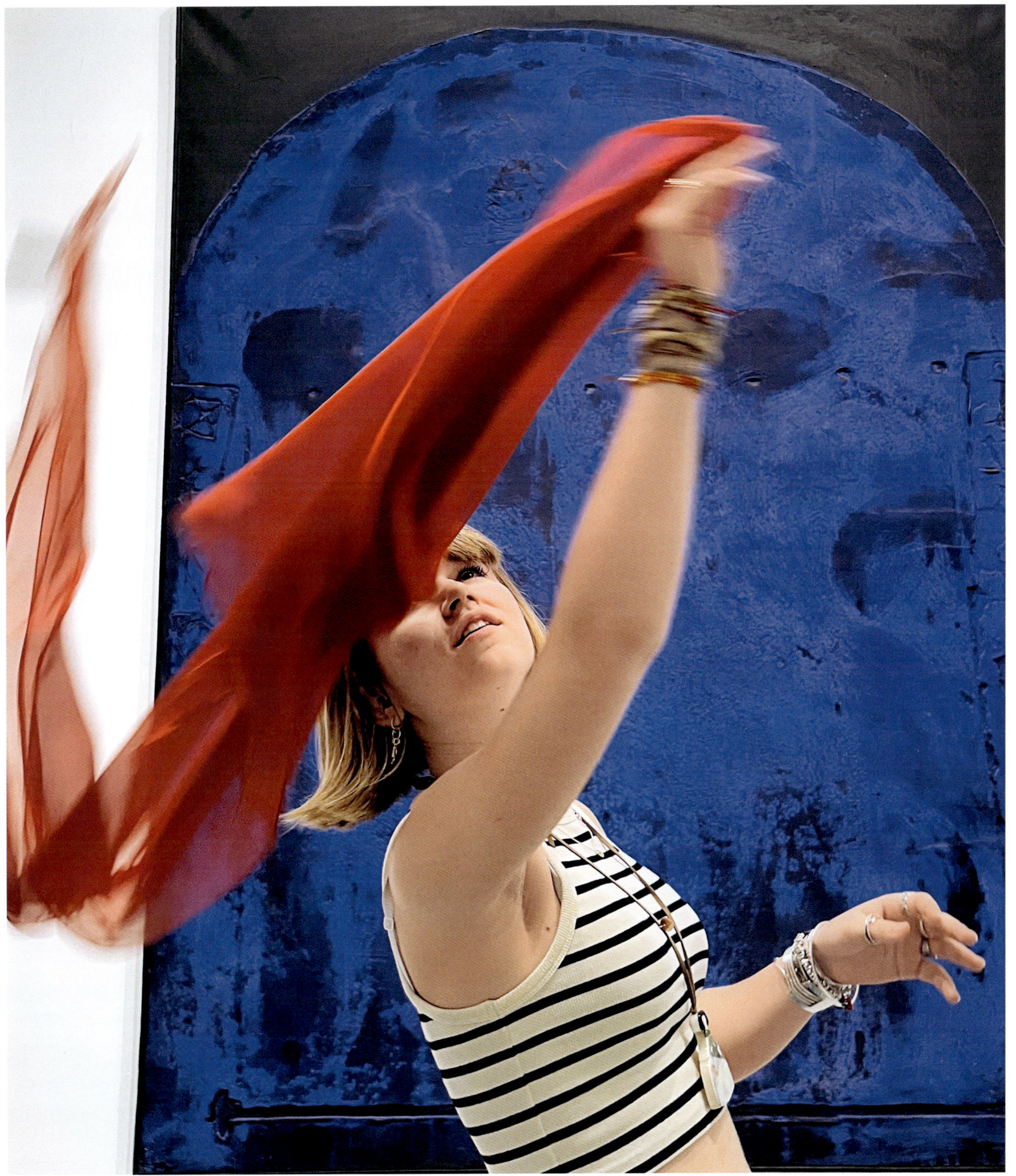

Libertad ! [*Libertad!*], 2024. Madrid, Espagne / Spain

Muriel Pénicaud est photographe, dirigeante d'entreprise, femme politique, auteure et conférencière.

Elle est membre des conseils d'administration de Manpower Group, Galileo Global Education et Positiv, et Senior Advisor auprès de Bain Capital. Elle est également membre du comité développement durable de Blue like an Orange Capital et du comité d'orientation du Global Summit of Women.

Après avoir été directrice générale adjointe de Dassault Systèmes (2002-2008), elle a été directrice générale des ressources humaines du groupe Danone, membre du comité exécutif et présidente du Fonds Danone Ecosystem (2008-2014), tout en étant membre de conseils d'administration (Orange, Aéroports de Paris, SNCF) et en présidant celui d'AgroParisTech.

Elle a poursuivi sa carrière comme Ambassadrice déléguée aux investissements internationaux et directrice générale de Business France (2014-2017).

Ministre du Travail dans le gouvernement français (2017-2020), elle a porté la réforme du Code du travail (2017) et la loi « Pour la liberté de choisir son avenir professionnel » (apprentissage, CPF, égalité professionnelle) (2018). Elle a négocié et conclu le premier accord du G7 avec les partenaires sociaux mondiaux (2019), et mis en place le système d'activité partielle pendant la crise COVID (2020).

Elle a ensuite été ambassadrice, représentante permanente de la France auprès de l'Organisation de coopération et de développement économiques (OCDE) (2020-2022), où elle a négocié l'adoption du programme de lutte contre le changement climatique (IPAC).

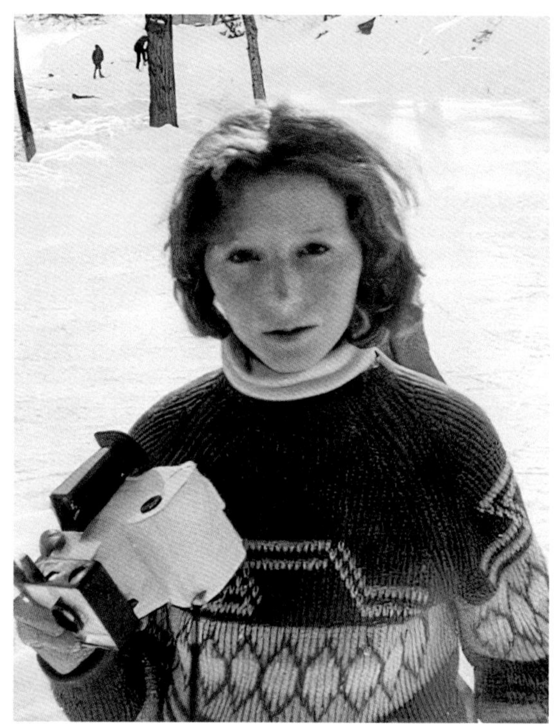

Muriel Pénicaud est fondatrice, mécène et présidente du fonds de dotation Sakura qui soutient des artistes émergents engagés sur les enjeux sociétaux.

Elle est officier de la Légion d'honneur, officier de l'Ordre national du mérite, et commandeur de l'Ordre royal de l'Étoile polaire de Suède.

Elle est lauréate 2024 du Julia Margaret Cameron Award, prix international des femmes photographes.

Ses photographies sont à retrouver sur son site internet, MupPhotography.com.

Mon premier appareil photo [*My first camera*], 1966.
Queyras, Alpes / Alps, France

Biography

Muriel Pénicaud is a photographer, business leader, politician, author and public speaker.

She is a member of the board of directors of Manpower Group, Galileo Global Education and Positiv, and senior advisor to Bain Capital. She is also a member of the sustainability committee of Blue Like an Orange Capital and a member of the orientation committee of the Global Summit of Women.

After serving as deputy CEO of Dassault Systèmes (2002–8), she became chief human resources officer and member of the executive committee of the Danone Group, and chair of the Danone Ecosystem Fund (2008–14), while also serving as a member of the board of directors of Orange, Aéroports de Paris and SNCF and chairing the board of directors of AgroParisTech.

She then became French ambassador for international Investment and CEO of Business France (2014–17).

As Minister of Labour in the French government (2017–20), she spearheaded the reform of the labour code (2017) and the law 'For freedom to choose one's professional future' (apprenticeship, lifelong learning, gender equality) (2018). She negotiated and concluded the first G7 agreement with global social partners (2019) and implemented the short-time work scheme during the COVID-19 crisis (2020).

She then served as ambassador and permanent representative of France to the Organisation for Economic Co-operation and Development (OECD) (2020-22), where she negotiated the adoption of the International Programme for Action on Climate (IPAC).

Muriel Pénicaud is the founder, patron and president of the Sakura Fund, which supports emerging artists engaged in societal causes.

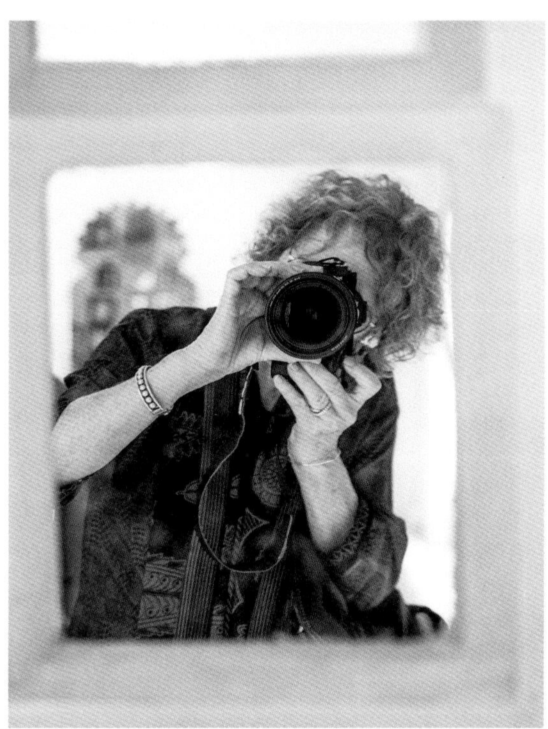

She is an Officer of the Order of the Légion d'Honneur, an officer of the Order of Merit and a Commander of the Swedish Royal Order of the North Star.

She was the Overall Global Winner of the 2024 Julia Margaret Cameron Award, an international award for women photographers.

Her photographs can be found on her website, MupPhotography.com.

Auto-portrait [*Self-portrait*], 2024.
Inde / India

Expositions / Exhibitions

Wind under the Wings

2017 – Librairie Eyrolles, Paris, France

2017 – Galerie de l'Institut français, Tokyo, Japon / Japan

2017 – Galerie Unicorn, Pékin, Chine / Beijing, China

2017 – L'Expédition, Châteauvillain, France

2017 – Galerie Vallis Clausa Fine Art, Fontaine-de-Vaucluse, France

2018 – Festival Sculptures en l'Île, Andrésy, France

Wind into the Soul

2019 – Festival Sculptures en l'Île, Andrésy, France

Wind into the Roots

2023 – Maison Laurentine, Aubepierre-sur-Aube, France

Matrice des mondes / Matrix of Worlds

2024 – Collège des Bernardins, Paris, France

2024 – Salon Immersion/s, Paris, France

2024 – Club We Are, Paris, France

2025 – The Spot, Pondichéry, Inde / Pondicherry, India

2025 – Kalinka Art Gallery, Pondichéry, Inde / Pondicherry, India

2025 – FotoNostrum Mediterranean House of Photography, Barcelone, Espagne / Barcelona, Spain

Prix / Awards

2024 – Lauréate du Julia Margaret Cameron Award pour les femmes photographes /
Overall Global Winner of the Julia Margaret Cameron Award for Women photographers

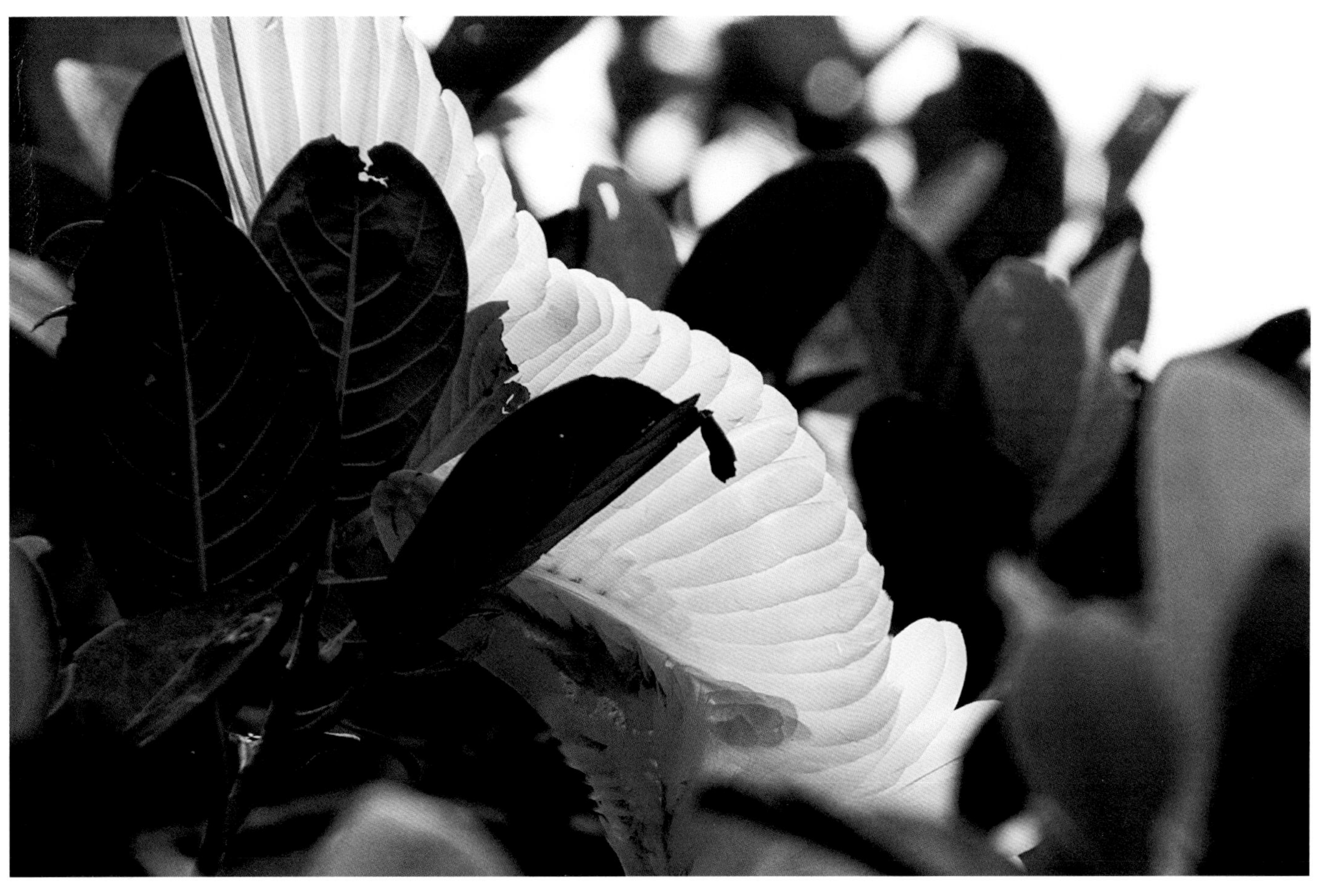

Les Éditions Skira tiennent à exprimer leur profonde reconnaissance à Muriel Pénicaud pour sa confiance et son engagement au cours de l'élaboration de cet ouvrage. Ce projet n'aurait pu voir le jour sans sa très grande implication et sa passion. Qu'elle soit assurée de notre profonde gratitude.

Nous tenons à vivement remercier REZA et Rachel Deghati pour leur texte plein de poésie qui apporte un éclairage certain sur l'exploration de la photographie et permet une meilleure compréhension du travail de Muriel Pénicaud. Qu'ils trouvent ici l'assurance de nos sentiments les plus sincères.

Notre chaleureuse reconnaissance va également à Maria Cristina Madau pour sa préface éclairant la démarche artistique de Muriel Pénicaud.

Nous remercions également James Vil (Art Photo Lab) et Adrien Hage pour leur aide précieuse tout au long de ce projet.

Nous remercions, enfin, toutes les personnes ayant collaboré à cet ouvrage. Qu'ils et elles soient assurés de notre profonde gratitude, ainsi que toutes celles et tous ceux qui ont préféré garder l'anonymat.

Éditions Skira would like to express their heartfelt thanks to Muriel Pénicaud for her trust and commitment during the preparation of this book. This project would never have seen the light of day without her extensive involvement and enthusiasm, for which she has our deepest gratitude.

We would like to thank REZA and Rachel Deghati for their poetic text, which provide a clear insight into the exploration of photography and give us a better understanding of Muriel Pénicaud's work.

Our thanks also go to Maria Cristina Madau for her preface, which highlights Muriel Pénicaud's artistic approach.

We also wish to thank James Vil (Art Photo Lab) and Adrien Hage for their invaluable help throughout this project.

Finally, we wish to thank everyone who has contributed to this book. They may be assured of our deep gratitude, as may all those who preferred to remain anonymous.

ÉDITIONS SKIRA PARIS
14, rue Serpente
75006 Paris
www.skira.net

Responsable des éditions
Senior Editor
Nathalie Prat-Couadau

Responsable du projet
Project Manager
Roxanne Rebours

Responsable éditoriale
Editorial Manager
Juliette Chambon

Chargée de projets éditoriaux
et commerciaux
Editorial and Commercial Project Manager
Meryl Mason

Assistant éditorial
Editorial Assistant
Paul Bonete (stagiaire / intern)

Conception graphique
Graphic design
Sophie Dupriez

Traduction (du français vers l'anglais)
Translation (from French to English)
Anne McDowall

Relecture
Copyediting and proofreading
Laetitia Agostino – français / French
Mark Nathan – anglais / English

Photogravure
Colour separation
Litho Art New, Turin

ISBN 978-2-37074-251-3
© Éditions Skira Paris, 2024
© Muriel Pénicaud, 2024

Sauf mention contraire dans le livre, toutes les œuvres sont/Unless otherwise stated in the book, all works are:
© Muriel Pénicaud

Copyrights :
© Antoni Tàpies : p. 83, p. 171
© Fin Dac : p. 169

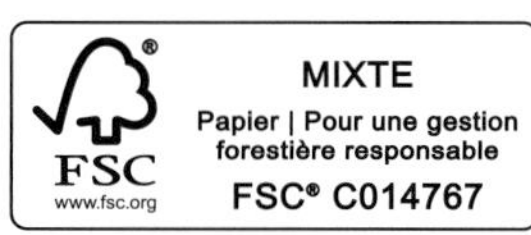

Achevé d'imprimer en septembre 2024
sur les presses de Graphius à Gand, Belgique
Dépôt légal octobre 2024

Printed in September 2024
on Graphius presses in Ghent, Belgium
Legal deposit October 2024.